중국어

진짜학습지

쓰기 노트

중국어 진짜학습지 쓰기 노트

개정 1쇄 발행 2023년 7월 14일
개정 2쇄 발행 2024년 2월 15일

지은이 시원스쿨어학연구소
펴낸곳 (주)에스제이더블유인터내셔널
펴낸이 양홍걸 이시원

홈페이지 daily.siwonschool.com
주소 서울시 영등포구 영신로 166 시원스쿨
교재 구입 문의 02)2014-8151
고객센터 02)6409-0878

ISBN 979-11-6150-729-3 13720
Number 1-410201-16161807-06

이 책은 저작권법에 따라 보호받는 저작물이므로 무단복제와 무단전재를 금합니다. 이 책 내용의 전부 또는 일부를 이용하려면 반드시 저작권자와 ㈜에스제이더블유인터내셔널의 서면 동의를 받아야 합니다.

학습 목차

01 나는 잘 지내. 06
핵심 문법 형용사술어문

02 너 커피 마실래? 08
핵심 문법 동사술어문

03 나는 왕란이라고 해. 10
핵심 문법 이름 묻고 답하기

04 너 위챗 있니? 12
핵심 문법 有자문

05 너 어디 가니? 14
핵심 문법 의문대사 哪儿

06 제 택배 있나요? 16
핵심 문법 구조조사 的

07 너 마라탕 먹는 것 좋아해? 18
핵심 문법 동사 喜欢

08 너는 외동딸이니, 아니니? 20
핵심 문법 정반의문문

3

09 네 생각은 어때? 22
  핵심 문법 동사 觉得

10 지하철 탈까, 아니면 버스 탈까? 24
  핵심 문법 선택의문문 还是

11 8월 8일은 샤오장의 생일이야. 26
  핵심 문법 날짜 표현

12 어떻게 세탁하실 건가요? 28
  핵심 문법 의문대사 怎么

13 지금은 12시야. 30
  핵심 문법 시간 표현

14 너 요가 할 줄 아니? 32
  핵심 문법 조동사 会

15 우리 언제 갈까? 34
  핵심 문법 의문대사 什么时候

16 사과 한 근에 얼마예요? 36
  핵심 문법 중국의 화폐 단위

17 나는 새 코트를 한 벌 살 계획이야. 38
　핵심 문법　동사 打算

18 그럼 제가 다음 주에 다시 올게요. 40
　핵심 문법　부사 再

19 실례지만, 두 분 어떤 음식을 주문하시겠어요? 42
　핵심 문법　수량사 一点儿

20 나 오늘 아침에 감기약 먹었어. 44
　핵심 문법　동태조사 了

21 너는 이 가게 가 본 적 있니? 46
　핵심 문법　동태조사 过

22 나 요새 살쪘어. 48
　핵심 문법　어기조사 了

23 나는 영화관 입구에서 기다리고 있어. 50
　핵심 문법　동태조사 着

24 오늘이 어제보다 더 추워. 52
　핵심 문법　비교문 比

01

___월 ___일

我很好。 나는 잘 지내.
Wǒ hěn hǎo.

핵심 문법

형용사술어문은 형용사가 술어로 쓰인 문장으로 '사람이나 사물이 어떠하다'라고 묘사할 때 씁니다. 보통 습관적으로 형용사 앞에 '매우'라는 뜻을 나타내는 '很'을 쓰는데, 이는 습관적으로 사용하는 것이므로 해석하지 않아도 됩니다.

예 天气很好. 날씨 좋다.

단어 쓰기

好久 형 오랫동안

好久

最近 명 요즘, 최근

最近

很 부 매우

很

6 중국어 진짜학습지

문장 쓰기

嗨，杨伟，好久不见！
안녕, 양웨이. 오랜만이야!

嗨，杨伟，好久不见！

好久不见！
오랜만이야!

好久不见！

你最近好吗？
너 요즘 잘 지내니?

你最近好吗？

我很好。
나는 잘 지내.

我很好。

02

你喝咖啡吗? 너 커피 마실래?
Nǐ hē kāfēi ma?

핵심 문법

동사술어문은 동사가 술어로 쓰인 문장으로 '주어가 어떠한 동작을 하다'라는 뜻을 나타낼 때 씁니다.

예) 我喝牛奶。 나는 우유 마실래.

단어쓰기

喝   동 마시다

喝

咖啡   명 커피

咖啡

奶茶   명 밀크티

奶茶

문장 쓰기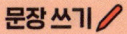

你喝咖啡吗?
너 커피 마실래?

我不喝咖啡。
나 커피 안 마실래.

那你喝什么?
그러면 너 뭐 마실래?

我喝奶茶。
나 밀크티 마실래.

03

我叫王兰。 나는 왕란이라고 해.
Wǒ jiào Wáng Lán.

핵심 문법

또래나 아랫사람에게 이름을 물어볼 때는 '你叫什么名字？'라고 하며, 대답할 때는 '我叫ooo.'라고 합니다.

예) 我叫张国华。 나는 장궈화라고 해.

단어 쓰기

叫　　동 (이름을) ~라고 하다, 부르다

叫

韩国　　고유 한국

韩国

汉语　　명 중국어

汉语

10　중국어 진짜학습지

문장 쓰기

你好！我叫王兰。
안녕! 나는 왕란이라고 해.

你好！我叫王兰。

你好！我叫姜熙民，是韩国人。
안녕! 나는 강희민이라고 해. 한국인이야.

你好！我叫姜熙民，是韩国人。

你是韩国人吗？你汉语真好！
너는 한국인이니? 중국어 정말 잘한다!

你是韩国人吗？你汉语真好！

谢谢夸奖。
칭찬해 줘서 고마워.

谢谢夸奖。

04

你有微信吗? 너 위챗 있니?
Nǐ yǒu wēixìn ma?

핵심 문법

'有'는 '있다, ~을 가지고 있다'라는 뜻으로 소유의 의미를 나타냅니다. '有'의 부정은 '没有'로 '없다, ~을 가지고 있지 않다'라는 뜻을 나타냅니다.

예) 我有约。　　나는 약속이 있어.
　　我没有约。　나는 약속이 없어.

단어 쓰기

有　　(동) 있다, ~을 가지고 있다
有

当然　(부) 당연히, 물론
当然

一下　(수량) 좀 ~하다, 한번 ~해 보다
一下

문장 쓰기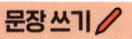

你有微信吗？
너 위챗 있니?

你有微信吗？

当然有。
당연히 있지.

当然有。

我们加一下微信吧。
우리 위챗 좀 추가하자.

我们加一下微信吧。

行，我扫你吧。
좋아, 내가 추가(스캔)할게.

行，我扫你吧。

05

你去哪儿? 너 어디 가니?
Nǐ qù nǎr?

핵심 문법

의문대사 '哪儿'은 '어디'라는 뜻으로 장소를 물을 때 씁니다. 대답할 때는 '哪儿' 자리에 장소를 뜻하는 명사를 넣어주면 됩니다.

예) 他去哪儿? 그는 어디 가니?
    他去书店。 그는 서점에 가.

단어 쓰기

哪儿 대 어디

哪儿

银行 명 은행

银行

在 동 ~에 있다

在

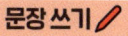

你去哪儿？
너 어디 가니?

你去哪儿？

我去中国银行。
나 중국 은행에 가.

我去中国银行。

学校附近有中国银行吗？
학교 근처에 중국 은행이 있니?

学校附近有中国银行吗？

没有，中国银行在市中心。
없어. 중국 은행은 시내에 있어.

没有，中国银行在市中心。

06

有我的快递吗? 제 택배 있나요?
Yǒu wǒ de kuàidì ma?

핵심 문법

구조조사 '的'는 '~의'라는 뜻으로 명사를 수식하는 역할을 합니다. 일반적으로 가족이나 친구, 소속 관계를 나타낼 때는 '的'를 생략할 수 있습니다.

예 他的衣服　　그의 옷
　　我们(的)公司　우리 회사

단어 쓰기

快递　명 택배

快递

这儿　대 여기, 이곳

这儿

呢　조 강조를 나타냄

呢

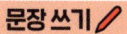

您好，有我的快递吗？
안녕하세요, 제 택배 있나요?

您好，有我的快递吗？

你叫什么名字？
성함이 어떻게 되시나요?

你叫什么名字？

我叫王兰。住五零八。
왕란이라고 합니다. 508호에 살아요.

我叫王兰。住五零八。

在这儿呢，这是你的快递。
여기 있네요. 이것이 당신의 택배입니다.

在这儿呢，这是你的快递。

___월 ___일

07
你喜欢吃麻辣烫吗? 너 마라탕 먹는 것 좋아해?
Nǐ xǐhuan chī málàtàng ma?

핵심 문법

'喜欢'은 '좋아하다'라는 뜻으로 '喜欢+동사+목적어'의 형식으로 쓰일 경우 '~하는 것을 좋아하다'라는 뜻을 나타내고, '喜欢+명사/대사'의 형식으로 쓰일 경우 '~을(를) 좋아하다'라는 뜻을 나타냅니다.

예) 我喜欢听音乐。 나는 음악 듣는 것을 좋아해.
    我喜欢你。   나는 너를 좋아해.

단어 쓰기

喜欢   동 좋아하다

喜欢

特别   부 아주, 특히

特别

问题   명 문제

问题

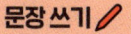

你喜欢吃麻辣烫吗?
너 마라탕 먹는 것 좋아해?

你喜欢吃麻辣烫吗?

我特别喜欢。
나 아주 좋아해.

我特别喜欢。

我们明天一起吃吧,怎么样?
우리 내일 같이 먹자. 어때?

我们明天一起吃吧,怎么样?

没问题!
좋아!

没问题!

08 你是不是独生女? 너는 외동딸이니, 아니니?
Nǐ shì bu shì dúshēngnǚ?

핵심 문법

정반의문문은 동사나 형용사의 긍정형과 부정형을 동시에 써서 질문하는 의문문으로 '~인지, 아닌지'라는 뜻을 나타냅니다. 이때 '不'는 경성으로 발음합니다.

예) 你吃不吃香菜? 너는 고수 먹니, 안 먹니?

단어쓰기

独生女 명 외동딸

独生女

姐姐 명 누나, 언니

姐姐

今年 명 올해

今年

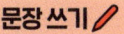

你是不是独生女？
너는 외동딸이니, 아니니?

你是不是独生女？

我不是，我有一个姐姐。
아니, 나는 언니가 한 명 있어.

我不是，我有一个姐姐。

她今年多大？
그녀는 올해 나이가 어떻게 되니?

她今年多大？

她今年二十九岁。
그녀는 올해 스물아홉 살이야.

她今年二十九岁。

___월 ___일

09
你觉得怎么样？ 네 생각은 어때?
Nǐ juéde zěnmeyàng?

핵심 문법

'觉得'는 '~라고 생각하다, ~라고 느끼다'라는 뜻으로 자신의 주관적인 생각이나 느낌을 나타낼 때 씁니다. '觉得'의 부정은 '不觉得'입니다.

예) 我觉得英语很难。　　나는 영어가 어렵다고 생각해.
　　我不觉得英语很难。　나는 영어가 어렵다고 생각하지 않아.

단어 쓰기

外卖　명 배달 음식

外卖

想　조동 ~하고 싶다

想

觉得　동 ~라고 생각하다, ~라고 느끼다

觉得

문장 쓰기

我好饿，我们点外卖吧。
나 엄청 배고파, 우리 배달시키자.

我好饿，我们点外卖吧。

好！我想吃炸鸡。
좋아! 나는 치킨 먹고 싶어.

好！我想吃炸鸡。

我们点原味儿的炸鸡，你觉得怎么样？
우리 프라이드 치킨 시키자. 네 생각은 어때?

我们点原味儿的炸鸡，你觉得怎么样？

我没意见！你点吧，我请你。
나는 콜! 네가 시켜, 내가 한턱낼게.

我没意见！你点吧，我请你。

10

坐地铁还是坐公交车？ 지하철 탈까, 아니면 버스 탈까?
Zuò dìtiě háishi zuò gōngjiāochē?

핵심 문법

선택의문문 '还是'는 'A 아니면(또는) B입니까?'라는 뜻으로 두 가지 선택 사항 중 한 가지를 선택할 때 쓰는 표현입니다.

예) 你去中国还是去美国？ 너는 중국에 가니, 아니면 미국에 가니?

단어 쓰기

商场 명 쇼핑몰

商场

地铁 명 지하철

地铁

还是 접 아니면, 또는

还是

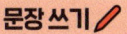

明天是星期六，我们去商场吧。
내일 토요일이니까 우리 쇼핑몰 가자.

明天是星期六，我们去商场吧。

坐地铁还是坐公交车？
지하철 탈까, 아니면 버스 탈까?

坐地铁还是坐公交车？

星期六车太多，坐地铁更方便。
토요일에는 차가 너무 많아서 지하철 타는 게 더 편해.

星期六车太多，坐地铁更方便。

好！那明天见。
좋아! 그럼 내일 만나.

好！那明天见。

___월 ___일

11

八月八号是小张的生日。
8월 8일은 샤오장의 생일이야.

Bā yuè bā hào shì Xiǎo Zhāng de shēngrì.

핵심 문법

'월(月)'을 표현할 때는 '숫자+月'의 형태로 쓰며, '일(号)'을 표현할 때는 '숫자+号'의 형태로 씁니다. 이때 '号'는 '日'로 바꾸어 쓸 수 있는데, '号'는 회화체에서, '日'는 문어체에서 많이 사용합니다.

예) 今天(是)几月几号? 오늘은 몇 월 며칠이니?

단어 쓰기

生日　명 생일

生日 _____

要　조동 ~하려고 하다, ~할 것이다

要 _____

礼物　명 선물

礼物 _____

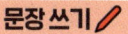

문장 쓰기

八月八号是小张的生日。
8월 8일은 샤오장의 생일이야.

八月八号是小张的生日。

下个星期吗？
다음 주야?

下个星期吗？

对，我要送他礼物，你要一起吗？
맞아, 나는 그에게 선물을 주려고 하는데, 너 같이 할래?

对，我要送他礼物，你要一起吗？

好啊，那七号一起买吧！
좋아, 그럼 7일에 같이 사자!

好啊，那七号一起买吧！

___월 ___일

12

您要怎么洗？ 어떻게 세탁하실 건가요?
Nín yào zěnme xǐ?

핵심 문법

'怎么'는 '어떻게'라는 뜻으로 수단이나 방식을 물을 때 씁니다.

예) 银行怎么去？ 은행은 어떻게 가니？

단어쓰기

洗 동) 씻다, 세탁하다

洗

怎么 대) 어떻게

怎么

可以 조동) ~할 수 있다, ~해도 된다

可以

28 중국어 진짜학습지

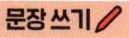

您好，我想洗这件衣服。
안녕하세요. 저 이 옷 세탁하고 싶은데요.

您好，我想洗这件衣服。

您要怎么洗？
어떻게 세탁하실 건가요?

您要怎么洗？

干洗吧。明天我可以取衣服吗？
드라이클리닝으로 할게요. 내일 옷을 찾을 수 있을까요?

干洗吧。明天我可以取衣服吗？

明天不行，后天来吧。
내일은 안 되고, 모레 오세요.

明天不行，后天来吧。

___월 ___일

13

现在十二点。
Xiànzài shí'èr diǎn.

지금은 12시야.

핵심 문법

'点'은 '(시간의) 시', '分'은 '(시간의) 분'을 뜻합니다. 15분 단위를 나타낼 때는 '刻'를 쓰고, 30분을 나타낼 때는 '半'이라고 표현합니다.

예) 十五分(=一刻)15분 / 三十分(=半)30분 / 四十五分(=三刻)45분

단어 쓰기 ✏️

现在   명 지금, 현재

现在 _____

点   양 (시간의) 시

点 _____

能   조동 ~할 수 있다

能 _____

30 중국어 진짜학습지

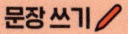

现在几点？
지금 몇 시니?

现在几点？

现在十二点。我们去吃饭吧！
지금 12시야. 우리 밥 먹으러 가자!

现在十二点。我们去吃饭吧！

好啊，你能吃川菜吗？
좋아, 너 쓰촨 요리 먹을 수 있니?

好啊，你能吃川菜吗？

我胃不好，不能吃辣的菜。
나 위가 좋지 않아서 매운 음식을 먹을 수 없어.

我胃不好，不能吃辣的菜。

14

你会做瑜伽吗? 너 요가 할 줄 아니?
Nǐ huì zuò yújiā ma?

핵심 문법

조동사 '숲'는 '~할 줄 알다, ~할 수 있다'라는 뜻으로 주로 학습이나 연습을 통해 어떤 일을 할 수 있게 된 경우를 나타냅니다. '숲'의 부정은 '不会'로 '~할 수 없다, ~할 줄 모르다'라는 뜻을 나타냅니다.

예) 我会游泳。 나는 수영할 줄 알아.
   我不会游泳。 나는 수영할 줄 몰라.

단어쓰기

会 　조동　 ~할 줄 알다, ~할 수 있다

会

经常 　부　 자주, 늘

经常

运动 　명　 운동 　동　 운동하다

运动

문장 쓰기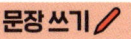

你会做瑜伽吗？
너 요가 할 줄 아니?

你会做瑜伽吗？

会，我经常做瑜伽。
할 줄 알아. 나 요가 자주 해.

会，我经常做瑜伽。

你在哪儿做？
너 어디에서 하는데?

你在哪儿做？

我家附近的运动中心，那儿很不错。
우리 집 근처 스포츠 센터에서 해. 거기 아주 좋아.

我家附近的运动中心，那儿很不错。

15. 我们什么时候去？ 우리 언제 갈까?
Wǒmen shénme shíhou qù?

핵심 문법

의문대사 '什么时候'는 '언제'라는 뜻으로 시기와 때를 물을 때 씁니다. '什么时候' 자체가 의문사 역할을 하기 때문에 문장 끝에 '吗'를 쓰지 않습니다.

예) 你什么时候上课？ 너는 언제 수업하니?

단어 쓰기

网红 인터넷에서 유명한

网红

知道 동 알다, 이해하다

知道

预约 동 예약하다

预约

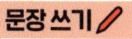

这里是网红餐厅，你知道吗？
여기 인터넷에서 유명한 맛집인데, 너 알고 있니?

这里是网红餐厅，你知道吗？

真的吗？我们也去尝尝吧。
진짜? 우리도 가서 한번 먹어 보자.

真的吗？我们也去尝尝吧。

什么时候去？我预约一下。
언제 갈까? 내가 예약할게.

什么时候去？我预约一下。

下个星期六我有时间。
다음 주 토요일에 나 시간 있어.

下个星期六我有时间。

16. 一斤苹果多少钱? 사과 한 근에 얼마예요?

Yì jīn píngguǒ duōshao qián?

핵심 문법

중국의 화폐 단위

회화체	块 kuài 콰이	毛 máo 마오	分 fēn 펀
문어체	元 yuán 위안	角 jiǎo 자오	分 fēn 펀

단어쓰기

多少　　대 얼마, 몇

多少

有(一)点儿　　부 조금, 약간

有(一)点儿

非常　　부 아주, 대단히

非常

문장 쓰기

一斤苹果多少钱？
사과 한 근에 얼마예요?

一斤苹果多少钱？

一斤苹果十五块。
사과 한 근에 15위안이에요.

一斤苹果十五块。

一斤十五块有(一)点儿贵啊！
한 근에 15위안이면 조금 비싸네!

一斤十五块有(一)点儿贵啊！

十五块不贵，我家的苹果非常好吃。
15위안이면 비싸지 않아요. 저희 집 사과는 아주 맛있어요.

十五块不贵，我家的苹果非常好吃。

17

___월 ___일

我打算买一件新的大衣。
Wǒ dǎsuan mǎi yí jiàn xīn de dàyī.

나는 새 코트를 한 벌 살 계획이야.

핵심 문법

'打算'은 '~할 계획이다, ~할 예정이다'라는 뜻으로 향후 어떤 일에 대한 계획을 설명할 때 씁니다. '打算'의 부정은 '不打算'으로 '~하지 않을 계획이다, ~하지 않을 예정이다'라는 뜻을 나타냅니다.

예) 我打算去旅游。 나는 여행을 갈 계획이야.
　　我不打算去旅游。 나는 여행을 가지 않을 계획이야.

단어쓰기

网购　　동 인터넷 쇼핑을 하다

网购

所以　　접 그래서

所以

打算　　동 ~할 계획이다, ~할 예정이다

打算

문장 쓰기

你在看什么？
너는 무엇을 보고 있니?

你在看什么？

我在网购。
나는 인터넷 쇼핑을 하고 있어.

我在网购。

对了，今天是双十一，是吧？
맞다, 오늘 블랙 프라이데이지?

对了，今天是双十一，是吧？

对，所以我打算买一件新的大衣，现在很便宜。
맞아, 그래서 나는 새 코트를 한 벌 살 계획이야. 지금 저렴하거든.

对，所以我打算买一件新的大衣，现在很便宜。

18

那我下周再来吧。
Nà wǒ xià zhōu zài lái ba.

그럼 제가 다음 주에 다시 올게요.

핵심 문법

부사 '再'는 '다시, 또, 더'라는 뜻으로 현재 하고 있는 동작이나 행위가 미래에 반복해서 발생할 때 씁니다.

예) 我再告诉你。 내가 다시 알려줄게.

단어 쓰기

请问　동) 실례합니다, 말씀 좀 여쭙겠습니다

请问

耳机　명) 이어폰

耳机

联系　동) 연락하다

联系

문장 쓰기

你好！请问有这款蓝牙耳机吗？
안녕하세요! 실례지만, 이 블루투스 이어폰 있나요?

你好！请问有这款蓝牙耳机吗？

不好意思，现在没有，下周能到货。
죄송합니다. 지금은 없고 다음 주에 상품이 도착할 수 있습니다.

不好意思，现在没有，下周能到货。

那我下周再来吧。
그럼 제가 다음 주에 다시 올게요.

那我下周再来吧。

请写一下您的电话。货到的时候，我们联系您。
고객님의 전화번호 좀 적어 주세요. 상품 도착했을 때 저희가 연락드리겠습니다.

请写一下您的电话。货到的时候，我们联系您。

19

请问两位点什么菜？
실례지만, 두 분 어떤 음식을 주문하시겠어요?
Qǐngwèn liǎng wèi diǎn shénme cài?

핵심 문법

수량사 '一点儿'은 일반적으로 동사나 형용사 뒤에 놓여 '조금, 약간'이라는 뜻을 나타내며, '一'를 생략하여 말할 수 있습니다.

예) 多吃(一)点儿蔬菜吧。 채소 좀 많이 먹어.

단어 쓰기

位 — 양 분[존칭]
位

放 — 동 넣다
放

别 — 형 다른, 별도의
别

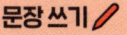

请问两位点什么菜？
실례지만, 두 분 어떤 음식을 주문하시겠어요?

请问两位点什么菜？

来一份鱼香肉丝，多放一点儿辣椒。
위샹러우쓰 한 접시 주시고요, 고추 좀 많이 넣어 주세요.

来一份鱼香肉丝，多放一点儿辣椒。

还要别的吗？
더 필요한 것 있으세요?

还要别的吗？

再来两瓶可乐。
콜라도 두 병 주세요.

再来两瓶可乐。

20

我今天早上吃了感冒药。 나 오늘 아침에 감기약 먹었어.
Wǒ jīntiān zǎoshang chī le gǎnmào yào.

핵심 문법

동태조사 '了'는 '~했다'라는 뜻으로 동작의 실현이나 완료를 나타냅니다. 일반적으로 수식어가 있는 경우에는 동사 뒤에 '了'가 오며, 수식어가 없는 경우에는 문장 끝에 '了'가 옵니다.

예) 我打了一个电话。　나는 전화를 한 통 걸었어.
　　我打电话了。　　 나는 전화를 걸었어.

단어 쓰기

舒服　형 편안하다

舒服

应该　조동 ~해야 한다

应该

医院　명 병원

医院

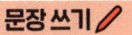

你脸色很差,哪儿不舒服吗?
너 안색이 좋지 않은데, 어디 아프니?

你脸色很差,哪儿不舒服吗?

我头疼,还有(一)点儿发烧。
나 머리 아프고, 열도 조금 나.

我头疼,还有(一)点儿发烧。

你应该去医院啊!
너 병원 가야겠다!

你应该去医院啊!

没事(儿),我今天早上吃了感冒药。
괜찮아. 나 오늘 아침에 감기약 먹었어.

没事(儿),我今天早上吃了感冒药。

21

你去过这家店吗? 너는 이 가게 가 본 적 있니?
Nǐ qùguo zhè jiā diàn ma?

핵심 문법

동태조사 '过'는 '~한 적 있다'라는 뜻으로 동작의 경험을 나타냅니다. '过'의 부정은 '没+동사+过'로 '~ 한 적 없다'라는 뜻을 나타냅니다.

예 我谈过恋爱。 나는 연애해 본 적 있어.
　 我没谈过恋爱。 나는 연애해 본 적 없어.

단어 쓰기

照片　명 사진

照片

网上　명 인터넷, 온라인

网上

远　형 멀다

远

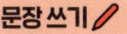

你看这张照片！你去过这家店吗？
이 사진 봐 봐! 너는 이 가게 가 본 적 있니?

你看这张照片！你去过这家店吗？

去过。这家店在网上很火。
가 본 적 있어. 이 가게는 인터넷에서 아주 핫해.

去过。这家店在网上很火。

他们家离这儿远吗？
그 가게는 여기에서 머니?

他们家离这儿远吗？

不太远，就在王府井附近。
그다지 멀지 않아. 바로 왕푸징 근처에 있어.

不太远，就在王府井附近。

22

我最近胖了。 나 요새 살쪘어.
Wǒ zuìjìn pàng le.

핵심 문법

어기조사 '了'는 '~하게 되었다'라는 뜻으로 상황이나 상태의 변화를 나타내며 문장 끝에 위치합니다. 부정형은 '不'나 '没(有)'를 써서 '~하지 않게 되었다', '~이 (있었는데) 없어졌다'라는 뜻을 나타냅니다.

예) 我有男朋友了。 나 남자 친구 생겼어.
我不去中国了。 나는 중국에 가지 않게 되었어.
我没有信心了。 나는 자신감이 없어졌어.

단어 쓰기

胖 형 살찌다, 뚱뚱하다

胖

开始 동 시작하다

开始

比较 부 비교적

比较

문장쓰기

我最近胖了，我得减肥。
나 요새 살쪘어. 다이어트해야겠어.

我觉得你不胖啊。
내 생각에 너 살찌지 않았어.

不行！从今天开始，我不吃晚饭了。
안 돼! 오늘부터 나 저녁밥 안 먹을 거야.

你还是多运动吧，这样比较健康。
너 운동을 많이 하는 게 나아. 그래야 비교적 건강하지.

23

我在电影院门口等着呢。 나는 영화관 입구에서 기다리고 있어.
Wǒ zài diànyǐngyuàn ménkǒu děngzhe ne.

핵심 문법

동태조사 '着'는 '~하고 있다, ~한 채로 있다'라는 뜻으로 동작이나 상태의 지속을 나타냅니다. '着'의 부정은 '没'로 '没+동사+着'의 형태로 쓰이며, '~하고 있지 않다'라는 뜻을 나타냅니다.

예) 电视开着。 텔레비전이 켜져 있어.
电视没开着。 텔레비전이 켜져 있지 않아.

단어 쓰기

已经 부 이미, 벌써

已经

电影院 명 영화관

电影院

分钟 명 (시간의) 분

分钟

문장 쓰기

喂，你在哪儿？我快到了。
여보세요, 너 어디야? 나 곧 도착해.

喂，你在哪儿？我快到了。

我已经到了。我在电影院门口等着呢。
나 이미 도착했어. 영화관 입구에서 기다리고 있어.

我已经到了。我在电影院门口等着呢。

我五分钟就到。
나 5분이면 도착해.

我五分钟就到。

行，你慢慢来，我等你。
알겠어. 천천히 와. 기다릴게.

行，你慢慢来，我等你。

24

今天比昨天更冷。 오늘이 어제보다 더 추워.
Jīntiān bǐ zuótiān gèng lěng.

핵심 문법

비교문 '比'는 '~보다, ~에 비해'라는 뜻으로 'A+比+B+형용사' 형식으로 쓰여 사람이나 사물의 비교를 나타냅니다. 비교의 정도를 나타낼 때는 형용사 앞에 '更'이나 '还'를 쓸 수 있으며, 정도부사 '很'이나 '非常' 등은 쓸 수 없습니다.

예) 我比妹妹更高。　　　　나는 여동생보다 더 (키가) 커.
　　高铁票比飞机票还贵。　고속철도 표는 비행기표보다도 더 비싸.

단어 쓰기

才　　부) 겨우, 고작

才

刚好　　부) 때마침, 알맞게

刚好

暖和　　형) 따뜻하다

暖和

문장쓰기

好冷啊！今天才三度！
엄청 춥다! 오늘 겨우 3도래!

好冷啊！今天才三度！

对，今天比昨天更冷。
맞아. 오늘이 어제보다 더 추워.

对，今天比昨天更冷。

我刚好有两个暖宝宝，给你一个。
나 때마침 핫팩 두 개 있는데, 하나 너 줄게.

我刚好有两个暖宝宝，给你一个。

谢谢你！好暖和啊！
고마워! 엄청 따뜻하다!

谢谢你！好暖和啊！

MEMO

MEMO

진짜학습지

중국어

진짜학습지

기초편
1

중국어 진짜학습지 기초편 1

개정 1쇄 발행 2023년 7월 14일
개정 2쇄 발행 2024년 2월 15일

지은이 시원스쿨어학연구소
펴낸곳 (주)에스제이더블유인터내셔널
펴낸이 양홍걸 이시원

홈페이지 daily.siwonschool.com
주소 서울시 영등포구 영신로 166 시원스쿨
교재 구입 문의 02)2014-8151
고객센터 02)6409-0878

ISBN 979-11-6150-729-3 13720
Number 1-410201-16161807-06

이 책은 저작권법에 따라 보호받는 저작물이므로 무단복제와 무단전재를 금합니다. 이 책 내용의 전부 또는 일부를 이용하려면 반드시 저작권자와 ㈜에스제이더블유인터내셔널의 서면 동의를 받아야 합니다.

중국어 진짜학습지 학습 가이드

🔖 중국어 진짜학습지란?

『중국어 진짜학습지 기초편』은 중국어 기초 학습자들이 쉽고 재미있게 학습할 수 있도록 시원스쿨중국어연구소에서 연구 개발한 교재입니다. 본 교재는 각 과의 핵심 단어를 학습하고 ➡ 다양한 주제로 이루어진 회화문으로 말하기 연습을 하며 ➡ 핵심 문법 설명으로 학습자의 이해를 돕고 ➡ 핵심 표현으로 중국어의 구조를 저절로 습득할 수 있도록 구성하였습니다. 듣기, 읽기, 쓰기, 말하기의 반복 학습을 통해 중국어의 기본기를 확실히 다질 수 있습니다.

🔖 중국어 진짜학습지의 학습 목표는?

목표1 중국어의 기본 문법을 학습할 수 있습니다.

목표2 다양한 주제로 구성된 회화문을 통해 실용적인 중국어 표현을 배울 수 있습니다.

목표3 듣기, 읽기, 쓰기, 말하기 모든 영역을 다양하게 학습하여 중국어의 기본기를 확실하게 다질 수 있습니다.

목표4 『중국어 진짜학습지 기초편』을 끝내면 HSK 3급에 도전할 수 있습니다.

🔖 중국어 진짜학습지 로드맵은?

STEP1 강의를 보며 <오늘의 단어>, <오늘의 회화>, <오늘의 표현>으로 구성된 본서를 학습합니다.

STEP2 본서에서 배운 내용을 바탕으로 워크북을 풀어보며 학습한 내용을 복습합니다.

STEP3 말하기 트레이닝 영상을 보며 틈틈이 중국어를 연습합니다.

학습 구성

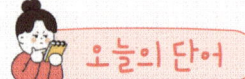

<오늘의 단어>는 학습자들이 따로 단어를 찾아볼 필요 없이 각 과의 핵심 단어를 한눈에 보기 쉽게 정리하였습니다. 앞에서 학습한 단어를 <오늘의 단어 확인> 문제를 풀어보며 중국어의 한자, 한어병음, 뜻을 기억할 수 있도록 복습 장치를 마련하였습니다.

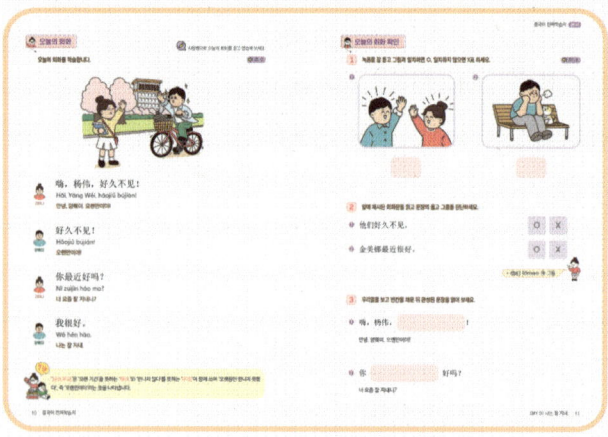

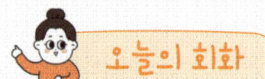

<오늘의 회화>는 뻔한 표현이 아닌 재미와 실용성에 초점을 맞춘 대화문으로 구성하였습니다. <오늘의 회화 확인>에서는 듣기, 읽기, 쓰기, 말하기 관련 연습 문제를 풀어보며 본문의 내용을 완전히 숙지할 수 있습니다.

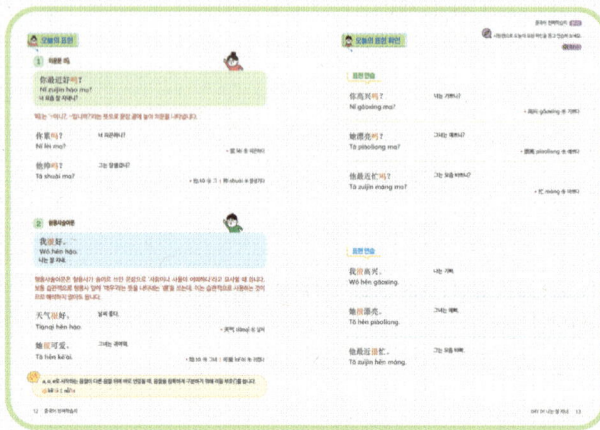

<오늘의 표현>에서는 복잡하고 어려운 설명 대신 누구나 쉽게 이해할 수 있도록 각 과에서 가장 핵심이 되는 문법을 체계적으로 정리하였으며, 활용도 높은 예문을 제시하여 학습자의 이해도를 높였습니다. <오늘의 표현 확인>에서는 앞에서 배운 문법과 관련된 문장을 제시하여 중국어 말하기 연습까지 가능하도록 구성하였습니다.

특별 부록 구성

🙂 무료 콘텐츠 구성

✓ 쓰기 노트
매 과에서 학습한 단어와 문장을 직접 쓰며 연습할 수 있습니다.

✓ 말하기 트레이닝 영상
스마트 폰으로 책 속의 QR 코드를 스캔하면 언제, 어디서든 영상을 보며 말하기 연습을 할 수 있습니다.

✓ 원어민 MP3 음원
원어민 MP3 음원을 들으며 중국어 연습을 할 수 있습니다. 시원스쿨 진짜학습지 홈페이지(daily.siwonschool.com) 접속 ➡ 학습지원 ➡ 공부 자료실에서 MP3 파일을 다운로드 받으실 수 있습니다.

💬 유료 콘텐츠 구성

* 유료 콘텐츠는 daily.siwonschool.com에서 확인하실 수 있습니다.

✓ 동영상 강의
교재와 강의를 함께 학습하면 보다 쉽게 내용을 이해할 수 있어 학습 효과를 극대화할 수 있습니다.

✓ 시원펜 학습
시원펜을 활용하면 완벽한 중국어 말하기 훈련을 할 수 있습니다.
- ☆ 전체 음원 듣기 : 시원펜으로 해당 아이콘 ()을 찍으면 매 과의 전체 음원을 들을 수 있습니다.
- ☆ 개별 음원 듣기 : 시원펜으로 중국어 단어와 문장을 찍으면 원하는 해당 음원을 들을 수 있습니다.

✓ 성취도 평가
성취도 평가를 통해 자신의 진짜 중국어 실력을 파악할 수 있습니다.

학습 플랜

🚩 주 3일 학습 플랜

★ 본서, 워크북 1일 1과 학습 구성(본서와 워크북을 하루에 함께 학습합니다.)

날짜			내용		학습 계획일	
1주	1일	본서	DAY 01	我很好。 나는 잘 지내.	월	일
		워크북				
	2일	본서	DAY 02	你喝咖啡吗? 너 커피 마실래?	월	일
		워크북				
	3일	본서	DAY 03	我叫王兰。 나는 왕란이라고 해.	월	일
		워크북				
2주	4일	본서	DAY 04	你有微信吗? 너 위챗 있니?	월	일
		워크북				
	5일	본서	DAY 05	你去哪儿? 너 어디 가니?	월	일
		워크북				
	6일	본서	DAY 06	有我的快递吗? 제 택배 있나요?	월	일
		워크북				

🚩 주 6일 학습 플랜

★ 본서, 워크북 2일 1과 학습 구성(본서를 먼저 공부하고 그 다음날 워크북으로 복습합니다.)

날짜			내용		학습 계획일	
1주	1일	본서	DAY 01	我很好。 나는 잘 지내.	월	일
	2일	워크북				
	3일	본서	DAY 02	你喝咖啡吗? 너 커피 마실래?	월	일
	4일	워크북				
	5일	본서	DAY 03	我叫王兰。 나는 왕란이라고 해.	월	일
	6일	워크북				
2주	7일	본서	DAY 04	你有微信吗? 너 위챗 있니?	월	일
	8일	워크북				
	9일	본서	DAY 05	你去哪儿? 너 어디 가니?	월	일
	10일	워크북				
	11일	본서	DAY 06	有我的快递吗? 제 택배 있나요?	월	일
	12일	워크북				

학습 목차

DAY 01 — 我很好。 나는 잘 지내. — 08
Wǒ hěn hǎo.

DAY 02 — 你喝咖啡吗？ 너 커피 마실래? — 14
Nǐ hē kāfēi ma?

DAY 03 — 我叫王兰。 나는 왕란이라고 해. — 20
Wǒ jiào Wáng Lán.

DAY 04 — 你有微信吗？ 너 위챗 있니? — 26
Nǐ yǒu wēixìn ma?

DAY 05 — 你去哪儿？ 너 어디 가니? — 32
Nǐ qù nǎr?

DAY 06 — 有我的快递吗？ 제 택배 있나요? — 38
Yǒu wǒ de kuàidì ma?

📁 **녹음 대본 및 정답** — 44

등장인물 소개

- 김미나/金美娜
- 강희민/姜熙民
- 양웨이/杨伟
- 왕란/王兰

DAY 01

我很好。
Wǒ hěn hǎo.
나는 잘 지내.

 학습 목표

�է 안부를 묻고 답할 수 있습니다.
�է 의문문 吗와 형용사술어문을 학습합니다.

말하기 트레이닝 영상

 오늘의 단어

시원펜으로 오늘의 단어를 듣고 연습해 보세요.

제시된 단어를 여러 번 따라 읽으며 자신의 것으로 만들어 보세요.

 01-1

嗨 hāi (감탄) 어이	**好久** hǎojiǔ (형) 오랫동안
不见 bújiàn (동) 만나지 않다	**你** nǐ (대) 너, 당신
最近 zuìjìn (명) 요즘, 최근	**好** hǎo (형) 좋다
吗 ma (조) ~이니?, ~입니까?	**我** wǒ (대) 나
很 hěn (부) 매우	

8 중국어 진짜학습지

오늘의 단어 확인

1 빈칸에 알맞은 한자, 한어병음, 뜻을 써 보세요.

단어	한어병음	뜻
好久	hǎojiǔ	①
②	bújiàn	동 만나지 않다
你	③	대 너, 당신
最近	zuìjìn	④
⑤	hǎo	형 좋다
⑥	ma	조 ~이니?, ~입니까?

2 우리말에 해당하는 한자를 써 보세요.

① 어이

② 오랫동안

③ 너, 당신

④ 요즘, 최근

⑤ 나

⑥ 매우

DAY 01 나는 잘 지내.

오늘의 회화

오늘의 회화를 학습합니다.

시원펜으로 오늘의 회화를 듣고 연습해 보세요.

 01-2

 김미나
嗨，杨伟，好久不见！
Hāi, Yáng Wěi, hǎojiǔ bújiàn!
안녕, 양웨이. 오랜만이야!

 양웨이
好久不见！
Hǎojiǔ bújiàn!
오랜만이야!

 김미나
你最近好吗？
Nǐ zuìjìn hǎo ma?
너 요즘 잘 지내니?

 양웨이
我很好。
Wǒ hěn hǎo.
나는 잘 지내.

Tip '好久不见'은 '오랜 기간'을 뜻하는 '好久'와 '만나지 않다'를 뜻하는 '不见'이 함께 쓰여 '오랫동안 만나지 못했다', 즉 '오랜만이야'라는 뜻을 나타냅니다.

오늘의 회화 확인

1 녹음을 잘 듣고 그림과 일치하면 O, 일치하지 않으면 X표 하세요. 🔊 01-3

①

②

2 앞에 제시된 회화문을 읽고 문장의 옳고 그름을 판단하세요.

① 他们好久不见。　　O　X

② 金美娜最近很好。　　O　X

* 他们 tāmen 때 그들

3 우리말을 보고 빈칸을 채운 뒤 완성된 문장을 읽어 보세요.

① 嗨，杨伟，＿＿＿＿＿！

안녕, 양웨이. 오랜만이야!

② 你＿＿＿＿＿好吗？

너 요즘 잘 지내니?

 **오늘의 표현**

1 의문문 吗

你最近好吗?
Nǐ zuìjìn hǎo ma?
너 요즘 잘 지내니?

'吗'는 '~이니?, ~입니까?'라는 뜻으로 문장 끝에 놓여 의문을 나타냅니다.

你累吗?
Nǐ lèi ma?
너 피곤하니?

* 累 lèi ⑱ 피곤하다

他帅吗?
Tā shuài ma?
그는 잘생겼니?

* 他 tā ㉲ 그 | 帅 shuài ⑱ 잘생기다

2 형용사술어문

我很好。
Wǒ hěn hǎo.
나는 잘 지내.

형용사술어문은 형용사가 술어로 쓰인 문장으로 '사람이나 사물이 어떠하다'라고 묘사할 때 씁니다. 보통 습관적으로 형용사 앞에 '매우'라는 뜻을 나타내는 '很'을 쓰는데, 이는 습관적으로 사용하는 것이므로 해석하지 않아도 됩니다.

天气很好。
Tiānqì hěn hǎo.
날씨 좋다.

* 天气 tiānqì ⑲ 날씨

她很可爱。
Tā hěn kě'ài.
그녀는 귀여워.

* 她 tā ㉲ 그녀 | 可爱 kě'ài ⑱ 귀엽다

 · a, o, e로 시작하는 음절이 다른 음절 뒤에 바로 연결될 때, 음절을 정확하게 구분하기 위해 격음 부호(')를 씁니다.
  ㉠ kě'ài | nǚ'ér
· 형용사술어문 의문문에서는 일반적으로 '很'을 빼고 문장 끝에 '吗'를 씁니다.
  ㉠ 天气好吗? Tiānqì hǎo ma? 날씨 좋니?

중국어 진짜학습지 본서

 시원펜으로 오늘의 표현 확인을 듣고 연습해 보세요.

🔊 01-4

🗨️ 오늘의 표현 확인

📗 표현 연습

你高兴吗?
Nǐ gāoxìng ma?

너는 기쁘니?

* 高兴 gāoxìng 형 기쁘다

她漂亮吗?
Tā piàoliang ma?

그녀는 예쁘니?

* 漂亮 piàoliang 형 예쁘다

他最近忙吗?
Tā zuìjìn máng ma?

그는 요즘 바쁘니?

* 忙 máng 형 바쁘다

📗 표현 연습

我很高兴。
Wǒ hěn gāoxìng.

나는 기뻐.

她很漂亮。
Tā hěn piàoliang.

그녀는 예뻐.

他最近很忙。
Tā zuìjìn hěn máng.

그는 요즘 바빠.

DAY 01 나는 잘 지내. 13

你喝咖啡吗?
Nǐ hē kāfēi ma?
너 커피 마실래?

 학습 목표

* 의사를 묻고 답할 수 있습니다.
* 의문대사 什么와 동사술어문을 학습합니다.

말하기 트레이닝 영상

 오늘의 단어

제시된 단어를 여러 번 따라 읽으며 자신의 것으로 만들어 보세요.

 시원펜으로 오늘의 단어를 듣고 연습해 보세요.

🔊 02-1

喝 hē ⑧ 마시다	咖啡 kāfēi ⑲ 커피
不 bù ⑼ (~이) 아니다, ~하지 않다	那 nà ㉑ 그러면, 그렇다면
什么 shénme ⑭ 무엇, 무슨	奶茶 nǎichá ⑲ 밀크티

오늘의 단어 확인

1 빈칸에 알맞은 한자, 한어병음, 뜻을 써 보세요.

단어	한어병음	뜻
①	hē	동 마시다
咖啡	②	명 커피
不	bù	③
那	nà	④
什么	⑤	대 무엇, 무슨
⑥	nǎichá	명 밀크티

2 우리말에 해당하는 한자를 써 보세요.

① 마시다

② 커피

③ (~이) 아니다, ~하지 않다

④ 그러면, 그렇다면

⑤ 무엇, 무슨

⑥ 밀크티

오늘의 회화

오늘의 회화를 학습합니다.

시원펜으로 오늘의 회화를 듣고 연습해 보세요.

🔊 02-2

양웨이

你喝咖啡吗？
Nǐ hē kāfēi ma?
너 커피 마실래?

김미나

我不喝咖啡。
Wǒ bù hē kāfēi.
나 커피 안 마실래.

양웨이

那你喝什么？
Nà nǐ hē shénme?
그러면 너 뭐 마실래?

김미나

我喝奶茶。
Wǒ hē nǎichá.
나 밀크티 마실래.

Tip 부정부사 '不'는 동사 앞에 놓여 주관적인 의지나 바람을 부정할 때 씁니다.

중국어 진짜학습지 **본서**

오늘의 회화 확인

1 녹음을 잘 듣고 그림과 일치하면 O, 일치하지 않으면 X표 하세요. 🔊 02-3

①

②

* 茶 chá 명 차

2 앞에 제시된 회화문을 읽고 문장의 옳고 그름을 판단하세요.

① 金美娜问杨伟喝什么。   O X

② 金美娜喝奶茶。   O X

* 问 wèn 동 묻다

3 우리말을 보고 빈칸을 채운 뒤 완성된 문장을 읽어 보세요.

① 你喝 _____ 吗?

너 커피 마실래?

② 我喝 _____ 。

나 밀크티 마실래.

 **오늘의 표현**

1 의문대사 什么

你喝什么?
Nǐ hē shénme?
너 뭐 마실래?

의문대사 '什么'는 '무엇, 무슨'이라는 뜻으로 '什么' 자체가 의문사 역할을 하기 때문에 문장 끝에 '吗'를 붙이지 않습니다.

你看什么吗? ➡ 你看什么?　　너는 무엇을 보니?
　　　　　　　　Nǐ kàn shénme?
　　　　　　　　　　　　　　　　　　* 看 kàn 동 보다

他说什么吗? ➡ 他说什么?　　그가 뭐라고 하니?
　　　　　　　　Tā shuō shénme?
　　　　　　　　　　　　　　　　　　* 说 shuō 동 말하다

2 동사술어문

我喝奶茶。
Wǒ hē nǎichá.
나 밀크티 마실래.

동사술어문은 동사가 술어로 쓰인 문장으로 '주어가 어떠한 동작을 하다'라는 뜻을 나타낼 때 씁니다.

 긍정　我喝牛奶。　　나는 우유 마실래.
　　　　Wǒ hē niúnǎi.

 부정　我不喝牛奶。　나는 우유 안 마실래.
　　　　Wǒ bù hē niúnǎi.

 의문　你喝牛奶吗?　너는 우유 마실래?
　　　　Nǐ hē niúnǎi ma?

* 牛奶 niúnǎi 명 우유

오늘의 표현 확인

시원펜으로 오늘의 표현 확인을 듣고 연습해 보세요.

🔊 02-4

표현 연습

你吃什么? 너는 무엇을 먹니?
Nǐ chī shénme?

* 吃 chī ⑧ 먹다

他买什么? 그는 무엇을 사니?
Tā mǎi shénme?

* 买 mǎi ⑧ 사다

她干什么? 그녀는 무엇을 하니?
Tā gàn shénme?

* 干 gàn ⑧ 하다

표현 연습

我吃面包。 나는 빵을 먹어.
Wǒ chī miànbāo.

* 面包 miànbāo ⑲ 빵, 베이커리

他不买衣服。 그는 옷을 사지 않아.
Tā bù mǎi yīfu.

* 衣服 yīfu ⑲ 옷

她听音乐吗? 그녀는 음악을 듣니?
Tā tīng yīnyuè ma?

* 听 tīng ⑧ 듣다 | 音乐 yīnyuè ⑲ 음악

我叫王兰。
Wǒ jiào Wáng Lán.
나는 왕란이라고 해.

학습 목표
- 첫 인사를 나누고, 자기소개를 할 수 있습니다.
- 이름 묻고 답하기와 是자문을 학습합니다.

말하기 트레이닝 영상

오늘의 단어

시원펜으로 오늘의 단어를 듣고 연습해 보세요.

제시된 단어를 여러 번 따라 읽으며 자신의 것으로 만들어 보세요.

03-1

叫 jiào 동 (이름을) ~라고 하다, 부르다	是 shì 동 ~이다
韩国 Hánguó 고유 한국	人 rén 명 사람
汉语 Hànyǔ 명 중국어	真 zhēn 부 정말
谢谢 xièxie 동 감사합니다	夸奖 kuājiǎng 동 칭찬하다

오늘의 단어 확인

1 빈칸에 알맞은 한자, 한어병음, 뜻을 써 보세요.

단어	한어병음	뜻
①	jiào	통 (이름을) ~라고 하다, 부르다
韩国	②	고유 한국
③	Hànyǔ	명 중국어
真	④	부 정말
谢谢	⑤	통 감사합니다
夸奖	kuājiǎng	⑥

2 우리말에 해당하는 한자를 써 보세요.

① ~이다

② 한국

③ 사람

④ 중국어

⑤ 감사합니다

⑥ 칭찬하다

오늘의 회화

오늘의 회화를 학습합니다.

시원펜으로 오늘의 회화를 듣고 연습해 보세요.

 03-2

 왕란

你好！我叫王兰。
Nǐ hǎo! Wǒ jiào Wáng Lán.
안녕! 나는 왕란이라고 해.

 강희민

你好！我叫姜熙民，是韩国人。
Nǐ hǎo! Wǒ jiào Jiāng Xīmín, shì Hánguó rén.
안녕! 나는 강희민이라고 해. 한국인이야.

 왕란

你是韩国人吗？你汉语真好！
Nǐ shì Hánguó rén ma? Nǐ Hànyǔ zhēn hǎo!
너는 한국인이니? 중국어 정말 잘한다!

 강희민

谢谢夸奖。
Xièxie kuājiǎng.
칭찬해 줘서 고마워.

중국어 진짜학습지 **본서**

오늘의 회화 확인

1 녹음을 잘 듣고 그림과 일치하면 O, 일치하지 않으면 X표 하세요. 🔊 03-3

①

②

* 中国 Zhōngguó 고유 중국

2 앞에 제시된 회화문을 읽고 문장의 옳고 그름을 판단하세요.

① 姜熙民是韩国人。   O   X

② 姜熙民汉语不好。   O   X

3 우리말을 보고 빈칸을 채운 뒤 완성된 문장을 읽어 보세요.

① 你是 _____ 人吗？

너는 한국인이니?

② 你 _____ 真好！

너 중국어 정말 잘한다!

 **오늘의 표현**

1 이름 묻고 답하기

我叫王兰。
Wǒ jiào Wáng Lán.
나는 왕란이라고 해.

대상	질문	대답
또래나 아랫사람	你叫什么名字？ Nǐ jiào shénme míngzi? 너는 이름이 무엇이니?	我叫张国华。 Wǒ jiào Zhāng Guóhuá. 나는 장궈화라고 해.
초면이나 윗사람	您贵姓？ Nín guì xìng? 성함이 어떻게 되세요?	我姓张，叫张国华。 Wǒ xìng Zhāng, jiào Zhāng Guóhuá. 저는 성이 장 씨이고, 장궈화라고 해요.

* 名字 míngzi 명 이름 | 张国华 Zhāng Guóhuá 고유 장궈화[인명] | 您 nín 대 당신[你의 존칭] |
　 贵 guì 존경의 뜻을 나타냄 | 姓 xìng 동 성이 ~이다

2 是자문

我是韩国人。
Wǒ shì Hánguó rén.
나는 한국인이야.

'是'는 '~이다'라는 뜻으로 설명이나 판단을 나타냅니다. '是'의 부정은 '不是'로 '~이 아니다'라는 뜻을 나타냅니다.

긍정　他是中国人。　　그는 중국인이야.
　　　　 Tā shì Zhōngguó rén.

부정　他不是中国人。　그는 중국인이 아니야.
　　　　 Tā bú shì Zhōngguó rén.

의문　他是中国人吗？　그는 중국인이니?
　　　　 Tā shì Zhōngguó rén ma?

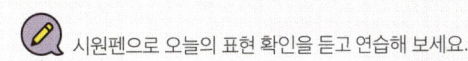

표현 연습

我**叫**王秀贤。
Wǒ jiào Wáng Xiùxián.

나는 왕수현이라고 해.

* 王秀贤 Wáng Xiùxián [고유] 왕수현[인명]

我**叫**金智英。
Wǒ jiào Jīn Zhìyīng.

나는 김지영이라고 해.

* 金智英 Jīn Zhìyīng [고유] 김지영[인명]

我姓李，**叫**李明。
Wǒ xìng Lǐ, jiào Lǐ Míng.

저는 성이 리 씨이고, 리밍이라고 해요.

* 李明 Lǐ Míng [고유] 리밍[인명]

표현 연습

我**是**大学生。
Wǒ shì dàxuéshēng.

나는 대학생이야.

* 大学生 dàxuéshēng [명] 대학생

她**不是**上班族。
Tā bú shì shàngbānzú.

그녀는 직장인이 아니야.

* 上班族 shàngbānzú [명] 직장인

他**是**美国人**吗**？
Tā shì Měiguó rén ma?

그는 미국인이니?

* 美国 Měiguó [고유] 미국

你有微信吗?
Nǐ yǒu wēixìn ma?
너 위챗 있니?

 학습 목표

* SNS 관련 표현을 배울 수 있습니다.
* 有자문과 수량사 一下를 학습합니다.

 오늘의 단어

 시원펜으로 오늘의 단어를 듣고 연습해 보세요.

제시된 단어를 여러 번 따라 읽으며 자신의 것으로 만들어 보세요.

🔊 04-1

有 yǒu 동 있다, ~을 가지고 있다	微信 wēixìn 명 위챗[중국 모바일 앱]
当然 dāngrán 부 당연히, 물론	我们 wǒmen 대 우리(들)
加 jiā 동 더하다, 보태다	一下 yíxià 수량 좀 ~하다, 한번 ~해 보다
吧 ba 조 ~하자, ~해요[제안을 나타냄]	行 xíng 형 좋다, 괜찮다
扫 sǎo 동 (QR 코드를) 찍다, 스캔하다	

26 중국어 진짜학습지

오늘의 단어 확인

1 빈칸에 알맞은 한자, 한어병음, 뜻을 써 보세요.

단어	한어병음	뜻
①	yǒu	통 있다, ~을 가지고 있다
微信	wēixìn	②
③	dāngrán	부 당연히, 물론
我们	④	대 우리(들)
加	⑤	통 더하다, 보태다
吧	ba	⑥

2 우리말에 해당하는 한자를 써 보세요.

① 당연히, 물론

② 우리(들)

③ 더하다, 보태다

④ 좀 ~하다, 한번 ~해 보다

⑤ 좋다, 괜찮다

⑥ (QR 코드를) 찍다, 스캔하다

오늘의 회화

오늘의 회화를 학습합니다.

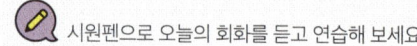 시원펜으로 오늘의 회화를 듣고 연습해 보세요.

 04-2

 강희민
你有微信吗？
Nǐ yǒu wēixìn ma?
너 위챗 있니?

 왕란
当然有。
Dāngrán yǒu.
당연히 있지.

 강희민
我们加一下微信吧。
Wǒmen jiā yíxià wēixìn ba.
우리 위챗 좀 추가하자.

 왕란
行，我扫你吧。
Xíng, wǒ sǎo nǐ ba.
좋아, 내가 추가(스캔)할게.

중국어 진짜학습지 **본서**

오늘의 회화 확인

1 녹음을 잘 듣고 그림과 일치하면 O, 일치하지 않으면 X표 하세요.   🔊 04-3

①    ②

* 没有 méiyǒu 동 없다, ~을 가지고 있지 않다

2 앞에 제시된 회화문을 읽고 문장의 옳고 그름을 판단하세요.

① 王兰有微信。   O   X

② 他们不加微信。   O   X

3 우리말을 보고 빈칸을 채운 뒤 완성된 문장을 읽어 보세요.

① 你 _____ 微信吗？
너 위챗 있니?

② 我们 _____ 一下微信吧。
우리 위챗 좀 추가하자.

DAY 04 너 위챗 있니?   29

 오늘의 표현

1 有자문

你有微信吗？
Nǐ yǒu wēixìn ma?
너 위챗 있니?

'有'는 '있다. ~을 가지고 있다'라는 뜻으로 소유의 의미를 나타냅니다. '有'의 부정은 '没有'로 '없다. ~을 가지고 있지 않다'라는 뜻을 나타냅니다.

긍정 我有约。   나는 약속이 있어.
     Wǒ yǒu yuē.

부정 我没有约。   나는 약속이 없어.
     Wǒ méiyǒu yuē.

의문 你有约吗？   너는 약속이 있니?
     Nǐ yǒu yuē ma?

* 约 yuē 명 약속 동 약속하다

2 수량사 一下

我们加一下微信吧。
Wǒmen jiā yíxià wēixìn ba.
우리 위챗 좀 추가하자.

'一下'는 동사 뒤에 놓여 '(어떤 동작을) 좀 ~하다, 한번 ~해 보다'라는 뜻을 나타냅니다.

你等一下。   좀 기다려.
Nǐ děng yíxià.

* 等 děng 동 기다리다

我们休息一下。   우리 좀 쉬자.
Wǒmen xiūxi yíxià.

* 休息 xiūxi 동 쉬다, 휴식하다

오늘의 표현 확인

중국어 진짜학습지 본서

 시원펜으로 오늘의 표현 확인을 듣고 연습해 보세요.

04-4

표현 연습

我有时间。
Wǒ yǒu shíjiān.

나는 시간이 있어.

* 时间 shíjiān 명 시간

他没有笔记本。
Tā méiyǒu bǐjìběn.

그는 노트북이 없어.

* 笔记本 bǐjìběn 명 노트북

她有充电器吗?
Tā yǒu chōngdiànqì ma?

그녀는 충전기가 있니?

* 充电器 chōngdiànqì 명 충전기

표현 연습

我介绍一下。
Wǒ jièshào yíxià.

내가 소개 좀 할게.

* 介绍 jièshào 동 소개하다

你快看一下。
Nǐ kuài kàn yíxià.

너 빨리 좀 봐 봐.

* 快 kuài 부 빨리, 어서

你尝一下咖啡吧。
Nǐ cháng yíxià kāfēi ba.

너 커피 좀 마셔 봐.

* 尝 cháng 동 맛보다

DAY 04 너 위챗 있니? 31

你去哪儿?
Nǐ qù nǎr?
너 어디 가니?

학습 목표
* 장소를 묻고 답할 수 있습니다.
* 의문대사 哪儿과 在자문을 학습합니다.

말하기 트레이닝 영상

오늘의 단어

시원펜으로 오늘의 단어를 듣고 연습해 보세요.

제시된 단어를 여러 번 따라 읽으며 자신의 것으로 만들어 보세요.

05-1

去 qù ⑧ 가다	哪儿 nǎr ④ 어디
银行 yínháng ⑲ 은행	学校 xuéxiào ⑲ 학교
附近 fùjìn ⑲ 근처, 부근	在 zài ⑧ ~에 있다
市 shì ⑲ 시, 도시	中心 zhōngxīn ⑲ 중심, 센터

32 중국어 진짜학습지

오늘의 단어 확인

1 빈칸에 알맞은 한자, 한어병음, 뜻을 써 보세요.

단어	한어병음	뜻
①	qù	⑧ 가다
哪儿	②	⑪ 어디
银行	yínháng	③
学校	④	⑲ 학교
附近	fùjìn	⑤
⑥	zhōngxīn	⑲ 중심, 센터

2 우리말에 해당하는 한자를 써 보세요.

① 어디

② 은행

③ 학교

④ 근처, 부근

⑤ ~에 있다

⑥ 시, 도시

오늘의 회화

오늘의 회화를 학습합니다.

시원펜으로 오늘의 회화를 듣고 연습해 보세요.

김미나
你去哪儿？
Nǐ qù nǎr?
너 어디 가니?

양웨이
我去中国银行。
Wǒ qù Zhōngguó yínháng.
나 중국 은행에 가.

김미나
学校附近有中国银行吗？
Xuéxiào fùjìn yǒu Zhōngguó yínháng ma?
학교 근처에 중국 은행이 있니?

양웨이
没有，中国银行在市中心。
Méiyǒu, Zhōngguó yínháng zài shì zhōngxīn.
없어. 중국 은행은 시내에 있어.

오늘의 회화 확인

1 녹음을 잘 듣고 그림과 일치하면 O, 일치하지 않으면 X표 하세요. 🔊 05-3

①

②

*公园 gōngyuán 명 공원

2 앞에 제시된 회화문을 읽고 문장의 옳고 그름을 판단하세요.

① 杨伟去中国银行。　　　　O　X

② 学校附近有中国银行。　　O　X

3 우리말을 보고 빈칸을 채운 뒤 완성된 문장을 읽어 보세요.

① 你去　　　　　　　？

너 어디 가니?

② 我去　　　　　　　　　　　。

나 중국 은행에 가.

 **오늘의 표현**

1 의문대사 哪儿

你去哪儿?
Nǐ qù nǎr?
너 어디 가니?

의문대사 '哪儿'은 '어디'라는 뜻으로 장소를 물을 때 씁니다.

질문 他去哪儿?   그는 어디 가니?
Tā qù nǎr?

대답할 때는 '哪儿' 자리에 장소를 뜻하는 명사를 넣어주면 됩니다.

대답 他去书店。   그는 서점에 가.
Tā qù shūdiàn.

* 书店 shūdiàn 명 서점

2 在자문

中国银行在市中心。
Zhōngguó yínháng zài shì zhōngxīn.
중국 은행은 시내에 있어.

'在'가 장소를 나타내는 명사 앞에 놓일 경우 '(사람이나 사물이) ~에 있다'라는 뜻을 나타냅니다.
'在'의 부정은 '不在'로 '~에 없다'라는 뜻을 나타냅니다.

긍정 爸爸在公司。   아빠는 회사에 계셔.
Bàba zài gōngsī.

부정 爸爸不在公司。 아빠는 회사에 안 계셔.
Bàba bú zài gōngsī.

의문 爸爸在公司吗? 아빠는 회사에 계시니?
Bàba zài gōngsī ma?

* 爸爸 bàba 명 아빠, 아버지 | 公司 gōngsī 명 회사

오늘의 표현 확인

 시원펜으로 오늘의 표현 확인을 듣고 연습해 보세요.

🔊 05-4

표현 연습

你在哪儿? 너는 어디에 있니?
Nǐ zài nǎr?

你坐哪儿? 너는 어디에 앉아 있니?
Nǐ zuò nǎr?

* 坐 zuò 동 앉다, (교통수단을) 타다

你住哪儿? 너는 어디에 사니?
Nǐ zhù nǎr?

* 住 zhù 동 살다

표현 연습

她在公园。 그녀는 공원에 있어.
Tā zài gōngyuán.

哥哥不在学校。 형(오빠)은 학교에 없어.
Gēge bú zài xuéxiào.

* 哥哥 gēge 명 형, 오빠

妈妈在市场吗? 엄마는 시장에 계시니?
Māma zài shìchǎng ma?

* 妈妈 māma 명 엄마, 어머니 | 市场 shìchǎng 명 시장

有我的快递吗?
Yǒu wǒ de kuàidì ma?
제 택배 있나요?

 학습목표

* 택배를 확인하고 수령할 수 있습니다.
* 구조조사 的와 지시대사 这/那를 학습합니다.

말하기 트레이닝 영상

 오늘의 단어

시원펜으로 오늘의 단어를 듣고 연습해 보세요.

제시된 단어를 여러 번 따라 읽으며 자신의 것으로 만들어 보세요.

 06-1

的 de 조 ~의	快递 kuàidì 명 택배
五 wǔ 수 5, 다섯	零 líng 수 0, 영
八 bā 수 8, 여덟	这儿 zhèr 대 여기, 이곳
呢 ne 조 강조를 나타냄	这 zhè 대 이, 이것

오늘의 단어 확인

1 빈칸에 알맞은 한자, 한어병음, 뜻을 써 보세요.

단어	한어병음	뜻
快递	kuàidì	①
五	wǔ	②
零	③	㈜ 0, 영
八	④	㈜ 8, 여덟
⑤	ne	㈜ 강조를 나타냄
⑥	zhè	㈐ 이, 이것

2 우리말에 해당하는 한자를 써 보세요.

① ~의

② 택배

③ 5, 다섯

④ 0, 영

⑤ 8, 여덟

⑥ 여기, 이곳

오늘의 회화

오늘의 회화를 학습합니다.

시원펜으로 오늘의 회화를 듣고 연습해 보세요.

06-2

왕란

您好，有我的快递吗？
Nín hǎo, yǒu wǒ de kuàidì ma?
안녕하세요, 제 택배 있나요?

경비원

你叫什么名字？
Nǐ jiào shénme míngzi?
성함이 어떻게 되시나요?

왕란

我叫王兰。住五零八。
Wǒ jiào Wáng Lán. Zhù wǔ líng bā.
왕란이라고 합니다. 508호에 살아요.

경비원

在这儿呢，这是你的快递。
Zài zhèr ne, zhè shì nǐ de kuàidì.
여기 있네요. 이것이 당신의 택배입니다.

Tip
'号'는 '몇 호'라는 의미로 집이나 방의 호수를 나타낼 때 쓰며, 회화체에서는 일반적으로 생략하여 말합니다.
예) 我住五零八(号)。 저는 508호에 살아요.

* 号 hào 양 호, 호수

오늘의 회화 확인

1 녹음을 잘 듣고 그림과 일치하면 O, 일치하지 않으면 X표 하세요. 🔊 06-3

①

②

2 앞에 제시된 회화문을 읽고 문장의 옳고 그름을 판단하세요.

① 王兰住五零八。   O   X

② 没有王兰的快递。   O   X

3 우리말을 보고 빈칸을 채운 뒤 완성된 문장을 읽어 보세요.

① 您好，有我的 _____ 吗？

안녕하세요, 제 택배 있나요?

② 我住 _____ 。

저는 508호에 살아요.

 오늘의 표현

1 구조조사 的

有我的快递吗?
Yǒu wǒ de kuàidì ma?
제 택배 있나요?

구조조사 '的'는 '~의'라는 뜻으로 명사를 수식하는 역할을 합니다.

他的衣服   그의 옷   她的手机   그녀의 휴대 전화
tā de yīfu   tā de shǒujī

* 手机 shǒujī 몡 휴대 전화

일반적으로 가족이나 친구, 소속 관계를 나타낼 때는 '的'를 생략할 수 있습니다.

我爸爸   우리 아빠   我们公司   우리 회사
wǒ bàba   wǒmen gōngsī

2 지시대사 这/那

这是你的快递。
Zhè shì nǐ de kuàidì.
이것이 당신의 택배입니다.

지시대사 '这'는 '이(것)'이라는 뜻으로 거리가 비교적 가까이에 있는 사람이나 사물을 가리킬 때 씁니다.

这是我的钱包。   이것은 내 지갑이야.
Zhè shì wǒ de qiánbāo.

* 钱包 qiánbāo 몡 지갑

지시대사 '那'는 '그(것), 저(것)'이라는 뜻으로 비교적 멀리 떨어진 곳에 있는 사람이나 사물을 가리킬 때 씁니다.

那是我的笔记本。   그것은 내 노트북이야.
Nà shì wǒ de bǐjìběn.

* 那 nà 때 그(것), 저(것)

오늘의 표현 확인

시원펜으로 오늘의 표현 확인을 듣고 연습해 보세요.

🔊 06-4

표현 연습

妈妈的卡
māma de kǎ

엄마의 카드

* 卡 kǎ 명 카드

他的电脑
tā de diànnǎo

그의 컴퓨터

* 电脑 diànnǎo 명 컴퓨터

她的口红
tā de kǒuhóng

그녀의 립스틱

* 口红 kǒuhóng 명 립스틱

표현 연습

这/那是我的车。
Zhè/Nà shì wǒ de chē.

이것/그것은 내 차야.

* 车 chē 명 차

这/那是我的书。
Zhè/Nà shì wǒ de shū.

이것/그것은 내 책이야.

这/那是我的书包。
Zhè/Nà shì wǒ de shūbāo.

이것/그것은 내 책가방이야.

* 书包 shūbāo 명 책가방

녹음 대본 및 정답

DAY 01 나는 잘 지내.

오늘의 단어 확인

1 ① 형 오랫동안　② 不见　③ nǐ
　④ 명 요즘, 최근　⑤ 好　⑥ 吗

2 ① 嗨　② 好久　③ 你
　④ 最近　⑤ 我　⑥ 很

오늘의 회화 확인

녹음 대본

1 ① 女：杨伟，好久不见！ 양웨이, 오랜만이야!
　　 男：美娜，好久不见！ 미나야, 오랜만이야!

　② 女：杨伟你最近好吗？ 양웨이, 너 요즘 잘 지내니?
　　 男：我最近很好。 나는 요즘 잘 지내.

1 ① O　② X
2 ① O　② X
3 ① 好久不见　② 最近

DAY 02 너 커피 마실래?

오늘의 단어 확인

1 ① 喝　② kāfēi　③ 부 (~이) 아니다, ~하지 않다
　④ 접 그러면, 그렇다면　⑤ shénme　⑥ 奶茶

2 ① 喝　② 咖啡　③ 不
　④ 那　⑤ 什么　⑥ 奶茶

44　중국어 진짜학습지

오늘의 회화 확인

녹음 대본

1 ❶ 男 : 你喝茶吗？　　너 차 마실래?
　　女 : 我喝茶。　　　나 차 마실래.

　❷ 男 : 你喝什么？　　너 뭐 마실래?
　　女 : 我喝咖啡。　　나 커피 마실래.

1 ❶ O　　　　❷ X
2 ❶ X　　　　❷ O
3 ❶ 咖啡　　　❷ 奶茶

DAY 03 나는 왕란이라고 해.

오늘의 단어 확인

1 ❶ 叫　　　　❷ Hánguó　　❸ 汉语
　❹ zhēn　　　❺ xièxie　　　❻ 통 칭찬하다

2 ❶ 是　　　　❷ 韩国　　　❸ 人
　❹ 汉语　　　❺ 谢谢　　　❻ 夸奖

오늘의 회화 확인

녹음 대본

1 ❶ 女 : 我叫王兰，是中国人。　　나는 왕란이라고 해. 중국인이야.
　　男 : 我叫姜熙民，是韩国人。　나는 강희민이라고 해. 한국인이야.

　❷ 女 : 你汉语真好！　　너 중국어 정말 잘한다!
　　男 : 谢谢夸奖。　　　칭찬해 줘서 고마워.

1 ❶ X　　　　❷ O
2 ❶ O　　　　❷ X
3 ❶ 韩国　　　❷ 汉语

DAY 04 너 위챗 있니?

오늘의 단어 확인

1 ① 有　　② 명 위챗[중국 모바일 앱]　③ 当然
　④ wǒmen　　⑤ jiā　　⑥ 조 ~하자, ~해요[제안을 나타냄]

2 ① 当然　　② 我们　　③ 加
　④ 一下　　⑤ 行　　⑥ 扫

오늘의 회화 확인

녹음 대본

1 ① 男: 你有微信吗?　　너 위챗 있니?
　　女: 没有。　　없어.

　② 男: 我们加一下微信吧。　우리 위챗 좀 추가하자.
　　女: 好的, 我扫你吧。　좋아, 내가 추가(스캔)할게.

1 ① X　　② O
2 ① O　　② X
3 ① 有　　② 加

DAY 05 너 어디 가니?

오늘의 단어 확인

1 ① 去　　② nǎr　　③ 명 은행
　④ xuéxiào　　⑤ 명 근처, 부근　　⑥ 中心

2 ① 哪儿　　② 银行　　③ 学校
　④ 附近　　⑤ 在　　⑥ 市

오늘의 회화 확인

녹음 대본

1 ❶ 男: 你去哪儿? 너 어디 가니?
　　女: 我去公园。 나 공원에 가.

　❷ 男: 中国银行在哪儿? 중국 은행은 어디에 있니?
　　女: 中国银行在市中心。 중국 은행은 시내에 있어.

1 ❶ X　　❷ O
2 ❶ O　　❷ X
3 ❶ 哪儿　❷ 中国, 银行

DAY 06 제 택배 있나요?

오늘의 단어 확인

1 ❶ ⓜ 택배　❷ ⓢ 5, 다섯　❸ líng
　❹ bā　　　❺ 呢　　　　❻ 这

2 ❶ 的　　　❷ 快递　　　❸ 五
　❹ 零　　　❺ 八　　　　❻ 这儿

오늘의 회화 확인

녹음 대본

1 ❶ 女: 您好，有五零八的快递吗? 안녕하세요, 508호 택배 있나요?
　　男: 在这儿呢。 여기 있네요.

　❷ 女: 您住五零八吗? 당신은 508호에 사나요?
　　男: 不是，我住五零二。 아니요, 저는 502호에 살아요.

1 ❶ O　　❷ X
2 ❶ O　　❷ X
3 ❶ 快递　❷ 五零八

진짜학습지

중국어
진짜학습지

기초편
2

중국어 진짜학습지 기초편 2

개정 1쇄 발행 2023년 7월 14일
개정 2쇄 발행 2024년 2월 15일

지은이 시원스쿨어학연구소
펴낸곳 (주)에스제이더블유인터내셔널
펴낸이 양홍걸 이시원

홈페이지 daily.siwonschool.com
주소 서울시 영등포구 영신로 166 시원스쿨
교재 구입 문의 02)2014-8151
고객센터 02)6409-0878

ISBN 979-11-6150-729-3 13720
Number 1-410201-16161807-06

이 책은 저작권법에 따라 보호받는 저작물이므로 무단복제와 무단전재를 금합니다. 이 책 내용의 전부 또는 일부를 이용하려면 반드시 저작권자와 ㈜에스제이더블유인터내셔널의 서면 동의를 받아야 합니다.

중국어 진짜학습지 학습 가이드

🔖 중국어 진짜학습지란?

『중국어 진짜학습지 기초편』은 중국어 기초 학습자들이 쉽고 재미있게 학습할 수 있도록 시원스쿨중국어연구소에서 연구 개발한 교재입니다. 본 교재는 각 과의 핵심 단어를 학습하고 ➡ 다양한 주제로 이루어진 회화문으로 말하기 연습을 하며 ➡ 핵심 문법 설명으로 학습자의 이해를 돕고 ➡ 핵심 표현으로 중국어의 구조를 저절로 습득할 수 있도록 구성하였습니다. 듣기, 읽기, 쓰기, 말하기의 반복 학습을 통해 중국어의 기본기를 확실히 다질 수 있습니다.

🔖 중국어 진짜학습지의 학습 목표는?

목표1 중국어의 기본 문법을 학습할 수 있습니다.

목표2 다양한 주제로 구성된 회화문을 통해 실용적인 중국어 표현을 배울 수 있습니다.

목표3 듣기, 읽기, 쓰기, 말하기 모든 영역을 다양하게 학습하여 중국어의 기본기를 확실하게 다질 수 있습니다.

목표4 『중국어 진짜학습지 기초편』을 끝내면 HSK 3급에 도전할 수 있습니다.

🔖 중국어 진짜학습지 로드맵은?

STEP1 강의를 보며 <오늘의 단어>, <오늘의 회화>, <오늘의 표현>으로 구성된 본서를 학습합니다.

STEP2 본서에서 배운 내용을 바탕으로 워크북을 풀어보며 학습한 내용을 복습합니다.

STEP3 말하기 트레이닝 영상을 보며 틈틈이 중국어를 연습합니다.

학습 구성

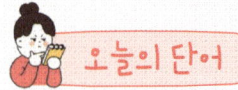 오늘의 단어

<오늘의 단어>는 학습자들이 따로 단어를 찾아볼 필요 없이 각 과의 핵심 단어를 한눈에 보기 쉽게 정리하였습니다. 앞에서 학습한 단어를 <오늘의 단어 확인> 문제를 풀어보며 중국어의 한자, 한어병음, 뜻을 기억할 수 있도록 복습 장치를 마련하였습니다.

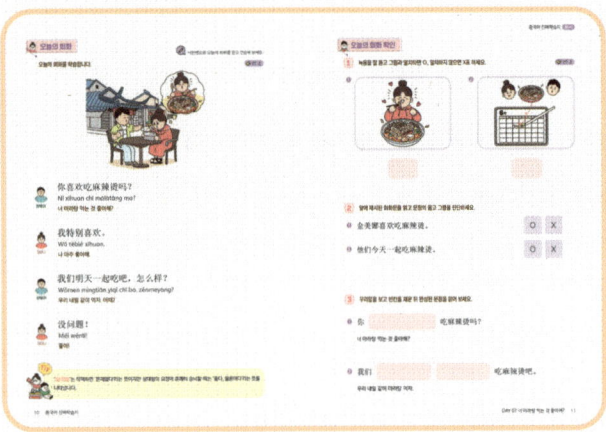

 오늘의 회화

<오늘의 회화>는 뻔한 표현이 아닌 재미와 실용성에 초점을 맞춘 대화문으로 구성하였습니다. <오늘의 회화 확인>에서는 듣기, 읽기, 쓰기, 말하기 관련 연습 문제를 풀어보며 본문의 내용을 완전히 숙지할 수 있습니다.

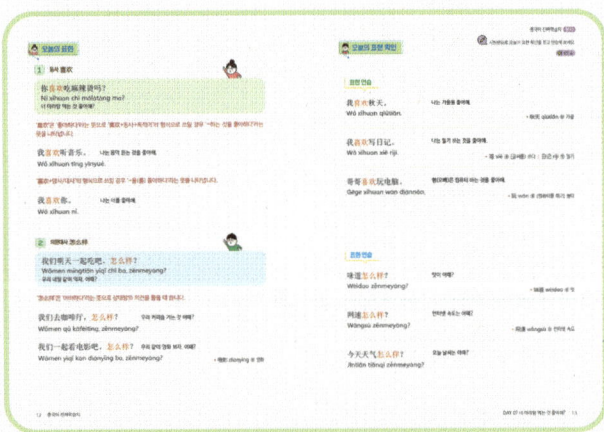

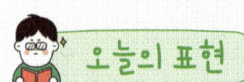 오늘의 표현

<오늘의 표현>에서는 복잡하고 어려운 설명 대신 누구나 쉽게 이해할 수 있도록 각 과에서 가장 핵심이 되는 문법을 체계적으로 정리하였으며, 활용도 높은 예문을 제시하여 학습자의 이해도를 높였습니다. <오늘의 표현 확인>에서는 앞에서 배운 문법과 관련된 문장을 제시하여 중국어 말하기 연습까지 가능하도록 구성하였습니다.

특별 부록 구성

무료 콘텐츠 구성

 ✓ **쓰기 노트**
매 과에서 학습한 단어와 문장을 직접 쓰며 연습할 수 있습니다.

 ✓ **말하기 트레이닝 영상**
스마트 폰으로 책 속의 QR 코드를 스캔하면 언제, 어디서든 영상을 보며 말하기 연습을 할 수 있습니다.

 ✓ **원어민 MP3 음원**
원어민 MP3 음원을 들으며 중국어 연습을 할 수 있습니다. 시원스쿨 진짜학습지 홈페이지(daily.siwonschool.com) 접속 ➡ 학습지원 ➡ 공부 자료실에서 MP3 파일을 다운로드 받으실 수 있습니다.

유료 콘텐츠 구성

* 유료 콘텐츠는 daily.siwonschool.com에서 확인하실 수 있습니다.

 ✓ **동영상 강의**
교재와 강의를 함께 학습하면 보다 쉽게 내용을 이해할 수 있어 학습 효과를 극대화할 수 있습니다.

✓ **시원펜 학습**
시원펜을 활용하면 완벽한 중국어 말하기 훈련을 할 수 있습니다.
☆ 전체 음원 듣기 : 시원펜으로 해당 아이콘 ()을 찍으면 매 과의 전체 음원을 들을 수 있습니다.
☆ 개별 음원 듣기 : 시원펜으로 중국어 단어와 문장을 찍으면 원하는 해당 음원을 들을 수 있습니다.

 ✓ **성취도 평가**
성취도 평가를 통해 자신의 진짜 중국어 실력을 파악할 수 있습니다.

학습 플랜

🚩 주 3일 학습 플랜

★ 본서, 워크북 1일 1과 학습 구성(본서와 워크북을 하루에 함께 학습합니다.)

날짜			내용		학습 계획일	
1주	1일	본서	DAY 07	你喜欢吃麻辣烫吗? 너 마라탕 먹는 것 좋아해?	월	일
		워크북				
	2일	본서	DAY 08	你是不是独生女? 너는 외동딸이니, 아니니?	월	일
		워크북				
	3일	본서	DAY 09	你觉得怎么样? 네 생각은 어때?	월	일
		워크북				
2주	4일	본서	DAY 10	坐地铁还是坐公交车? 지하철 탈까, 아니면 버스 탈까?	월	일
		워크북				
	5일	본서	DAY 11	八月八号是小张的生日。 8월 8일은 샤오장의 생일이야.	월	일
		워크북				
	6일	본서	DAY 12	您要怎么洗? 어떻게 세탁하실 건가요?	월	일
		워크북				

🚩 주 6일 학습 플랜

★ 본서, 워크북 2일 1과 학습 구성(본서를 먼저 공부하고 그 다음날 워크북으로 복습합니다.)

날짜			내용		학습 계획일	
1주	1일	본서	DAY 07	你喜欢吃麻辣烫吗? 너 마라탕 먹는 것 좋아해?	월	일
	2일	워크북				
	3일	본서	DAY 08	你是不是独生女? 너는 외동딸이니, 아니니?	월	일
	4일	워크북				
	5일	본서	DAY 09	你觉得怎么样? 네 생각은 어때?	월	일
	6일	워크북				
2주	7일	본서	DAY 10	坐地铁还是坐公交车? 지하철 탈까, 아니면 버스 탈까?	월	일
	8일	워크북				
	9일	본서	DAY 11	八月八号是小张的生日。 8월 8일은 샤오장의 생일이야.	월	일
	10일	워크북				
	11일	본서	DAY 12	您要怎么洗? 어떻게 세탁하실 건가요?	월	일
	12일	워크북				

학습 목차

DAY 07 你喜欢吃麻辣烫吗? 너 마라탕 먹는 것 좋아해?
Nǐ xǐhuan chī málàtàng ma? — 08

DAY 08 你是不是独生女? 너는 외동딸이니, 아니니?
Nǐ shì bu shì dúshēngnǚ? — 14

DAY 09 你觉得怎么样? 네 생각은 어때?
Nǐ juéde zěnmeyàng? — 20

DAY 10 坐地铁还是坐公交车? 지하철 탈까, 아니면 버스 탈까?
Zuò dìtiě háishi zuò gōngjiāochē? — 26

DAY 11 八月八号是小张的生日。 8월 8일은 샤오장의 생일이야.
Bā yuè bā hào shì Xiǎo Zhāng de shēngrì. — 32

DAY 12 您要怎么洗? 어떻게 세탁하실 건가요?
Nín yào zěnme xǐ? — 38

📂 **녹음 대본 및 정답** — 44

등장인물 소개

🇰🇷
김미나/金美娜   강희민/姜熙民

🇨🇳
양웨이/杨伟   왕란/王兰

DAY 07 你喜欢吃麻辣烫吗?

Nǐ xǐhuan chī málàtàng ma?

너 마라탕 먹는 것 좋아해?

학습 목표

✷ 상대방의 의사나 취향을 물을 수 있습니다.
✷ 동사 喜欢과 의문대사 怎么样을 학습합니다.

말하기 트레이닝 영상

오늘의 단어

 시원펜으로 오늘의 단어를 듣고 연습해 보세요.

제시된 단어를 여러 번 따라 읽으며 자신의 것으로 만들어 보세요.

🔊 07-1

喜欢 xǐhuan
동 좋아하다

麻辣烫 málàtàng
명 마라탕[음식명]

特别 tèbié
부 아주, 특히

明天 míngtiān
명 내일

一起 yìqǐ
부 같이, 함께

怎么样 zěnmeyàng
대 어떠하다

问题 wèntí
명 문제

오늘의 단어 확인

1 빈칸에 알맞은 한자, 한어병음, 뜻을 써 보세요.

단어	한어병음	뜻
①	xǐhuan	⑧ 좋아하다
麻辣烫	málàtàng	②
特别	③	⑨ 아주, 특히
④	míngtiān	⑩ 내일
一起	yìqǐ	⑤
怎么样	⑥	⑪ 어떠하다

2 우리말에 해당하는 한자를 써 보세요.

① 좋아하다

② 마라탕 [음식명]

③ 아주, 특히

④ 같이, 함께

⑤ 어떠하다

⑥ 문제

DAY 07 너 마라탕 먹는 것 좋아해?

오늘의 회화

오늘의 회화를 학습합니다.

시원펜으로 오늘의 회화를 듣고 연습해 보세요.

양웨이

你喜欢吃麻辣烫吗？

Nǐ xǐhuan chī málàtàng ma?

너 마라탕 먹는 것 좋아해?

김미나

我特别喜欢。

Wǒ tèbié xǐhuan.

나 아주 좋아해.

양웨이

我们明天一起吃吧，怎么样？

Wǒmen míngtiān yìqǐ chī ba, zěnmeyàng?

우리 내일 같이 먹자. 어때?

김미나

没问题！

Méi wèntí!

좋아!

Tip '没问题'는 직역하면 '문제없다'라는 뜻이지만 상대방의 요청에 흔쾌히 승낙할 때는 '좋다, 물론이다'라는 뜻을 나타냅니다.

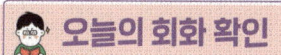

오늘의 회화 확인

1 녹음을 잘 듣고 그림과 일치하면 O, 일치하지 않으면 X표 하세요.   🔊 07-3

2 앞에 제시된 회화문을 읽고 문장의 옳고 그름을 판단하세요.

① 金美娜喜欢吃麻辣烫。   O X

② 他们今天一起吃麻辣烫。   O X

3 우리말을 보고 빈칸을 채운 뒤 완성된 문장을 읽어 보세요.

① 你 _____ 吃麻辣烫吗?

너 마라탕 먹는 것 좋아해?

② 我们 _____ 吃麻辣烫吧。

우리 내일 같이 마라탕 먹자.

 **오늘의 표현**

1 동사 喜欢

你**喜欢**吃麻辣烫吗?
Nǐ xǐhuan chī málàtàng ma?
너 마라탕 먹는 것 좋아해?

'喜欢'은 '좋아하다'라는 뜻으로 '喜欢+동사+목적어'의 형식으로 쓰일 경우 '~하는 것을 좋아하다'라는 뜻을 나타냅니다.

我**喜欢**听音乐。　　나는 음악 듣는 것을 좋아해.
Wǒ xǐhuan tīng yīnyuè.

'喜欢+명사/대사'의 형식으로 쓰일 경우 '~을(를) 좋아하다'라는 뜻을 나타냅니다.

我**喜欢**你。　　　　나는 너를 좋아해.
Wǒ xǐhuan nǐ.

2 의문대사 怎么样

我们明天一起吃吧, **怎么样**?
Wǒmen míngtiān yìqǐ chī ba, zěnmeyàng?
우리 내일 같이 먹자. 어때?

'怎么样'은 '어떠하다'라는 뜻으로 상대방의 의견을 물을 때 씁니다.

我们去咖啡厅, **怎么样**?　　　우리 커피숍 가는 것 어때?
Wǒmen qù kāfēitīng, zěnmeyàng?

我们一起看电影吧, **怎么样**?　우리 같이 영화 보자. 어때?
Wǒmen yìqǐ kàn diànyǐng ba, zěnmeyàng?

*电影 diànyǐng 명 영화

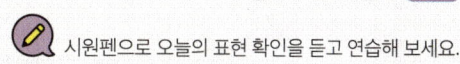

표현 연습

我**喜欢**秋天。
Wǒ xǐhuan qiūtiān.

나는 가을을 좋아해.

* 秋天 qiūtiān 명 가을

我**喜欢**写日记。
Wǒ xǐhuan xiě rìjì.

나는 일기 쓰는 것을 좋아해.

* 写 xiě 동 (글씨를) 쓰다 | 日记 rìjì 명 일기

哥哥**喜欢**玩电脑。
Gēge xǐhuan wán diànnǎo.

형(오빠)은 컴퓨터 하는 것을 좋아해.

* 玩 wán 동 (컴퓨터를 하고) 놀다

표현 연습

味道**怎么样**?
Wèidao zěnmeyàng?

맛이 어때?

* 味道 wèidao 명 맛

网速**怎么样**?
Wǎngsù zěnmeyàng?

인터넷 속도는 어때?

* 网速 wǎngsù 명 인터넷 속도

今天天气**怎么样**?
Jīntiān tiānqì zěnmeyàng?

오늘 날씨는 어때?

你是不是独生女?
Nǐ shì bu shì dúshēngnǚ?
너는 외동딸이니, 아니니?

✱ 가족 구성원에 대해 배웁니다.
✱ 정반의문문과 나이 묻는 표현을 학습합니다.

말하기 트레이닝 영상

시원펜으로 오늘의 단어를 듣고 연습해 보세요.

제시된 단어를 여러 번 따라 읽으며 자신의 것으로 만들어 보세요.

 08-1

独生女
dúshēngnǚ
명 외동딸

一
yī
수 1, 하나

个
ge
양 명, 개

姐姐
jiějie
명 누나, 언니

今年
jīnnián
명 올해

多
duō
대 얼마나

大
dà
형 크다, (수량이) 많다

二十九
èrshíjiǔ
수 29, 스물아홉

岁
suì
양 살, 세[나이를 세는 단위]

오늘의 단어 확인

1 빈칸에 알맞은 한자, 한어병음, 뜻을 써 보세요.

단어	한어병음	뜻
独生女	dúshēngnǚ	①
一	②	㈜ 1, 하나
③	jiějie	⑲ 누나, 언니
今年	④	⑲ 올해
⑤	duō	㈐ 얼마나
大	dà	⑥

2 우리말에 해당하는 한자를 써 보세요.

① 외동딸

② 명, 개

③ 올해

④ 크다, (수량이) 많다

⑤ 29, 스물아홉

⑥ 살, 세[나이를 세는 단위]

오늘의 회화

오늘의 회화를 학습합니다.

시원펜으로 오늘의 회화를 듣고 연습해 보세요.

08-2

你是不是独生女？
Nǐ shì bu shì dúshēngnǚ?
너는 외동딸이니, 아니니?

我不是，我有一个姐姐。
Wǒ bú shì, wǒ yǒu yí ge jiějie.
아니, 나는 언니가 한 명 있어.

她今年多大？
Tā jīnnián duō dà?
그녀는 올해 나이가 어떻게 되니?

她今年二十九岁。
Tā jīnnián èrshíjiǔ suì.
그녀는 올해 스물아홉 살이야.

오늘의 회화 확인

1 녹음을 잘 듣고 그림과 일치하면 O, 일치하지 않으면 X표 하세요. 🔊 08-3

①

②

2 앞에 제시된 회화문을 읽고 문장의 옳고 그름을 판단하세요.

① 金美娜有一个姐姐。　　O　X

② 金美娜今年二十九岁。　　O　X

3 우리말을 보고 빈칸을 채운 뒤 완성된 문장을 읽어 보세요.

① 你是不是　　　　　　？

너는 외동딸이니, 아니니?

② 我　　　　　　　一个　　　　　　　。

나는 언니가 한 명 있어.

 **오늘의 표현**

1 정반의문문

> 你是不是独生女?
> Nǐ shì bu shì dúshēngnǚ?
> 너는 외동딸이니, 아니니?

정반의문문은 동사나 형용사의 긍정형과 부정형을 동시에 써서 질문하는 의문문으로 '~인지, 아닌지'라는 뜻을 나타냅니다. 이때 '不'는 경성으로 발음합니다.

你吃不吃香菜?　　너는 고수 먹니, 안 먹니?
Nǐ chī bu chī xiāngcài?

* 香菜 xiāngcài 명 고수

你有没有时间?　　너는 시간 있니, 없니?
Nǐ yǒu méiyǒu shíjiān?

2 나이 묻는 표현

> 她今年多大?
> Tā jīnnián duō dà?
> 그녀는 올해 나이가 어떻게 되니?

중국어로 나이를 묻는 표현은 다양한데, 10살 미만의 경우 '你几岁?', 또래나 동년배의 경우 '你多大?', 웃어른에게는 '您多大年纪?'라고 합니다.

10세 미만　你今年几岁?　　너는 올해 몇 살이니?
　　　　　　Nǐ jīnnián jǐ suì?

* 几 jǐ 대 몇

10세 이상　你今年多大?　　너는 올해 나이가 어떻게 되니?
　　　　　　Nǐ jīnnián duō dà?

웃어른　　您今年多大年纪?　당신은 올해 연세가 어떻게 되시나요?
　　　　　　Nín jīnnián duō dà niánjì?

* 年纪 niánjì 명 연세, 나이

중국어 진짜학습지 **본서**

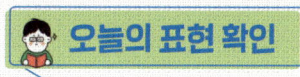

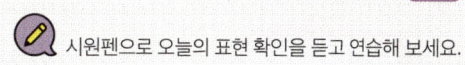

🔊 08-4

표현 연습

你**是不是**学生?
Nǐ shì bu shì xuésheng?

너는 학생이니, 아니니?

* 学生 xuésheng 명 학생

他明天**来不来**?
Tā míngtiān lái bu lái?

그는 내일 오니, 안 오니?

* 来 lái 동 오다

今天天气**冷不冷**?
Jīntiān tiānqì lěng bu lěng?

오늘 날씨 춥니, 안 춥니?

* 冷 lěng 형 춥다

표현 연습

我今年十五**岁**。
Wǒ jīnnián shíwǔ suì.

나는 올해 열다섯 살이야.

哥哥今年三十四**岁**。
Gēge jīnnián sānshísì suì.

형(오빠)은 올해 서른네 살이야.

爸爸今年六十七**岁**。
Bàba jīnnián liùshíqī suì.

아빠는 올해 예순일곱 살이셔.

DAY 08 너는 외동딸이니, 아니니? 19

你觉得怎么样?
Nǐ juéde zěnmeyàng?
네 생각은 어때?

학습 목표
* 상대방의 생각이나 견해를 물을 수 있습니다.
* 조동사 想과 동사 觉得를 학습합니다.

말하기 트레이닝 영상

오늘의 단어

시원펜으로 오늘의 단어를 듣고 연습해 보세요.

제시된 단어를 여러 번 따라 읽으며 자신의 것으로 만들어 보세요.

 09-1

好 hǎo	饿 è
(부) 엄청, 아주	(형) 배고프다

点 diǎn	外卖 wàimài
(동) 주문하다	(명) 배달 음식

想 xiǎng	炸鸡 zhájī
(조동) ~하고 싶다	(명) 치킨, 닭튀김

原味儿 yuánwèir	觉得 juéde
프라이드, 오리지널 맛	(동) ~라고 생각하다, ~라고 느끼다

意见 yìjiàn	请 qǐng
(명) 의견	(동) 한턱내다

오늘의 단어 확인

1 빈칸에 알맞은 한자, 한어병음, 뜻을 써 보세요.

단어	한어병음	뜻
①	hǎo	(부) 엄청, 아주
②	diǎn	(동) 주문하다
外卖	wàimài	③
想	④	(조동) ~하고 싶다
炸鸡	zhájī	⑤
觉得	⑥	(동) ~라고 생각하다, ~라고 느끼다

2 우리말에 해당하는 한자를 써 보세요.

① 배고프다

② 배달 음식

③ ~하고 싶다

④ 프라이드, 오리지널 맛

⑤ 의견

⑥ 한턱내다

오늘의 회화

오늘의 회화를 학습합니다.

시원펜으로 오늘의 회화를 듣고 연습해 보세요.

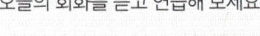 09-2

김미나

我好饿，我们点外卖吧。
Wǒ hǎo è, wǒmen diǎn wàimài ba.
나 엄청 배고파. 우리 배달시키자.

양웨이

好！我想吃炸鸡。
Hǎo! Wǒ xiǎng chī zhájī.
좋아! 나는 치킨 먹고 싶어.

김미나

我们点原味儿的炸鸡，你觉得怎么样？
Wǒmen diǎn yuánwèir de zhájī, nǐ juéde zěnmeyàng?
우리 프라이드 치킨 시키자. 네 생각은 어때?

양웨이

我没意见！你点吧，我请你。
Wǒ méi yìjiàn! Nǐ diǎn ba, wǒ qǐng nǐ.
나는 콜! 네가 시켜, 내가 한턱낼게.

Tip '请'은 '한턱내다'라는 뜻 외에도 '(식사나 파티 따위에) 초대하다, (어떤 일을) 부탁하다, 청하다'라는 뜻으로 쓰이며 상대방에게 정중하게 부탁하거나 권유할 때 사용하는 표현입니다.

오늘의 회화 확인

1 녹음을 잘 듣고 그림과 일치하면 O, 일치하지 않으면 X표 하세요. 🔊 09-3

①

②

2 앞에 제시된 회화문을 읽고 문장의 옳고 그름을 판단하세요.

① 他们点外卖。　　　　　　　　　　　　O　X

② 杨伟不想吃炸鸡。　　　　　　　　　　O　X

3 우리말을 보고 빈칸을 채운 뒤 완성된 문장을 읽어 보세요.

① 我好 _____, 我们点 _____ 吧。
나 엄청 배고파. 우리 배달시키자.

② 我们点 _____ 的炸鸡，你觉得怎么样？
우리 프라이드 치킨 시키자. 네 생각은 어때?

 오늘의 표현

1   조동사 想

我**想**吃炸鸡。
Wǒ xiǎng chī zhájī.
나는 치킨 먹고 싶어.

조동사 '想'은 '~하고 싶다'라는 뜻으로 소망이나 바람을 나타내며, '想'의 부정은 '不想'입니다.

긍정
我**想**喝饮料。   나는 음료수 마시고 싶어.
Wǒ xiǎng hē yǐnliào.

부정
我**不想**喝饮料。   나는 음료수 마시고 싶지 않아.
Wǒ bù xiǎng hē yǐnliào.

의문
你**想**喝饮料**吗**?   너는 음료수 마시고 싶니?
Nǐ xiǎng hē yǐnliào ma?

* 饮料 yǐnliào 몡 음료(수)

2   동사 觉得

你**觉得**怎么样?
Nǐ juéde zěnmeyàng?
네 생각은 어때?

'觉得'는 '~라고 생각하다, ~라고 느끼다'라는 뜻으로 자신의 주관적인 생각이나 느낌을 나타낼 때 씁니다. '觉得'의 부정은 '不觉得'입니다.

긍정
我**觉得**英语很难。   나는 영어가 어렵다고 생각해.
Wǒ juéde Yīngyǔ hěn nán.

부정
我**不觉得**英语很难。   나는 영어가 어렵다고 생각하지 않아.
Wǒ bù juéde Yīngyǔ hěn nán.

의문
你**觉得**英语很难**吗**?   너는 영어가 어렵다고 생각하니?
Nǐ juéde Yīngyǔ hěn nán ma?

* 难 nán 혱 어렵다

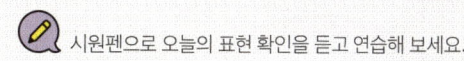

중국어 진짜학습지 **본서**

시원펜으로 오늘의 표현 확인을 듣고 연습해 보세요.

09-4

오늘의 표현 확인

표현 연습

我想买衣服。
Wǒ xiǎng mǎi yīfu.

나는 옷을 사고 싶어.

我不想相亲。
Wǒ bù xiǎng xiāngqīn.

나는 소개팅을 하고 싶지 않아.

* 相亲 xiāngqīn 동 소개팅하다, 선을 보다

你想看中国电影吗?
Nǐ xiǎng kàn Zhōngguó diànyǐng ma?

너는 중국 영화 보고 싶니?

표현 연습

我觉得她很热情。
Wǒ juéde tā hěn rèqíng.

나는 그녀가 친절하다고 생각해.

* 热情 rèqíng 형 친절하다, 열정적이다

我不觉得他很帅。
Wǒ bù juéde tā hěn shuài.

나는 그가 잘생겼다고 생각하지 않아.

你觉得他们很配吗?
Nǐ juéde tāmen hěn pèi ma?

너는 그들이 잘 어울린다고 생각하니?

* 配 pèi 형 어울리다

DAY 09 네 생각은 어때? 25

坐地铁还是坐公交车?
Zuò dìtiě háishi zuò gōngjiāochē?
지하철 탈까, 아니면 버스 탈까?

✱ 중국의 교통수단에 대해 배울 수 있습니다.
✱ 요일 표현과 선택의문문 还是를 학습합니다.

말하기 트레이닝 영상

제시된 단어를 여러 번 따라 읽으며 자신의 것으로 만들어 보세요.

 시원펜으로 오늘의 단어를 듣고 연습해 보세요.

🔊 10-1

星期六 xīngqīliù	商场 shāngchǎng
몡 토요일	몡 쇼핑몰
地铁 dìtiě	还是 háishi
몡 지하철	젭 아니면, 또는
公交车 gōngjiāochē	太 tài
몡 버스	븐 너무
多 duō	更 gèng
톙 많다	븐 더, 더욱
方便 fāngbiàn	见 jiàn
톙 편리하다	됭 만나다

오늘의 단어 확인

1 빈칸에 알맞은 한자, 한어병음, 뜻을 써 보세요.

단어	한어병음	뜻
①	xīngqīliù	몡 토요일
地铁	②	몡 지하철
还是	③	젭 아니면, 또는
公交车	gōngjiāochē	④
⑤	gèng	뷔 더, 더욱
见	jiàn	⑥

2 우리말에 해당하는 한자를 써 보세요.

① 쇼핑몰

② 지하철

③ 너무

④ 많다

⑤ 편리하다

⑥ 만나다

오늘의 회화

오늘의 회화를 학습합니다.

시원펜으로 오늘의 회화를 듣고 연습해 보세요.

🔊 10-2

강희민
明天是星期六，我们去商场吧。
Míngtiān shì xīngqīliù, wǒmen qù shāngchǎng ba.
내일 토요일이니까 우리 쇼핑몰 가자.

왕란
坐地铁还是坐公交车？
Zuò dìtiě háishi zuò gōngjiāochē?
지하철 탈까, 아니면 버스 탈까?

강희민
星期六车太多，坐地铁更方便。
Xīngqīliù chē tài duō, zuò dìtiě gèng fāngbiàn.
토요일에는 차가 너무 많아서 지하철 타는 게 더 편해.

왕란
好！那明天见。
Hǎo! Nà míngtiān jiàn.
좋아! 그럼 내일 만나.

Tip ✳ 요일 표현

월요일	화요일	수요일	목요일	금요일	토요일	일요일
星期一 xīngqīyī	星期二 xīngqī'èr	星期三 xīngqīsān	星期四 xīngqīsì	星期五 xīngqīwǔ	星期六 xīngqīliù	星期天 = 星期日 xīngqītiān = xīngqīrì

중국어 진짜학습지 본서

 오늘의 회화 확인

1 녹음을 잘 듣고 그림과 일치하면 O, 일치하지 않으면 X표 하세요.   🔊 10-3

①

②

2 앞에 제시된 회화문을 읽고 문장의 옳고 그름을 판단하세요.

① 姜熙民和王兰明天去商场。   O   X

② 姜熙民觉得坐公交车更方便。   O   X

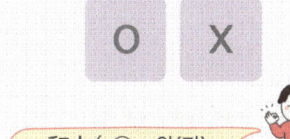
＊和 hé ㉚ ~와(과)

3 우리말을 보고 빈칸을 채운 뒤 완성된 문장을 읽어 보세요.

① 明天是 ＿＿＿＿＿＿，我们去 ＿＿＿＿＿＿ 吧。
내일 토요일이니까 우리 쇼핑몰 가자.

② 我们坐 ＿＿＿＿＿＿ 还是坐 ＿＿＿＿＿＿？
우리 지하철 탈까, 아니면 버스 탈까?

 **오늘의 표현**

1 요일 표현

明天是星期六。
Míngtiān shì xīngqīliù.
내일은 토요일이야.

'星期'는 '요일'이라는 뜻으로 뒤에 숫자를 붙여 요일을 나타냅니다. 단, 일요일은 구어체로 '星期天', 문어체로 '星期日'라고 표현합니다.

질문 今天(是)星期几? 오늘은 무슨 요일이니?
Jīntiān (shì) xīngqī jǐ?

대답 今天(是)星期天。 오늘은 일요일이야.
Jīntiān (shì) xīngqītiān.

* 星期 xīngqī ⑲ 요일, 주

> **TIP**
> * 명사술어문
> 나이, 날짜, 요일, 시간, 출생지와 관련된 명사는 일반적으로 '是'를 생략하고 직접 술어로 쓰일 수 있는데, 이를 명사술어문이라고 합니다.

2 선택의문문 还是

坐地铁还是坐公交车?
Zuò dìtiě háishi zuò gōngjiāochē?
지하철 탈까, 아니면 버스 탈까?

선택의문문 '还是'는 'A 아니면(또는) B입니까?'라는 뜻으로 두 가지 선택 사항 중 한 가지를 선택할 때 쓰는 표현입니다.

你去中国还是去美国? 너는 중국에 가니, 아니면 미국에 가니?
Nǐ qù Zhōngguó háishi qù Měiguó?

你看电影还是看电视剧? 너는 영화를 보니, 아니면 드라마를 보니?
Nǐ kàn diànyǐng háishi kàn diànshìjù?

* 电视剧 diànshìjù ⑲ 드라마

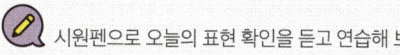

표현 연습

昨天(是)星期二。
Zuótiān (shì) xīngqī'èr.

어제는 화요일이야.

* 昨天 zuótiān 명 어제

今天不是星期五。
Jīntiān bú shì xīngqīwǔ.

오늘은 금요일이 아니야.

明天(是)星期天吗?
Míngtiān (shì) xīngqītiān ma?

내일은 일요일이니?

표현 연습

你吃汉堡还是吃比萨?
Nǐ chī hànbǎo háishi chī bǐsà?

너는 햄버거 먹을래, 아니면 피자 먹을래?

* 比萨 bǐsà 명 피자

你买裤子还是买裙子?
Nǐ mǎi kùzi háishi mǎi qúnzi?

너는 바지 살래, 아니면 치마 살래?

* 裙子 qúnzi 명 치마

你们在这儿吃还是带走?
Nǐmen zài zhèr chī háishi dài zǒu?

여기에서 드세요, 아니면 가지고 가세요?

* 你们 nǐmen 대 너희(들), 당신(들) | 带 dài 동 가지다, (몸에) 지니다 | 走 zǒu 동 가다, 걷다

DAY 11

八月八号是小张的生日。
Bā yuè bā hào shì Xiǎo Zhāng de shēngrì.
8월 8일은 샤오장의 생일이야.

학습 목표
* 중국어로 생일을 말할 수 있습니다.
* 날짜 표현과 조동사 要를 학습합니다.

말하기 트레이닝 영상

오늘의 단어

시원펜으로 오늘의 단어를 듣고 연습해 보세요.

제시된 단어를 여러 번 따라 읽으며 자신의 것으로 만들어 보세요.

🔊 11-1

月 yuè ® 월, 달	号 hào ® 일[날짜를 가리킴]
生日 shēngrì ® 생일	下 xià ® 다음, 나중
对 duì ® 맞다, 옳다	要 yào 조동 ~하려고 하다, ~할 것이다
送 sòng ® 선물하다, 주다	礼物 lǐwù ® 선물
啊 a ® 감탄이나 긍정의 어기를 나타냄	

오늘의 단어 확인

1 빈칸에 알맞은 한자, 한어병음, 뜻을 써 보세요.

단어	한어병음	뜻
①	yuè	몡 월, 달
号	②	양 일[날짜를 가리킴]
生日	shēngrì	③
④	yào	조동 ~하려고 하다, ~할 것이다
送	⑤	동 선물하다, 주다
⑥	a	조 감탄이나 긍정의 어기를 나타냄

2 우리말에 해당하는 한자를 써 보세요.

① 생일

② 다음, 나중

③ 맞다, 옳다

④ ~하려고 하다, ~할 것이다

⑤ 선물하다, 주다

⑥ 선물

DAY 11 8월 8일은 샤오장의 생일이야.

오늘의 회화

오늘의 회화를 학습합니다.

시원펜으로 오늘의 회화를 듣고 연습해 보세요.

🔊 11-2

 김미나
八月八号是小张的生日。
Bā yuè bā hào shì Xiǎo Zhāng de shēngrì.
8월 8일은 샤오장의 생일이야.

 양웨이
下个星期吗?
Xià ge xīngqī ma?
다음 주야?

 김미나
对，我要送他礼物，你要一起吗?
Duì, wǒ yào sòng tā lǐwù, nǐ yào yìqǐ ma?
맞아, 나는 그에게 선물을 주려고 하는데, 너 같이 할래?

 양웨이
好啊，那七号一起买吧!
Hǎo a, nà qī hào yìqǐ mǎi ba!
좋아, 그럼 7일에 같이 사자!

Tip ✱ 주 표현

지난주	이번 주	다음 주
上个星期 shàng ge xīngqī	这个星期 zhège xīngqī	下个星期 xià ge xīngqī

오늘의 회화 확인

1 녹음을 잘 듣고 그림과 일치하면 O, 일치하지 않으면 X표 하세요. 🔊 11-3

①

②

2 앞에 제시된 회화문을 읽고 문장의 옳고 그름을 판단하세요.

① 这个星期是小张的生日。

② 他们要一起买小张的礼物。

3 우리말을 보고 빈칸을 채운 뒤 완성된 문장을 읽어 보세요.

① 我 ＿＿＿＿＿＿ ＿＿＿＿＿＿ 他礼物。

나는 그에게 선물을 주려고 해.

② 我们七号 ＿＿＿＿＿＿ ＿＿＿＿＿＿ 礼物吧！

우리 7일에 같이 선물 사자!

 **오늘의 표현**

1 날짜 표현

八月八号是小张的生日。
Bā yuè bā hào shì Xiǎo Zhāng de shēngrì.
8월 8일은 샤오장의 생일이야.

'월(月)'을 표현할 때는 '숫자+月'의 형태로 쓰며, '일(号)'을 표현할 때는 '숫자+号'의 형태로 씁니다. 이때 '号'는 '日'로 바꾸어 쓸 수 있는데, '号'는 회화체에서, '日'는 문어체에서 많이 사용합니다.

질문 今天(是)几月几号? 오늘은 몇 월 며칠이니?
Jīntiān (shì) jǐ yuè jǐ hào?

대답 今天(是)三月十六号。 오늘은 3월 16일이야.
Jīntiān (shì) sān yuè shíliù hào.

> **TIP** ★ '是'를 생략할 수 없는 경우
> 날짜와 관련된 명사는 일반적으로 '是'를 생략하고 직접 술어로 쓸 수 있지만, '八月八号'와 같이 구체적인 날짜 뒤에 '是'가 오면 '是'를 생략할 수 없습니다.

2 조동사 要

我要送他礼物。
Wǒ yào sòng tā lǐwù.
나는 그에게 선물을 주려고 해.

조동사 '要'는 '~하려고 하다, ~할 것이다'라는 뜻으로 어떤 일을 하고자 하는 주관적인 의지를 나타냅니다. '要'의 부정은 '不想'으로 '~하고 싶지 않다'라는 뜻을 나타냅니다.

긍정 我要去健身房。 나는 헬스장에 가려고 해.
Wǒ yào qù jiànshēnfáng.

부정 我不想去健身房。 나는 헬스장에 가고 싶지 않아.
Wǒ bù xiǎng qù jiànshēnfáng.

의문 你要去健身房吗? 너는 헬스장에 가려고 하니?
Nǐ yào qù jiànshēnfáng ma?

* 健身房 jiànshēnfáng 몡 헬스장

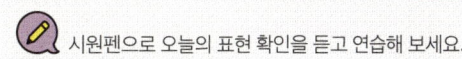

표현 연습

九月七号是我的生日。
Jiǔ yuè qī hào shì wǒ de shēngrì.

9월 7일은 내 생일이야.

二月十四号是情人节。
Èr yuè shísì hào shì Qíngrén Jié.

2월 14일은 밸런타인데이야.

* 情人节 Qíngrén Jié 명 밸런타인데이

十二月二十五号是圣诞节。
Shí'èr yuè èrshíwǔ hào shì Shèngdàn Jié.

12월 25일은 크리스마스야.

* 圣诞节 Shèngdàn Jié 명 크리스마스

표현 연습

我要请假。
Wǒ yào qǐngjià.

나는 휴가를 신청하려고 해.

* 请假 qǐngjià 동 휴가를 신청하다

我不想休息。
Wǒ bù xiǎng xiūxi.

나는 쉬고 싶지 않아.

你要换手机吗?
Nǐ yào huàn shǒujī ma?

너는 휴대 전화를 바꾸려고 하니?

* 换 huàn 동 바꾸다

您要怎么洗?
Nín yào zěnme xǐ?
어떻게 세탁하실 건가요?

✱ 세탁물을 맡기고 찾을 수 있습니다.
✱ 의문대사 怎么와 조동사 可以를 학습합니다.

말하기 트레이닝 영상

오늘의 단어

 시원펜으로 오늘의 단어를 듣고 연습해 보세요.

제시된 단어를 여러 번 따라 읽으며 자신의 것으로 만들어 보세요.

🔊 12-1

洗 xǐ
동 씻다, 세탁하다

件 jiàn
양 벌[옷을 세는 단위]

怎么 zěnme
대 어떻게

干洗 gānxǐ
동 드라이클리닝하다

可以 kěyǐ
조동 ~할 수 있다, ~해도 된다

取 qǔ
동 찾다

不行 bùxíng
동 안 된다

后天 hòutiān
명 모레

38 중국어 진짜학습지

오늘의 단어 확인

1 빈칸에 알맞은 한자, 한어병음, 뜻을 써 보세요.

단어	한어병음	뜻
洗	①	동 씻다, 세탁하다
②	jiàn	양 벌[옷을 세는 단위]
怎么	zěnme	③
干洗	④	동 드라이클리닝하다
可以	kěyǐ	⑤
⑥	qǔ	동 찾다

2 우리말에 해당하는 한자를 써 보세요.

① 씻다, 세탁하다

② 어떻게

③ 드라이클리닝하다

④ ~할 수 있다, ~해도 된다

⑤ 안 된다

⑥ 모레

DAY 12 어떻게 세탁하실 건가요?

오늘의 회화

오늘의 회화를 학습합니다.

시원펜으로 오늘의 회화를 듣고 연습해 보세요.

  12-2

강희민

您好，我想洗这件衣服。
Nín hǎo, wǒ xiǎng xǐ zhè jiàn yīfu.
안녕하세요. 저 이 옷 세탁하고 싶은데요.

세탁소 주인

您要怎么洗？
Nín yào zěnme xǐ?
어떻게 세탁하실 건가요?

강희민

干洗吧。明天我可以取衣服吗？
Gānxǐ ba. Míngtiān wǒ kěyǐ qǔ yīfu ma?
드라이클리닝으로 할게요. 내일 옷을 찾을 수 있을까요?

세탁소 주인

明天不行，后天来吧。
Míngtiān bùxíng, hòutiān lái ba.
내일은 안 되고, 모레 오세요.

Tip '行'은 뜻에 따라 발음이 'xíng'과 'háng'으로 나뉩니다. 보통 'xíng'은 '좋다, 괜찮다'라는 뜻으로 쓰이고, 'háng'은 '직업, 업종' 관련 뜻으로 쓰입니다.

오늘의 회화 확인

1 녹음을 잘 듣고 그림과 일치하면 O, 일치하지 않으면 X표 하세요. 🔊 12-3

①

②

2 앞에 제시된 회화문을 읽고 문장의 옳고 그림을 판단하세요.

① 姜熙民想洗衣服。   O   X

② 这件衣服不可以干洗。   O   X

3 우리말을 보고 빈칸을 채운 뒤 완성된 문장을 읽어 보세요.

① 我想 _____ 这件 _____ 。

저 이 옷 세탁하고 싶은데요.

② _____ 不行, _____ 来吧。

내일은 안 되고, 모레 오세요.

DAY 12 어떻게 세탁하실 건가요?

 **오늘의 표현**

1 의문대사 怎么

您要**怎么**洗?
Nín yào zěnme xǐ?
어떻게 세탁하실 건가요?

'怎么'는 '어떻게'라는 뜻으로 수단이나 방식을 물을 때 씁니다.

银行**怎么**去?   은행은 어떻게 가니?
Yínháng zěnme qù?

这个字**怎么**读?   이 글자는 어떻게 읽니?
Zhège zì zěnme dú?

* 字 zì 명 글자 | 读 dú 동 읽다, 공부하다

TIP '怎么去?'는 목적지까지 가는 교통수단(이동 방식)을 물어볼 때 쓰고, '怎么走?'는 목적지까지 가는 이동 경로(길의 방향)를 물을 때 씁니다.

2 조동사 可以

明天我**可以**取衣服吗?
Míngtiān wǒ kěyǐ qǔ yīfu ma?
내일 옷을 찾을 수 있을까요?

조동사 '可以'는 '~할 수 있다, ~해도 된다'라는 뜻으로 가능이나 허락을 나타낼 때 씁니다. '可以'의 부정은 '不可以'로 '~하면 안 된다'라는 강한 금지를 나타냅니다.

긍정   这里**可以**停车。   이곳에 주차할 수 있어요.
           Zhèli kěyǐ tíngchē.

부정   这里**不可以**停车。   이곳에 주차하면 안 돼요.
           Zhèli bù kěyǐ tíngchē.

의문   这里**可以**停车**吗**?   이곳에 주차할 수 있나요?
           Zhèli kěyǐ tíngchē ma?

* 这里 zhèli 대 이곳, 여기 | 停车 tíngchē 동 주차하다, 차를 세우다

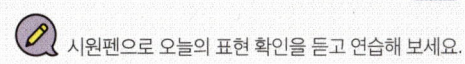

🔊 12-4

표현 연습

这个**怎么**用?
Zhège zěnme yòng?

이것은 어떻게 사용하니?

* 用 yòng ⑧ 사용하다, 쓰다

书店**怎么**走?
Shūdiàn zěnme zǒu?

서점은 어떻게 가니?

你**怎么**学习汉语?
Nǐ zěnme xuéxí Hànyǔ?

너는 중국어 공부를 어떻게 하니?

* 学习 xuéxí ⑧ 공부하다, 배우다

표현 연습

今天**可以**见面。
Jīntiān kěyǐ jiànmiàn.

오늘 만날 수 있어.

* 见面 jiànmiàn ⑧ 만나다

这儿**不可以**拍照。
Zhèr bù kěyǐ pāizhào.

여기에서 사진 찍으면 안 돼요.

* 拍照 pāizhào ⑧ 사진을 찍다, 촬영하다

这里**可以**用支付宝**吗**?
Zhèlǐ kěyǐ yòng zhīfùbǎo ma?

이곳은 알리페이를 쓸 수 있나요?

* 支付宝 zhīfùbǎo ⑲ 알리페이[중국 모바일 결제 플랫폼]

녹음 대본 및 정답

DAY 07 너 마라탕 먹는 것 좋아해?

오늘의 단어 확인

1. ❶ 喜欢 ❷ 몡 마라탕[음식명] ❸ tèbié
   ❹ 明天 ❺ 튀 같이, 함께 ❻ zěnmeyàng

2. ❶ 喜欢 ❷ 麻辣烫 ❸ 特别
   ❹ 一起 ❺ 怎么样 ❻ 问题

오늘의 회화 확인

> **녹음 대본**
>
> 1. ❶ 男：你喜欢吃麻辣烫吗？ 너 마라탕 먹는 것 좋아해?
>   女：我不喜欢吃麻辣烫。 나 마라탕 먹는 것 안 좋아해.
>
>   ❷ 男：我们明天一起吃麻辣烫吧，怎么样？ 우리 내일 같이 마라탕 먹자. 어때?
>   女：没问题！ 좋아!

1. ❶ X ❷ O
2. ❶ O ❷ X
3. ❶ 喜欢 ❷ 明天，一起

DAY 08 너는 외동딸이니, 아니니?

오늘의 단어 확인

1. ❶ 몡 외동딸 ❷ yī ❸ 姐姐
   ❹ jīnnián ❺ 多 ❻ 혱 크다, (수량이) 많다

2. ❶ 独生女 ❷ 个 ❸ 今年
   ❹ 大 ❺ 二十九 ❻ 岁

오늘의 회화 확인

녹음 대본

1 ❶ 男：你是不是独生女？ 너는 외동딸이니, 아니니?
　　 女：不是，我有一个姐姐。 아니, 나는 언니가 한 명 있어.

　❷ 男：你的姐姐今年多大？ 너희 언니는 올해 나이가 어떻게 되니?
　　 女：她今年二十九岁。 그녀는 올해 스물아홉 살이야.

1 ❶ O　　　❷ X
2 ❶ O　　　❷ X
3 ❶ 独生女　❷ 有，姐姐

DAY 09 네 생각은 어때?

오늘의 단어 확인

1 ❶ 好　　　❷ 点　　　❸ ⑲ 배달 음식
　❹ xiǎng　❺ ⑲ 치킨, 닭튀김　❻ juéde

2 ❶ 饿　　　❷ 外卖　　❸ 想
　❹ 原味儿　❺ 意见　　❻ 请

오늘의 회화 확인

녹음 대본

1 ❶ 女：你想吃什么？ 너는 무엇을 먹고 싶니?
　　 男：我想吃炸鸡。 나는 치킨 먹고 싶어.

　❷ 男：我们点外卖吧，你觉得怎么样？ 우리 배달시키자. 네 생각은 어때?
　　 女：我不想点外卖。 나는 배달시키기 싫어.

1 ❶ O　　　❷ X
2 ❶ O　　　❷ X
3 ❶ 饿，外卖　❷ 原味儿

DAY 10 지하철 탈까, 아니면 버스 탈까?

오늘의 단어 확인

1 ❶ 星期六 ❷ dìtiě ❸ háishi
   ❹ ⑨ 버스 ❺ 更 ❻ ⑧ 만나다

2 ❶ 商场 ❷ 地铁 ❸ 太
   ❹ 多 ❺ 方便 ❻ 见

오늘의 회화 확인

> **녹음 대본**
>
> 1 ❶ 女: 今天是星期六吗?　　　오늘은 토요일이니?
>   男: 不是，今天是星期五。　아니, 오늘은 금요일이야.
>
>   ❷ 女: 你坐地铁还是坐公交车?　너 지하철 타니, 아니면 버스 타니?
>   男: 坐公交车更方便。　　　　버스 타는 게 더 편해.

1 ❶ O ❷ X
2 ❶ O ❷ X
3 ❶ 星期六, 商场 ❷ 地铁, 公交车

DAY 11 8월 8일은 샤오장의 생일이야.

오늘의 단어 확인

1 ❶ 月 ❷ hào ❸ ⑨ 생일
   ❹ 要 ❺ sòng ❻ 啊

2 ❶ 生日 ❷ 下 ❸ 对
   ❹ 要 ❺ 送 ❻ 礼物

오늘의 회화 확인

녹음 대본

1 ❶ 男: 八月八号是小张的生日吗？ 8월 8일은 샤오장의 생일이니?
   女: 对，我要送他礼物。 맞아, 나는 그에게 선물을 주려고 해.

  ❷ 男: 我要去书店，你要一起去吗？ 나 서점에 가려고 하는데, 너 같이 갈래?
   女: 我没有时间。 나 시간 없어.

1 ❶ O   ❷ X
2 ❶ X   ❷ O
3 ❶ 要, 送   ❷ 一起, 买

DAY 12 어떻게 세탁하실 건가요?

오늘의 단어 확인

1 ❶ xǐ   ❷ 件   ❸ 〈대〉 어떻게
  ❹ gānxǐ   ❺ 〈조동〉 ~할 수 있다, ~해도 된다   ❻ 取

2 ❶ 洗   ❷ 怎么   ❸ 干洗
  ❹ 可以   ❺ 不行   ❻ 后天

오늘의 회화 확인

녹음 대본

1 ❶ 男: 这件衣服可以干洗吗？ 이 옷 드라이클리닝 할 수 있을까요?
   女: 可以。 할 수 있습니다.

  ❷ 男: 明天我可以取衣服吗？ 내일 옷을 찾을 수 있을까요?
   女: 明天可以。 내일 가능합니다.

1 ❶ O   ❷ X
2 ❶ O   ❷ X
3 ❶ 洗, 衣服   ❷ 明天, 后天

진짜학습지

중국어

진짜학습지

기초편
3

중국어 진짜학습지 기초편 3

개정 1쇄 발행 2023년 7월 14일
개정 2쇄 발행 2024년 2월 15일

지은이 시원스쿨어학연구소
펴낸곳 (주)에스제이더블유인터내셔널
펴낸이 양홍걸 이시원

홈페이지 daily.siwonschool.com
주소 서울시 영등포구 영신로 166 시원스쿨
교재 구입 문의 02)2014-8151
고객센터 02)6409-0878

ISBN 979-11-6150-729-3 13720
Number 1-410201-16161807-06

이 책은 저작권법에 따라 보호받는 저작물이므로 무단복제와 무단전재를 금합니다. 이 책 내용의 전부 또는 일부를 이용하려면 반드시 저작권자와 ㈜에스제이더블유인터내셔널의 서면 동의를 받아야 합니다.

중국어 진짜학습지 학습 가이드

🔖 중국어 진짜학습지란?

『중국어 진짜학습지 기초편』은 중국어 기초 학습자들이 쉽고 재미있게 학습할 수 있도록 시원스쿨중국어연구소에서 연구 개발한 교재입니다. 본 교재는 각 과의 핵심 단어를 학습하고 ➡ 다양한 주제로 이루어진 회화문으로 말하기 연습을 하며 ➡ 핵심 문법 설명으로 학습자의 이해를 돕고 ➡ 핵심 표현으로 중국어의 구조를 저절로 습득할 수 있도록 구성하였습니다. 듣기, 읽기, 쓰기, 말하기의 반복 학습을 통해 중국어의 기본기를 확실히 다질 수 있습니다.

🔖 중국어 진짜학습지의 학습 목표는?

- **목표1** 중국어의 기본 문법을 학습할 수 있습니다.
- **목표2** 다양한 주제로 구성된 회화문을 통해 실용적인 중국어 표현을 배울 수 있습니다.
- **목표3** 듣기, 읽기, 쓰기, 말하기 모든 영역을 다양하게 학습하여 중국어의 기본기를 확실하게 다질 수 있습니다.
- **목표4** 『중국어 진짜학습지 기초편』을 끝내면 HSK 3급에 도전할 수 있습니다.

🔖 중국어 진짜학습지 로드맵은?

- **STEP1** 강의를 보며 <오늘의 단어>, <오늘의 회화>, <오늘의 표현>으로 구성된 본서를 학습합니다.
- **STEP2** 본서에서 배운 내용을 바탕으로 워크북을 풀어보며 학습한 내용을 복습합니다.
- **STEP3** 말하기 트레이닝 영상을 보며 틈틈이 중국어를 연습합니다.

학습 구성

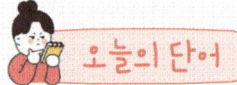

<오늘의 단어>는 학습자들이 따로 단어를 찾아볼 필요 없이 각 과의 핵심 단어를 한눈에 보기 쉽게 정리하였습니다. 앞에서 학습한 단어를 <오늘의 단어 확인> 문제를 풀어보며 중국어의 한자, 한어 병음, 뜻을 기억할 수 있도록 복습 장치를 마련하였습니다.

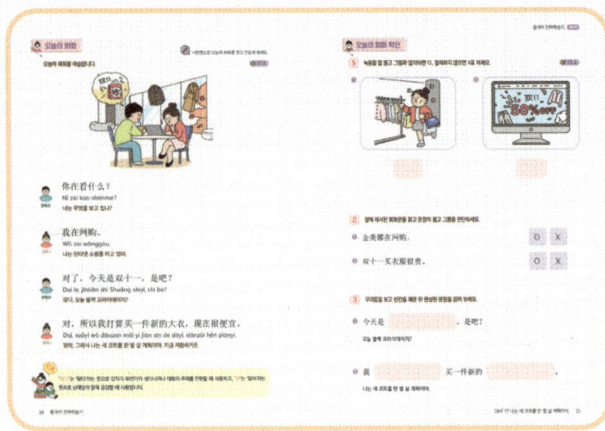

<오늘의 회화>는 뻔한 표현이 아닌 재미와 실용성에 초점을 맞춘 대화문으로 구성하였습니다. <오늘의 회화 확인>에서는 듣기, 읽기, 쓰기, 말하기 관련 연습 문제를 풀어보며 본문의 내용을 완전히 숙지할 수 있습니다.

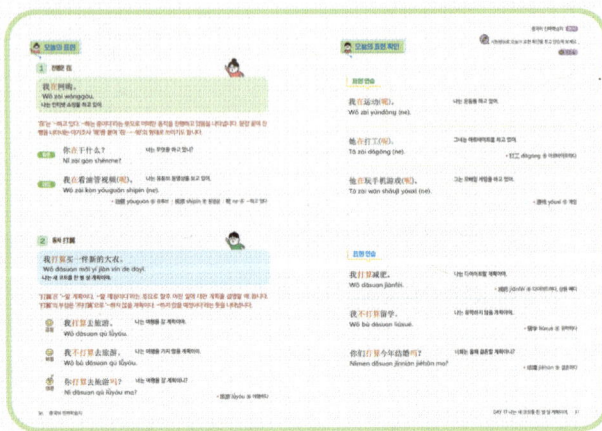

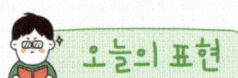

<오늘의 표현>에서는 복잡하고 어려운 설명 대신 누구나 쉽게 이해할 수 있도록 각 과에서 가장 핵심이 되는 문법을 체계적으로 정리하였으며, 활용도 높은 예문을 제시하여 학습자의 이해도를 높였습니다. <오늘의 표현 확인>에서는 앞에서 배운 문법과 관련된 문장을 제시하여 중국어 말하기 연습까지 가능하도록 구성하였습니다.

4 중국어 진짜학습지

특별 부록 구성

무료 콘텐츠 구성

⊘ 쓰기 노트
매 과에서 학습한 단어와 문장을 직접 쓰며 연습할 수 있습니다.

⊘ 말하기 트레이닝 영상
스마트 폰으로 책 속의 QR 코드를 스캔하면 언제, 어디서든 영상을 보며 말하기 연습을 할 수 있습니다.

⊘ 원어민 MP3 음원
원어민 MP3 음원을 들으며 중국어 연습을 할 수 있습니다. 시원스쿨 진짜학습지 홈페이지(daily.siwonschool.com) 접속 ➡ 학습지원 ➡ 공부 자료실에서 MP3 파일을 다운로드 받으실 수 있습니다.

유료 콘텐츠 구성

* 유료 콘텐츠는 daily.siwonschool.com에서 확인하실 수 있습니다.

⊘ 동영상 강의
교재와 강의를 함께 학습하면 보다 쉽게 내용을 이해할 수 있어 학습 효과를 극대화할 수 있습니다.

⊘ 시원펜 학습
시원펜을 활용하면 완벽한 중국어 말하기 훈련을 할 수 있습니다.
- ☆ 전체 음원 듣기 : 시원펜으로 해당 아이콘 (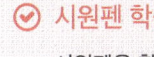)을 찍으면 매 과의 전체 음원을 들을 수 있습니다.
- ☆ 개별 음원 듣기 : 시원펜으로 중국어 단어와 문장을 찍으면 원하는 해당 음원을 들을 수 있습니다.

⊘ 성취도 평가
성취도 평가를 통해 자신의 진짜 중국어 실력을 파악할 수 있습니다.

학습 플랜

🚩 주 3일 학습 플랜

★ 본서, 워크북 1일 1과 학습 구성(본서와 워크북을 하루에 함께 학습합니다.)

날짜			내용		학습 계획일	
1주	1일	본서	DAY 13	现在十二点. 지금은 12시야.	월	일
		워크북				
	2일	본서	DAY 14	你会做瑜伽吗? 너 요가 할 줄 아니?	월	일
		워크북				
	3일	본서	DAY 15	我们什么时候去? 우리 언제 갈까?	월	일
		워크북				
2주	4일	본서	DAY 16	一斤苹果多少钱? 사과 한 근에 얼마예요?	월	일
		워크북				
	5일	본서	DAY 17	我打算买一件新的大衣. 나는 새 코트를 한 벌 살 계획이야.	월	일
		워크북				
	6일	본서	DAY 18	那我下周再来吧. 그럼 제가 다음 주에 다시 올게요.	월	일
		워크북				

🚩 주 6일 학습 플랜

★ 본서, 워크북 2일 1과 학습 구성(본서를 먼저 공부하고 그 다음날 워크북으로 복습합니다.)

날짜			내용		학습 계획일	
1주	1일	본서	DAY 13	现在十二点. 지금은 12시야.	월	일
	2일	워크북				
	3일	본서	DAY 14	你会做瑜伽吗? 너 요가 할 줄 아니?	월	일
	4일	워크북				
	5일	본서	DAY 15	我们什么时候去? 우리 언제 갈까?	월	일
	6일	워크북				
2주	7일	본서	DAY 16	一斤苹果多少钱? 사과 한 근에 얼마예요?	월	일
	8일	워크북				
	9일	본서	DAY 17	我打算买一件新的大衣. 나는 새 코트를 한 벌 살 계획이야.	월	일
	10일	워크북				
	11일	본서	DAY 18	那我下周再来吧. 그럼 제가 다음 주에 다시 올게요.	월	일
	12일	워크북				

학습 목차

DAY 13	现在十二点。 지금은 12시야. Xiànzài shí'èr diǎn.	08
DAY 14	你会做瑜伽吗? 너 요가 할 줄 아니? Nǐ huì zuò yújiā ma?	14
DAY 15	我们什么时候去? 우리 언제 갈까? Wǒmen shénme shíhou qù?	20
DAY 16	一斤苹果多少钱? 사과 한 근에 얼마예요? Yì jīn píngguǒ duōshao qián?	26
DAY 17	我打算买一件新的大衣。 나는 새 코트를 한 벌 살 계획이야. Wǒ dǎsuan mǎi yí jiàn xīn de dàyī.	32
DAY 18	那我下周再来吧。 그럼 제가 다음 주에 다시 올게요. Nà wǒ xià zhōu zài lái ba.	38

☑ 녹음 대본 및 정답 44

등장인물 소개

김미나/金美娜　　강희민/姜熙民　　양웨이/杨伟　　왕란/王兰

DAY 13

现在十二点。
Xiànzài shí'èr diǎn.

지금은 12시야.

학습 목표
* 시간을 묻고 답할 수 있습니다.
* 시간 표현과 조동사 能을 학습합니다.

오늘의 단어

시원펜으로 오늘의 단어를 듣고 연습해 보세요.

제시된 단어를 여러 번 따라 읽으며 자신의 것으로 만들어 보세요.

 13-1

现在 xiànzài 명 지금, 현재	点 diǎn 양 (시간의) 시
吃饭 chīfàn 동 밥을 먹다	能 néng 조동 ~할 수 있다
川菜 chuāncài 명 쓰촨 요리[四川菜의 줄임말]	胃 wèi 명 위
辣 là 형 맵다	菜 cài 명 음식, 요리

오늘의 단어 확인

1 빈칸에 알맞은 한자, 한어병음, 뜻을 써 보세요.

단어	한어병음	뜻
①	xiànzài	명 지금, 현재
点	②	양 (시간의) 시
吃饭	chīfàn	③
能	④	조동 ~할 수 있다
辣	là	⑤
⑥	cài	명 음식, 요리

2 우리말에 해당하는 한자를 써 보세요.

① (시간의) 시

② 밥을 먹다

③ 쓰촨 요리

④ 위

⑤ 맵다

⑥ 음식, 요리

DAY 13 지금은 12시야.

오늘의 회화

오늘의 회화를 학습합니다.

시원펜으로 오늘의 회화를 듣고 연습해 보세요.

🔊 13-2

김미나

现在几点？
Xiànzài jǐ diǎn?
지금 몇 시니?

양웨이

现在十二点。我们去吃饭吧！
Xiànzài shí'èr diǎn. Wǒmen qù chīfàn ba!
지금은 12시야. 우리 밥 먹으러 가자!

김미나

好啊，你能吃川菜吗？
Hǎo a, nǐ néng chī chuāncài ma?
좋아, 너 쓰촨 요리 먹을 수 있니?

양웨이

我胃不好，不能吃辣的菜。
Wǒ wèi bù hǎo, bù néng chī là de cài.
나 위가 좋지 않아서 매운 음식을 먹을 수 없어.

Tip '2시'를 나타낼 때는 '二点'이 아닌 '两点'이라고 말합니다.

* 两 liǎng ⊕ 2, 둘

오늘의 회화 확인

1 녹음을 잘 듣고 그림과 일치하면 O, 일치하지 않으면 X표 하세요. 🔊 13-3

①

②

2 앞에 제시된 회화문을 읽고 문장의 옳고 그림을 판단하세요.

① 他们要一起去吃饭。　　O　X

② 杨伟能吃辣的菜。　　O　X

3 우리말을 보고 빈칸을 채운 뒤 완성된 문장을 읽어 보세요.

① _____ 十二点。

지금은 12시야.

② 你 _____ 吃 _____ 吗?

너 쓰촨 요리 먹을 수 있니?

 **오늘의 표현**

1 시간 표현

> 现在十二点。
> Xiànzài shí'èr diǎn.
> 지금은 12시야.

'点'은 '(시간의) 시', '分'은 '(시간의) 분'을 뜻합니다. 15분 단위를 나타낼 때는 '刻 kè'를 쓰고, 30분을 나타낼 때는 '半 bàn'이라고 표현합니다.

15분	30분	45분
十五分(=一刻) shíwǔ fēn(=yí kè)	三十分(=半) sānshí fēn(=bàn)	四十五分(=三刻) sìshíwǔ fēn(=sān kè)

* 分 fēn 양 (시간의) 분 | 刻 kè 양 15분 | 半 bàn 주 반, 30분

2 조동사 能

> 你能吃川菜吗?
> Nǐ néng chī chuāncài ma?
> 너 쓰촨 요리 먹을 수 있니?

조동사 '能'은 '~할 수 있다'라는 뜻으로 타고난 능력 또는 조건이 갖추어져 있거나 상황이 가능하여 어떤 일을 할 수 있음을 나타냅니다. '能'의 부정은 '不能'으로 '~할 수 없다'라는 뜻을 나타냅니다.

😊 긍정 他能教汉语。   그는 중국어를 가르칠 수 있어.
       Tā néng jiāo Hànyǔ.

☹ 부정 他不能教汉语。 그는 중국어를 가르칠 수 없어.
       Tā bù néng jiāo Hànyǔ.

❓ 의문 他能教汉语吗?   그는 중국어를 가르칠 수 있니?
       Tā néng jiāo Hànyǔ ma?

* 教 jiāo 동 가르치다

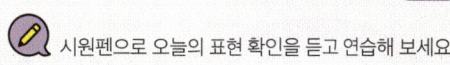

표현 연습

现在两点二十分。 지금은 2시 20분이야.
Xiànzài liǎng diǎn èrshí fēn.

我七点半起床。 나는 7시 30분에 일어나.
Wǒ qī diǎn bàn qǐchuáng.

* 起床 qǐchuáng 동 일어나다, 기상하다

今天他三点一刻下课。 오늘 그는 3시 15분에 수업이 끝나.
Jīntiān tā sān diǎn yí kè xiàkè.

* 下课 xiàkè 동 수업이 끝나다

표현 연습

我能理解。 나는 이해할 수 있어.
Wǒ néng lǐjiě.

* 理解 lǐjiě 동 이해하다

我男朋友不能吃海鲜。 내 남자 친구는 해산물을 먹을 수 없어.
Wǒ nán péngyou bù néng chī hǎixiān.

* 男朋友 nán péngyou 남자 친구 | 海鲜 hǎixiān 명 해산물

你今天能参加聚餐吗? 너는 오늘 회식에 참석할 수 있니?
Nǐ jīntiān néng cānjiā jùcān ma?

* 参加 cānjiā 동 참석하다, 참가하다 | 聚餐 jùcān 명 회식 동 회식하다

你会做瑜伽吗?

Nǐ huì zuò yújiā ma?

너 요가 할 줄 아니?

* 능력을 나타내는 표현을 익힐 수 있습니다.
* 조동사 会와 개사 在를 학습합니다.

말하기 트레이닝 영상

시원펜으로 오늘의 단어를 듣고 연습해 보세요.

제시된 단어를 여러 번 따라 읽으며 자신의 것으로 만들어 보세요.

 14-1

会 huì	做 zuò
조동 ~할 줄 알다, ~할 수 있다	동 하다, 만들다
瑜伽 yújiā	经常 jīngcháng
명 요가	부 자주, 늘
在 zài	家 jiā
개 ~에서	명 집
运动 yùndòng	那儿 nàr
명 운동 동 운동하다	대 거기, 그곳
不错 búcuò	
형 좋다, 괜찮다	

오늘의 단어 확인

1 빈칸에 알맞은 한자, 한어병음, 뜻을 써 보세요.

단어	한어병음	뜻
①	huì	조동 ~할 줄 알다, ~할 수 있다
瑜伽	yújiā	②
经常	③	부 자주, 늘
④	zài	개 ~에서
家	jiā	⑤
运动	⑥	명 운동 동 운동하다

2 우리말에 해당하는 한자를 써 보세요.

① 하다, 만들다　　　　　　　② 요가

③ 자주, 늘　　　　　　　④ 집

⑤ 거기, 그곳　　　　　　　⑥ 좋다, 괜찮다

 **오늘의 회화**

오늘의 회화를 학습합니다.

 시원펜으로 오늘의 회화를 듣고 연습해 보세요.

🔊 14-2

你会做瑜伽吗？
Nǐ huì zuò yújiā ma?
너 요가 할 줄 아니?

강희민

会，我经常做瑜伽。
Huì, wǒ jīngcháng zuò yújiā.
할 줄 알아. 나 요가 자주 해.

왕란

你在哪儿做？
Nǐ zài nǎr zuò?
너 어디에서 하는데?

강희민

我家附近的运动中心，那儿很不错。
Wǒ jiā fùjìn de yùndòng zhōngxīn, nàr hěn búcuò.
우리 집 근처 스포츠 센터에서 해. 거기 아주 좋아.

왕란

오늘의 회화 확인

1 녹음을 잘 듣고 그림과 일치하면 O, 일치하지 않으면 X표 하세요. 🔊 14-3

①

②

* 普拉提 pǔlātí 몡 필라테스 | 登山 dēngshān 동 등산하다

2 앞에 제시된 회화문을 읽고 문장의 옳고 그름을 판단하세요.

① 王兰经常做瑜伽。　　O X

② 王兰家附近的运动中心不好。　　O X

3 우리말을 보고 빈칸을 채운 뒤 완성된 문장을 읽어 보세요.

① 我 _____ 做 _____ 。
나 요가 자주 해.

② 我家附近的 _____ 中心，那儿很 _____ 。
우리 집 근처 스포츠 센터에서 해. 거기 아주 좋아.

 **오늘의 표현**

1 조동사 会

你**会**做瑜伽吗?
Nǐ huì zuò yújiā ma?
너 요가 할 줄 아니?

조동사 '会'는 '~할 줄 알다, ~할 수 있다'라는 뜻으로 주로 학습이나 연습을 통해 어떤 일을 할 수 있게 된 경우를 나타냅니다. '会'의 부정은 '不会'로 '~할 수 없다, ~할 줄 모르다'라는 뜻을 나타냅니다.

긍정 我**会**游泳。   나는 수영할 줄 알아.
     Wǒ huì yóuyǒng.

부정 我**不会**游泳。 나는 수영할 줄 몰라.
     Wǒ bú huì yóuyǒng.

의문 你**会**游泳**吗**? 너는 수영할 줄 아니?
     Nǐ huì yóuyǒng ma?

* 游泳 yóuyǒng 동 수영하다

TIP

	可以	能	会
긍정	허락	가능(타고난 능력이나 처한 상황)	가능(학습이나 연습)
부정	금지	불가능(능력이 부족하거나 열악한 상황)	불가능(학습이나 연습 부족)

2 개사 在

你**在**哪儿做瑜伽?
Nǐ zài nǎr zuò yújiā?
너 어디에서 요가 하니?

개사 '在'는 '~에서'라는 뜻으로 '在+장소' 형식으로 쓰이며 동작이 일어나는 장소를 나타냅니다.

질문 他**在**哪儿工作?   그는 어디에서 일하니?
     Tā zài nǎr gōngzuò?

* 工作 gōngzuò 명 일, 직장 동 일하다

대답 他**在**贸易公司工作。 그는 무역 회사에서 일해.
     Tā zài màoyì gōngsī gōngzuò.

* 贸易 màoyì 명 무역

 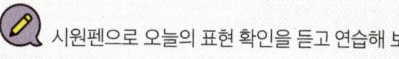

표현 연습

我会说汉语。
Wǒ huì shuō Hànyǔ.

나는 중국어 할 줄 알아.

他不会开车。
Tā bú huì kāichē.

그는 운전할 줄 몰라.

你会滑冰吗?
Nǐ huì huábīng ma?

너는 스케이트 탈 줄 아니?

* 滑冰 huábīng ⑧ 스케이트를 타다

표현 연습

妹妹在家休息。
Mèimei zài jiā xiūxi.

여동생은 집에서 쉬어.

我在星巴克喝咖啡。
Wǒ zài Xīngbākè hē kāfēi.

나는 스타벅스에서 커피를 마셔.

* 星巴克 Xīngbākè ⑲ 스타벅스

我们在哪儿见面?
Wǒmen zài nǎr jiànmiàn?

우리 어디에서 만날까?

我们什么时候去?
Wǒmen shénme shíhou qù?
우리 언제 갈까?

- 맛집을 예약할 수 있습니다.
- 1음절 동사 중첩과 의문대사 什么时候를 학습합니다.

말하기 트레이닝 영상

오늘의 단어

시원펜으로 오늘의 단어를 듣고 연습해 보세요.

제시된 단어를 여러 번 따라 읽으며 자신의 것으로 만들어 보세요.

 15-1

网红 wǎnghóng 인터넷에서 유명한	餐厅 cāntīng 명 식당
知道 zhīdao 동 알다, 이해하다	也 yě 부 ~도, 역시
时候 shíhou 명 때, 무렵	预约 yùyuē 동 예약하다

오늘의 단어 확인

1 빈칸에 알맞은 한자, 한어병음, 뜻을 써 보세요.

단어	한어병음	뜻
网红	①	인터넷에서 유명한
②	cāntīng	몡 식당
③	zhīdao	동 알다, 이해하다
也	④	부 ~도, 역시
时候	shíhou	⑤
预约	yùyē	⑥

2 우리말에 해당하는 한자를 써 보세요.

① 인터넷에서 유명한

② 식당

③ 알다, 이해하다

④ ~도, 역시

⑤ 때, 무렵

⑥ 예약하다

DAY 15 우리 언제 갈까?

오늘의 회화

오늘의 회화를 학습합니다.

시원펜으로 오늘의 회화를 듣고 연습해 보세요.

 15-2

김미나

这里是网红餐厅，你知道吗？
Zhèli shì wǎnghóng cāntīng, nǐ zhīdao ma?
여기 인터넷에서 유명한 맛집인데, 너 알고 있니?

양웨이

真的吗？我们也去尝尝吧。
Zhēn de ma? Wǒmen yě qù chángchang ba.
진짜? 우리도 가서 한번 먹어 보자.

김미나

什么时候去？我预约一下。
Shénme shíhou qù? Wǒ yùyuē yíxià.
언제 갈까? 내가 예약할게.

양웨이

下个星期六我有时间。
Xià ge xīngqīliù wǒ yǒu shíjiān.
다음 주 토요일에 나 시간 있어.

Tip '网红'은 '인터넷에서 유명한'이라는 뜻 외에도 '인터넷에서 유명한 사람', 즉 '인플루언서'라는 명사적 의미로도 많이 쓰입니다.

오늘의 회화 확인

1 녹음을 잘 듣고 그림과 일치하면 O, 일치하지 않으면 X표 하세요.　🔊 15-3

①

②

2 앞에 제시된 회화문을 읽고 문장의 옳고 그름을 판단하세요.

① 这个餐厅不太有名。　　O X

② 金美娜要预约餐厅。　　O X

* 有名 yǒumíng 형 유명하다

3 우리말을 보고 빈칸을 채운 뒤 완성된 문장을 읽어 보세요.

① 这里是 _____ 餐厅。

여기 인터넷에서 유명한 맛집이야.

② 我们什么 _____ 去那个餐厅？

우리 그 식당 언제 갈까?

* 那个 nàge 대 그(것), 저(것)

 **오늘의 표현**

1 1음절 동사 중첩

> 我们也去尝尝吧。
> Wǒmen yě qù chángchang ba.
> 우리도 가서 한번 먹어 보자.

1음절 동사 중첩이란 동사를 두 번 반복해서 말하는 것으로 가볍고 부드러운 어감을 나타내며, '(한번/좀) ~해 보다'라는 시도의 뜻으로 쓰입니다. 이때 뒤에 오는 동사는 경성으로 읽습니다.

你出去看看。　　　너 나가서 좀 봐 봐.
Nǐ chūqù kànkan.

* 出去 chūqù 동 나가다

你闻闻这个香水。　너 이 향수 냄새 좀 맡아 봐.
Nǐ wénwen zhège xiāngshuǐ.

* 闻 wén 동 냄새를 맡다 | 香水 xiāngshuǐ 명 향수

2 의문대사 什么时候

> 我们什么时候去?
> Wǒmen shénme shíhou qù?
> 우리 언제 갈까?

의문대사 '什么时候'는 '언제'라는 뜻으로 시기와 때를 물을 때 씁니다. '什么时候' 자체가 의문사 역할을 하기 때문에 문장 끝에 '吗'를 쓰지 않습니다.

你什么时候上课?　　너는 언제 수업하니?
Nǐ shénme shíhou shàngkè?

* 上课 shàngkè 동 수업하다

我们什么时候见面?　우리 언제 만날까?
Wǒmen shénme shíhou jiànmiàn?

오늘의 표현 확인

표현 연습

你去找找。
Nǐ qù zhǎozhao.

너 가서 좀 찾아 봐.

* 找 zhǎo 동 찾다

你自己想想吧。
Nǐ zìjǐ xiǎngxiang ba.

너 스스로 잘 생각해 봐.

* 自己 zìjǐ 대 스스로, 자신 | 想 xiǎng 동 생각하다

您可以试试这件衣服。
Nín kěyǐ shìshi zhè jiàn yīfu.

당신은 이 옷을 입어 봐도 돼요.

* 试 shì 동 시도하다, 시험 삼아 해 보다

표현 연습

你什么时候到?
Nǐ shénme shíhou dào?

너는 언제 도착하니?

* 到 dào 동 도착하다

他什么时候毕业?
Tā shénme shíhou bìyè?

그는 언제 졸업하니?

* 毕业 bìyè 동 졸업하다

他们什么时候回来?
Tāmen shénme shíhou huílai?

그들은 언제 돌아오니?

* 回来 huílai 동 돌아오다

一斤苹果多少钱?
Yì jīn píngguǒ duōshao qián?
사과 한 근에 얼마예요?

✱ 과일 가격을 묻고 답할 수 있습니다.
✱ 중국의 화폐 단위와 부사 有(一)点儿을 학습합니다.

말하기 트레이닝 영상

 시원펜으로 오늘의 단어를 듣고 연습해 보세요.

제시된 단어를 여러 번 따라 읽으며 자신의 것으로 만들어 보세요.   🔊 16-1

斤 jīn 양 근[무게를 세는 단위]	**苹果** píngguǒ 명 사과
多少 duōshao 대 얼마, 몇	**钱** qián 명 돈
块 kuài 양 위안[중국의 화폐 단위]	**有(一)点儿** yǒu(yì)diǎnr 부 조금, 약간
贵 guì 형 비싸다	**家** jiā 양 집[가게·기업 따위를 세는 단위]
非常 fēicháng 부 아주, 대단히	**好吃** hǎochī 형 맛있다

26 중국어 진짜학습지

오늘의 단어 확인

1 빈칸에 알맞은 한자, 한어병음, 뜻을 써 보세요.

단어	한어병음	뜻
①	jīn	양 근[무게를 세는 단위]
苹果	②	명 사과
多少	③	대 얼마, 몇
块	kuài	④
⑤	jiā	양 집[가게·기업 따위를 세는 단위]
⑥	hǎochī	형 맛있다

2 우리말에 해당하는 한자를 써 보세요.

① 사과

② 얼마, 몇

③ 돈

④ 조금, 약간

⑤ 비싸다

⑥ 아주, 대단히

오늘의 회화

오늘의 회화를 학습합니다.

시원펜으로 오늘의 회화를 듣고 연습해 보세요.

🔊 16-2

왕란

一斤苹果多少钱？
Yì jīn píngguǒ duōshao qián?
사과 한 근에 얼마예요?

과일가게사장

一斤苹果十五块。
Yì jīn píngguǒ shíwǔ kuài.
사과 한 근에 15위안이에요.

왕란

一斤十五块有(一)点儿贵啊！
Yì jīn shíwǔ kuài yǒu(yì)diǎnr guì a!
한 근에 15위안이면 조금 비싸네요!

과일가게사장

十五块不贵，我家的苹果非常好吃。
Shíwǔ kuài bú guì, wǒ jiā de píngguǒ fēicháng hǎochī.
15위안이면 비싸지 않아요. 저희 집 사과는 아주 맛있어요.

Tip ✱ 중국의 화폐 단위

회화체	块 kuài 콰이	毛 máo 마오	分 fēn 펀
문어체	元 yuán 위안	角 jiǎo 자오	分 fēn 펀

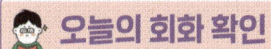

오늘의 회화 확인

1 녹음을 잘 듣고 그림과 일치하면 O, 일치하지 않으면 X표 하세요. 🔊 16-3

①

②

* 草莓 cǎoméi 몡 딸기

2 앞에 제시된 회화문을 읽고 문장의 옳고 그림을 판단하세요.

① 王兰觉得苹果有(一)点儿贵。　　O　X

② 两斤苹果十五块。　　O　X

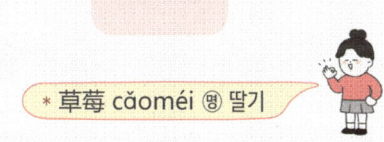
일반적으로 순서를 나타낼 때는 '二'을, 수량을 나타낼 때는 '两'을 씁니다.

3 우리말을 보고 빈칸을 채운 뒤 완성된 문장을 읽어 보세요.

① 一 _____ 苹果 _____ 钱?

사과 한 근에 얼마예요?

② 我家的苹果 _____ _____ 。

저희 집 사과는 아주 맛있어요.

 **오늘의 표현**

1 중국의 화폐 단위

一斤苹果十五块。
Yì jīn píngguǒ shíwǔ kuài.
사과 한 근에 15위안이에요.

숫자 읽는 법

❶ 숫자 중간에 '0'이 있는 경우 그 개수와 상관없이 '零'은 한 번만 읽습니다.

604위안 → 六百零四块 liùbǎi líng sì kuài / 6,004위안 → 六千零四块 liùqiān líng sì kuài

❷ 숫자 '2'가 단독으로 쓰일 때는 '两'으로 읽습니다.

2위안 → 两块 liǎng kuài / 0.2위안 → 两毛 liǎng máo

❸ '0'으로 끝나는 숫자는 '0' 앞의 단위를 생략하여 읽을 수 있습니다.

450위안 → 四百五(十块) sìbǎi wǔ(shí kuài) / 5,200위안 → 五千二(百块) wǔqiān èr(bǎi kuài)

2 부사 有(一)点儿

一斤十五块有(一)点儿贵啊！
Yì jīn shíwǔ kuài yǒu(yì)diǎnr guì a!
한 근에 15위안이면 조금 비싸네요!

부사 '有(一)点儿'은 '조금, 약간'이라는 뜻으로 주로 심리동사나 형용사 앞에 놓여 불만의 어기를 나타냅니다.

这道菜有(一)点儿辣。   이 음식은 조금 매워.
Zhè dào cài yǒu(yì)diǎnr là.
　　　　　　　　　　　　　　　＊ 道 dào ⑱ 음식을 세는 단위

我有(一)点儿担心明天的考试。   나는 내일 시험이 조금 걱정돼.
Wǒ yǒu(yì)diǎnr dānxīn míngtiān de kǎoshì.
　　　　　　＊ 担心 dānxīn ⑧ 걱정하다 | 考试 kǎoshì ⑲ 시험 ⑧ 시험을 보다

 중국어에서 심리동사란 사람의 감정적인 활동을 나타내는 동사로 '爱, 喜欢, 担心, 怕' 등이 이에 해당합니다.
　　　　　　　　　　　　　　　＊ 爱 ài ⑧ 사랑하다 | 怕 pà ⑧ 무서워하다, 두려워하다

 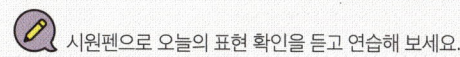

표현 연습

一份锅包肉三十块。
Yí fèn guōbāoròu sānshí kuài.

꿔바로우 한 접시에 30위안이에요.

* 份 fèn ⑱ 접시, 세트, 인분 | 锅包肉 guōbāoròu ⑲ 꿔바로우[음식명]

一共一千零九块。
Yígòng yìqiān líng jiǔ kuài.

모두 1,009위안이에요.

* 一共 yígòng ⑮ 모두, 전부

这个书包两百二(十块)。
Zhège shūbāo liǎngbǎi èr(shí kuài).

이 책가방은 220위안이에요.

표현 연습

今天有(一)点儿累。
Jīntiān yǒu(yì)diǎnr lèi.

오늘 조금 피곤해.

我有(一)点儿头疼。
Wǒ yǒu(yì)diǎnr tóuténg.

나 머리가 조금 아파.

* 头疼 tóuténg ⑧ 머리가 아프다

他有(一)点儿不高兴。
Tā yǒu(yì)diǎnr bù gāoxìng.

그는 기분이 조금 안 좋아.

DAY 17

我打算买一件新的大衣。
Wǒ dǎsuan mǎi yí jiàn xīn de dàyī.
나는 새 코트를 한 벌 살 계획이야.

학습 목표
* 자신의 계획을 말할 수 있습니다.
* 진행문 在와 동사 打算을 학습합니다.

말하기 트레이닝 영상

오늘의 단어

시원펜으로 오늘의 단어를 듣고 연습해 보세요.

제시된 단어를 여러 번 따라 읽으며 자신의 것으로 만들어 보세요.

🔊 17-1

在 zài (부) ~하고 있다, ~하는 중이다	**网购** wǎnggòu (동) 인터넷 쇼핑을 하다
对了 duì le (동) 맞다[갑자기 어떤 일이 생각났을 때 쓰임]	**双十一** Shuāng shíyī 블랙 프라이데이
所以 suǒyǐ (접) 그래서	**打算** dǎsuan (동) ~할 계획이다, ~할 예정이다
新 xīn (형) 새로운, 새롭다	**大衣** dàyī (명) 코트
便宜 piányi (형) (값이) 저렴하다, 싸다	

32 중국어 진짜학습지

오늘의 단어 확인

1 빈칸에 알맞은 한자, 한어병음, 뜻을 써 보세요.

단어	한어병음	뜻
在	①	㉘ ~하고 있다, ~하는 중이다
②	wǎnggòu	㉘ 인터넷 쇼핑을 하다
③	duì le	㉘ 맞다[갑자기 어떤 일이 생각났을 때 쓰임]
双十一	Shuāng shíyī	④
打算	⑤	㉘ ~할 계획이다, ~할 예정이다
便宜	piányi	⑥

2 우리말에 해당하는 한자를 써 보세요.

① ~하고 있다, ~하는 중이다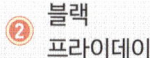

② 블랙 프라이데이

③ 그래서

④ 새로운, 새롭다

⑤ 코트

⑥ (값이) 저렴하다, 싸다

> 오늘의 회화

시원펜으로 오늘의 회화를 듣고 연습해 보세요.

오늘의 회화를 학습합니다.

🔊 17-2

你在看什么?
Nǐ zài kàn shénme?
너는 무엇을 보고 있니?

我在网购。
Wǒ zài wǎnggòu.
나는 인터넷 쇼핑을 하고 있어.

对了，今天是双十一，是吧?
Duì le, jīntiān shì Shuāng shíyī, shì ba?
맞다, 오늘 블랙 프라이데이지?

对，所以我打算买一件新的大衣，现在很便宜。
Duì, suǒyǐ wǒ dǎsuan mǎi yí jiàn xīn de dàyī, xiànzài hěn piányi.
맞아, 그래서 나는 새 코트를 한 벌 살 계획이야. 지금 저렴하거든.

Tip '对了'는 '맞다'라는 뜻으로 갑자기 무언가가 생각나거나 대화의 주제를 전환할 때 사용하고, '对'는 '맞아'라는 뜻으로 상대방의 말에 공감할 때 사용합니다.

오늘의 회화 확인

1 녹음을 잘 듣고 그림과 일치하면 O, 일치하지 않으면 X표 하세요. 🔊 17-3

①

②

2 앞에 제시된 회화문을 읽고 문장의 옳고 그름을 판단하세요.

① 金美娜在网购。　　　　　　　　　　O　X

② 双十一买衣服很贵。　　　　　　　　O　X

3 우리말을 보고 빈칸을 채운 뒤 완성된 문장을 읽어 보세요.

① 今天是 _____ , 是吧?

오늘 블랙 프라이데이지?

② 我 _____ 买一件新的 _____ 。

나는 새 코트를 한 벌 살 계획이야.

 오늘의 표현

1 진행문 在

我在网购。
Wǒ zài wǎnggòu.
나는 인터넷 쇼핑을 하고 있어.

'在'는 '~하고 있다, ~하는 중이다'라는 뜻으로 어떠한 동작을 진행하고 있음을 나타냅니다. 문장 끝에 진행을 나타내는 어기조사 '呢'를 붙여 '在……呢'의 형태로 쓰이기도 합니다.

질문 你在干什么？　　너는 무엇을 하고 있니?
Nǐ zài gàn shénme?

대답 我在看油管视频(呢)。　나는 유튜브 동영상을 보고 있어.
Wǒ zài kàn yóuguǎn shìpín (ne).

＊油管 yóuguǎn 명 유튜브 | 视频 shìpín 명 동영상 | 呢 ne 조 ~하고 있다

2 동사 打算

我打算买一件新的大衣。
Wǒ dǎsuan mǎi yí jiàn xīn de dàyī.
나는 새 코트를 한 벌 살 계획이야.

'打算'은 '~할 계획이다, ~할 예정이다'라는 뜻으로 향후 어떤 일에 대한 계획을 설명할 때 씁니다. '打算'의 부정은 '不打算'으로 '~하지 않을 계획이다, ~하지 않을 예정이다'라는 뜻을 나타냅니다.

긍정 我打算去旅游。　나는 여행을 갈 계획이야.
Wǒ dǎsuan qù lǚyóu.

부정 我不打算去旅游。　나는 여행을 가지 않을 계획이야.
Wǒ bù dǎsuan qù lǚyóu.

의문 你打算去旅游吗？　너는 여행을 갈 계획이니?
Nǐ dǎsuan qù lǚyóu ma?

＊旅游 lǚyóu 동 여행하다

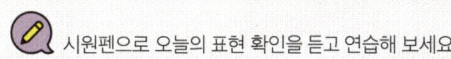

표현 연습

我在运动(呢)。
Wǒ zài yùndòng (ne).

나는 운동을 하고 있어.

她在打工(呢)。
Tā zài dǎgōng (ne).

그녀는 아르바이트를 하고 있어.

* 打工 dǎgōng 동 아르바이트하다

他在玩手机游戏(呢)。
Tā zài wán shǒujī yóuxì (ne).

그는 모바일 게임을 하고 있어.

* 游戏 yóuxì 명 게임

표현 연습

我打算减肥。
Wǒ dǎsuan jiǎnféi.

나는 다이어트할 계획이야.

* 减肥 jiǎnféi 동 다이어트하다, 살을 빼다

我不打算留学。
Wǒ bù dǎsuan liúxué.

나는 유학하지 않을 계획이야.

* 留学 liúxué 동 유학하다

你们打算今年结婚吗?
Nǐmen dǎsuan jīnnián jiéhūn ma?

너희는 올해 결혼할 계획이니?

* 结婚 jiéhūn 동 결혼하다

DAY 17 나는 새 코트를 한 벌 살 계획이야.

DAY 18

那我下周再来吧。
Nà wǒ xià zhōu zài lái ba.
그럼 제가 다음 주에 다시 올게요.

학습 목표
※ 원하는 상품을 주문할 수 있습니다.
※ 부사 再와 ……的时候를 학습합니다.

말하기 트레이닝 영상

오늘의 단어

 시원펜으로 오늘의 단어를 듣고 연습해 보세요.

제시된 단어를 여러 번 따라 읽으며 자신의 것으로 만들어 보세요.
18-1

请问 qǐngwèn 동 실례합니다, 말씀 좀 여쭙겠습니다	款 kuǎn 양 디자인, 모델, 스타일
蓝牙 lányá 명 블루투스	耳机 ěrjī 명 이어폰
不好意思 bù hǎoyìsi 죄송하다, 미안하다	周 zhōu 명 주, 요일
货 huò 명 상품, 물건	再 zài 부 다시, 또, 더
电话 diànhuà 명 전화	联系 liánxì 동 연락하다

오늘의 단어 확인

1 빈칸에 알맞은 한자, 한어병음, 뜻을 써 보세요.

단어	한어병음	뜻
①	qǐngwèn	동 실례합니다, 말씀 좀 여쭙겠습니다
款	②	양 디자인, 모델, 스타일
蓝牙	lányá	③
④	ěrjī	명 이어폰
再	⑤	부 다시, 또, 더
联系	liánxì	⑥

2 우리말에 해당하는 한자를 써 보세요.

① 블루투스

② 죄송하다, 미안하다

③ 주, 요일

④ 상품, 물건

⑤ 다시, 또, 더

⑥ 전화

오늘의 회화

오늘의 회화를 학습합니다.

시원펜으로 오늘의 회화를 듣고 연습해 보세요.

18-2

강희민

你好！请问有这款蓝牙耳机吗？
Nǐ hǎo! Qǐngwèn yǒu zhè kuǎn lányá ěrjī ma?
안녕하세요! 실례지만, 이 블루투스 이어폰 있나요?

직원

不好意思，现在没有，下周能到货。
Bù hǎoyìsi, xiànzài méiyǒu, xià zhōu néng dào huò.
죄송합니다. 지금은 없고 다음 주에 상품이 도착할 수 있습니다.

강희민

那我下周再来吧。
Nà wǒ xià zhōu zài lái ba.
그럼 제가 다음 주에 다시 올게요.

직원

请写一下您的电话。货到的时候，我们联系您。
Qǐng xiě yíxià nín de diànhuà. Huò dào de shíhou, wǒmen liánxì nín.
고객님의 전화번호 좀 적어 주세요. 상품이 도착했을 때 저희가 연락드리겠습니다.

오늘의 회화 확인

1 녹음을 잘 듣고 그림과 일치하면 O, 일치하지 않으면 X표 하세요. 🔊 18-3

2 앞에 제시된 회화문을 읽고 문장의 옳고 그름을 판단하세요.

① 姜熙民不打算买蓝牙耳机。　　O　X

② 蓝牙耳机下周能到货。　　O　X

3 우리말을 보고 빈칸을 채운 뒤 완성된 문장을 읽어 보세요.

① _____ 有这款蓝牙耳机吗？

실례지만, 이 블루투스 이어폰 있나요?

② _____, 现在没有这款蓝牙耳机。

죄송합니다. 지금은 이 블루투스 이어폰이 없습니다.

 **오늘의 표현**

1 부사 再

我下周再来吧。
Wǒ xià zhōu zài lái ba.
제가 다음 주에 다시 올게요.

부사 '再'는 '다시, 또, 더'라는 뜻으로 현재 하고 있는 동작이나 행위가 미래에 반복해서 발생할 때 씁니다.

我再告诉你。　　내가 다시 알려줄게.
Wǒ zài gàosu nǐ.

* 告诉 gàosu 동 알리다, 말하다

我们以后再说吧。　우리 나중에 다시 얘기하자.
Wǒmen yǐhòu zài shuō ba.

* 以后 yǐhòu 명 나중, 이후

2 ……的时候

货到的时候，我们联系您。
Huò dào de shíhou, wǒmen liánxì nín.
상품이 도착했을 때 저희가 연락드리겠습니다.

'……的时候'는 '~할 때'라는 뜻으로 어떤 사건이나 상황이 발생한 때를 나타냅니다.

感冒的时候，多喝水。　감기에 걸렸을 때 물 많이 마셔.
Gǎnmào de shíhou, duō hē shuǐ.

* 感冒 gǎnmào 동 감기에 걸리다 | 多 duō 부 많이 | 水 shuǐ 명 물

你结婚的时候，一定要告诉我。　너 결혼할 때 나에게 꼭 알려줘야 해.
Nǐ jiéhūn de shíhou, yídìng yào gàosu wǒ.

* 一定 yídìng 부 꼭, 반드시 | 要 yào 조동 ~해야 한다

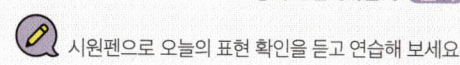

표현 연습

下次再来吧。
Xiàcì zài lái ba.

다음번에 다시 오자.

* 下次 xiàcì 몡 다음번

我们改天再见吧。
Wǒmen gǎitiān zài jiàn ba.

우리 다음에 다시 만나자.

* 改天 gǎitiān 몡 다음, 후일

我们再商量一下吧。
Wǒmen zài shāngliang yíxià ba.

우리 다시 상의 좀 하자.

* 商量 shāngliang 동 상의하다

표현 연습

你出去的时候，带伞吧。
Nǐ chūqù de shíhou, dài sǎn ba.

너 나갈 때 우산 챙겨.

* 伞 sǎn 몡 우산

他年轻的时候，很帅。
Tā niánqīng de shíhou, hěn shuài.

그는 젊었을 때 잘생겼었어.

* 年轻 niánqīng 형 젊다

她吃炸鸡的时候，一定喝可乐。
Tā chī zhájī de shíhou, yídìng hē kělè.

그녀는 치킨을 먹을 때 꼭 콜라를 마셔.

녹음 대본 및 정답

DAY 13 지금은 12시야.

오늘의 단어 확인

1. ❶ 现在　❷ diǎn　❸ ⑧밥을 먹다
   ❹ néng　❺ ⑱맵다　❻ 菜

2. ❶ 点　❷ 吃饭　❸ 川菜
   ❹ 胃　❺ 辣　❻ 菜

오늘의 회화 확인

녹음 대본

1. ❶ 女: 现在几点？ 지금 몇 시니?
      男: 现在一点。 지금은 1시야.

   ❷ 女: 你能吃川菜吗？ 너 쓰촨 요리 먹을 수 있니?
      男: 我胃不好，不能吃辣的菜。 나 위가 좋지 않아서 매운 음식을 먹을 수 없어.

1. ❶ X　❷ O
2. ❶ O　❷ X
3. ❶ 现在　❷ 能, 川菜

DAY 14 너 요가 할 줄 아니?

오늘의 단어 확인

1. ❶ 会　❷ ⑱요가　❸ jīngcháng
   ❹ 在　❺ ⑱집　❻ yùndòng

2. ❶ 做　❷ 瑜伽　❸ 经常
   ❹ 家　❺ 那儿　❻ 不错

오늘의 회화 확인

녹음 대본

1 ❶ 男: 你会做普拉提吗? 너 필라테스 할 줄 아니?
　　女: 不会。我不喜欢普拉提，我喜欢登山。 할 줄 몰라. 나는 필라테스는 안 좋아하고, 등산을 좋아해.

　❷ 男: 运动中心在哪儿? 스포츠 센터는 어디에 있니?
　　女: 运动中心在我家附近。 스포츠 센터는 우리 집 근처에 있어.

1 ❶ O　　　　❷ O
2 ❶ O　　　　❷ X
3 ❶ 经常，瑜伽　❷ 运动，不错

DAY 15 우리 언제 갈까?

오늘의 단어 확인

1 ❶ wǎnghóng　❷ 餐厅　　❸ 知道
　❹ yě　　　　❺ 阌 때, 무렵　❻ 통 예약하다

2 ❶ 网红　　　❷ 餐厅　　❸ 知道
　❹ 也　　　　❺ 时候　　❻ 预约

오늘의 회화 확인

녹음 대본

1 ❶ 女: 这里是网红餐厅，我们也去尝尝吧。 여기 인터넷에서 유명한 맛집인데, 우리도 가서 한번 먹어 보자.
　　男: 什么时候去? 我预约一下。 언제 갈까? 내가 예약할게.

　❷ 女: 下个星期六你有时间吗? 다음 주 토요일에 너 시간 있니?
　　男: 当然有。 당연히 있지.

1 ❶ O　　　　❷ X
2 ❶ X　　　　❷ O
3 ❶ 网红　　　❷ 时候

DAY 16 사과 한 근에 얼마예요?

오늘의 단어 확인

1 ❶ 斤　　　　　❷ píngguǒ　　　　❸ duōshao
　❹ 옝 위안[중국의 화폐 단위]　❺ 家　　　　❻ 好吃

2 ❶ 苹果　　　　❷ 多少　　　　　❸ 钱
　❹ 有(一)点儿　❺ 贵　　　　　　❻ 非常

오늘의 회화 확인

녹음 대본

1 ❶ 女：一斤草莓多少钱？　딸기 한 근에 얼마예요?
　　男：一斤草莓二十块。　딸기 한 근에 20위안이에요.

　❷ 女：这个苹果好吃吗？　이 사과 맛있나요?
　　男：我家的苹果非常好吃。　저희 집 사과는 아주 맛있어요.

1 ❶ X　　　　❷ O
2 ❶ O　　　　❷ X
3 ❶ 斤, 多少　❷ 非常, 好吃

DAY 17 나는 새 코트를 한 벌 살 계획이야.

오늘의 단어 확인

1 ❶ zài　　　　　　　❷ 网购　　　　❸ 对了
　❹ 블랙 프라이데이　❺ dǎsuan　　　❻ 옝 (값이) 저렴하다, 싸다

2 ❶ 在　　　❷ 双十一　❸ 所以
　❹ 新　　　❺ 大衣　　❻ 便宜

오늘의 회화 확인

녹음 대본

1 ❶ 男: 你在看什么? 너는 무엇을 보고 있니?
　　女: 我在网购。　나는 인터넷 쇼핑을 하고 있어.

　❷ 男: 今天是双十一, 是吧?　　오늘 블랙 프라이데이지?
　　女: 对, 所以现在东西很便宜。　맞아, 그래서 지금 물건이 저렴해.

1 ❶ X　　　　❷ O
2 ❶ O　　　　❷ X
3 ❶ 双十一　　❷ 打算, 大衣

DAY 18 그럼 제가 다음 주에 다시 올게요.

오늘의 단어 확인

1 ❶ 请问　　　❷ kuǎn　　　❸ ⑲ 블루투스
　❹ 耳机　　　❺ zài　　　　❻ ⑧ 연락하다

2 ❶ 蓝牙　　　❷ 不好意思　　❸ 周
　❹ 货　　　　❺ 再　　　　　❻ 电话

오늘의 회화 확인

녹음 대본

1 ❶ 男: 你好! 请问有这款蓝牙耳机吗? 안녕하세요! 실례지만, 이 블루투스 이어폰 있나요?
　　女: 不好意思, 现在没有货。 죄송합니다. 지금은 상품이 없습니다.

　❷ 女: 请写一下您的电话。货到的时候, 我们联系您。
　　　　고객님의 전화번호 좀 적어주세요. 상품이 도착했을 때 저희가 연락드리겠습니다.
　　男: 好的。 알겠습니다.

1 ❶ X　　　　❷ O
2 ❶ X　　　　❷ O
3 ❶ 请问　　　❷ 不好意思

진짜학습지

중국어

진짜학습지

기초편

4

중국어 진짜학습지 기초편 4

개정 1쇄 발행 2023년 7월 14일
개정 2쇄 발행 2024년 2월 15일

지은이 시원스쿨어학연구소
펴낸곳 (주)에스제이더블유인터내셔널
펴낸이 양홍걸 이시원

홈페이지 daily.siwonschool.com
주소 서울시 영등포구 영신로 166 시원스쿨
교재 구입 문의 02)2014-8151
고객센터 02)6409-0878

ISBN 979-11-6150-729-3 13720
Number 1-410201-16161807-06

이 책은 저작권법에 따라 보호받는 저작물이므로 무단복제와 무단전재를 금합니다. 이 책 내용의 전부 또는 일부를 이용하려면 반드시 저작권자와 ㈜에스제이더블유인터내셔널의 서면 동의를 받아야 합니다.

중국어 진짜학습지 학습 가이드

🔖 중국어 진짜학습지란?

『중국어 진짜학습지 기초편』은 중국어 기초 학습자들이 쉽고 재미있게 학습할 수 있도록 시원스쿨중국어연구소에서 연구 개발한 교재입니다. 본 교재는 각 과의 핵심 단어를 학습하고 ➡ 다양한 주제로 이루어진 회화문으로 말하기 연습을 하며 ➡ 핵심 문법 설명으로 학습자의 이해를 돕고 ➡ 핵심 표현으로 중국어의 구조를 저절로 습득할 수 있도록 구성하였습니다. 듣기, 읽기, 쓰기, 말하기의 반복 학습을 통해 중국어의 기본기를 확실히 다질 수 있습니다.

🔖 중국어 진짜학습지의 학습 목표는?

- **목표1** 중국어의 기본 문법을 학습할 수 있습니다.
- **목표2** 다양한 주제로 구성된 회화문을 통해 실용적인 중국어 표현을 배울 수 있습니다.
- **목표3** 듣기, 읽기, 쓰기, 말하기 모든 영역을 다양하게 학습하여 중국어의 기본기를 확실하게 다질 수 있습니다.
- **목표4** 『중국어 진짜학습지 기초편』을 끝내면 HSK 3급에 도전할 수 있습니다.

🔖 중국어 진짜학습지 로드맵은?

- **STEP1** 강의를 보며 <오늘의 단어>, <오늘의 회화>, <오늘의 표현>으로 구성된 본서를 학습합니다.
- **STEP2** 본서에서 배운 내용을 바탕으로 워크북을 풀어보며 학습한 내용을 복습합니다.
- **STEP3** 말하기 트레이닝 영상을 보며 틈틈이 중국어를 연습합니다.

학습 구성

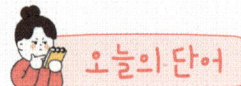

<오늘의 단어>는 학습자들이 따로 단어를 찾아볼 필요 없이 각 과의 핵심 단어를 한눈에 보기 쉽게 정리하였습니다. 앞에서 학습한 단어를 <오늘의 단어 확인> 문제를 풀어보며 중국어의 한자, 한어병음, 뜻을 기억할 수 있도록 복습 장치를 마련하였습니다.

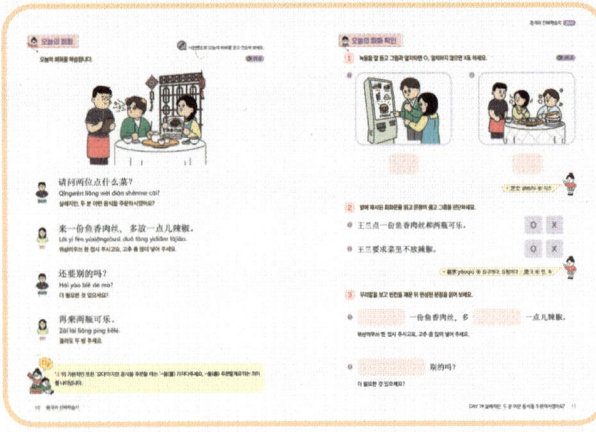

<오늘의 회화>는 뻔한 표현이 아닌 재미와 실용성에 초점을 맞춘 대화문으로 구성하였습니다. <오늘의 회화 확인>에서는 듣기, 읽기, 쓰기, 말하기 관련 연습 문제를 풀어보며 본문의 내용을 완전히 숙지할 수 있습니다.

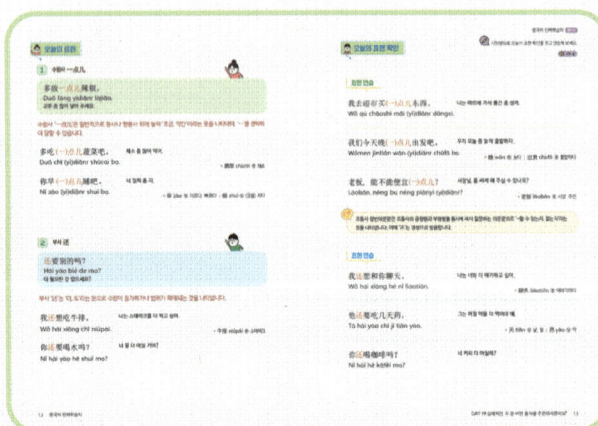

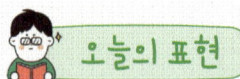

<오늘의 표현>에서는 복잡하고 어려운 설명 대신 누구나 쉽게 이해할 수 있도록 각 과에서 가장 핵심이 되는 문법을 체계적으로 정리하였으며, 활용도 높은 예문을 제시하여 학습자의 이해도를 높였습니다. <오늘의 표현 확인>에서는 앞에서 배운 문법과 관련된 문장을 제시하여 중국어 말하기 연습까지 가능하도록 구성하였습니다.

특별 부록 구성

무료 콘텐츠 구성

✓ 쓰기 노트
매 과에서 학습한 단어와 문장을 직접 쓰며 연습할 수 있습니다.

✓ 말하기 트레이닝 영상
스마트 폰으로 책 속의 QR 코드를 스캔하면 언제, 어디서든 영상을 보며 말하기 연습을 할 수 있습니다.

✓ 원어민 MP3 음원
원어민 MP3 음원을 들으며 중국어 연습을 할 수 있습니다. 시원스쿨 진짜학습지 홈페이지(daily.siwonschool.com) 접속 ➡ 학습지원 ➡ 공부 자료실에서 MP3 파일을 다운로드 받으실 수 있습니다.

유료 콘텐츠 구성
* 유료 콘텐츠는 daily.siwonschool.com에서 확인하실 수 있습니다.

✓ 동영상 강의
교재와 강의를 함께 학습하면 보다 쉽게 내용을 이해할 수 있어 학습 효과를 극대화할 수 있습니다.

✓ 시원펜 학습
시원펜을 활용하면 완벽한 중국어 말하기 훈련을 할 수 있습니다.
★ 전체 음원 듣기 : 시원펜으로 해당 아이콘 ()을 찍으면 매 과의 전체 음원을 들을 수 있습니다.
★ 개별 음원 듣기 : 시원펜으로 중국어 단어와 문장을 찍으면 원하는 해당 음원을 들을 수 있습니다.

✓ 성취도 평가
성취도 평가를 통해 자신의 진짜 중국어 실력을 파악할 수 있습니다.

학습 플랜

🚩 주 3일 학습 플랜

★ 본서, 워크북 1일 1과 학습 구성(본서와 워크북을 하루에 함께 학습합니다.)

날짜			내용		학습 계획일	
1주	1일	본서	DAY 19	请问两位点什么菜? 실례지만, 두 분 어떤 음식을 주문하시겠어요?	월	일
		워크북				
	2일	본서	DAY 20	我今天早上吃了感冒药。 나 오늘 아침에 감기약 먹었어.	월	일
		워크북				
	3일	본서	DAY 21	你去过这家店吗? 너는 이 가게 가 본 적 있니?	월	일
		워크북				
2주	4일	본서	DAY 22	我最近胖了。 나 요새 살쪘어.	월	일
		워크북				
	5일	본서	DAY 23	我在电影院门口等着呢。 나는 영화관 입구에서 기다리고 있어.	월	일
		워크북				
	6일	본서	DAY 24	今天比昨天更冷。 오늘이 어제보다 더 추워.	월	일
		워크북				

🚩 주 6일 학습 플랜

★ 본서, 워크북 2일 1과 학습 구성(본서를 먼저 공부하고 그 다음날 워크북으로 복습합니다.)

날짜			내용		학습 계획일	
1주	1일	본서	DAY 19	请问两位点什么菜? 실례지만, 두 분 어떤 음식을 주문하시겠어요?	월	일
	2일	워크북				
	3일	본서	DAY 20	我今天早上吃了感冒药。 나 오늘 아침에 감기약 먹었어.	월	일
	4일	워크북				
	5일	본서	DAY 21	你去过这家店吗? 너는 이 가게 가 본 적 있니?	월	일
	6일	워크북				
2주	7일	본서	DAY 22	我最近胖了。 나 요새 살쪘어.	월	일
	8일	워크북				
	9일	본서	DAY 23	我在电影院门口等着呢。 나는 영화관 입구에서 기다리고 있어.	월	일
	10일	워크북				
	11일	본서	DAY 24	今天比昨天更冷。 오늘이 어제보다 더 추워.	월	일
	12일	워크북				

학습 목차

DAY 19 — 请问两位点什么菜? 실례지만, 두 분 어떤 음식을 주문하시겠어요?
Qǐngwèn liǎng wèi diǎn shénme cài? — 08

DAY 20 — 我今天早上吃了感冒药。 나 오늘 아침에 감기약 먹었어.
Wǒ jīntiān zǎoshang chī le gǎnmào yào. — 14

DAY 21 — 你去过这家店吗? 너는 이 가게 가 본 적 있니?
Nǐ qùguo zhè jiā diàn ma? — 20

DAY 22 — 我最近胖了。 나 요새 살쪘어.
Wǒ zuìjìn pàng le. — 26

DAY 23 — 我在电影院门口等着呢。 나는 영화관 입구에서 기다리고 있어.
Wǒ zài diànyǐngyuàn ménkǒu děngzhe ne. — 32

DAY 24 — 今天比昨天更冷。 오늘이 어제보다 더 추워.
Jīntiān bǐ zuótiān gèng lěng. — 38

☑ **녹음 대본 및 정답** — 44

등장인물 소개

김미나/金美娜   강희민/姜熙民   양웨이/杨伟   왕란/王兰

DAY 19 请问两位点什么菜?

Qǐngwèn liǎng wèi diǎn shénme cài?
실례지만, 두 분 어떤 음식을 주문하시겠어요?

학습 목표
✱ 식당에서 음식을 주문할 수 있습니다.
✱ 수량사 一点儿과 부사 还를 학습합니다.

말하기 트레이닝 영상

오늘의 단어

 시원펜으로 오늘의 단어를 듣고 연습해 보세요.

제시된 단어를 여러 번 따라 읽으며 자신의 것으로 만들어 보세요.

🔊 19-1

位 wèi 양 분[존칭]	来 lái 동 (어떤 동작을) 하다
鱼香肉丝 yúxiāngròusī 명 위샹러우쓰[음식명]	放 fàng 동 넣다
一点儿 yìdiǎnr 수량 조금, 약간	辣椒 làjiāo 명 고추
还 hái 부 더, 또	要 yào 동 필요하다, 원하다
别 bié 다른, 별도의	瓶 píng 양 병[병을 세는 단위]

오늘의 단어 확인

1 빈칸에 알맞은 한자, 한어병음, 뜻을 써 보세요.

단어	한어병음	뜻
①	wèi	⑬ 분[존칭]
来	②	⑤ (어떤 동작을) 하다
放	fàng	③
辣椒	làjiāo	④
⑤	bié	다른, 별도의
瓶	⑥	⑬ 병[병을 세는 단위]

2 우리말에 해당하는 한자를 써 보세요.

① 위샹러우쓰 [음식명]

② 넣다

③ 조금, 약간

④ 더, 또

⑤ 필요하다, 원하다

⑥ 다른, 별도의

오늘의 회화

오늘의 회화를 학습합니다.

시원펜으로 오늘의 회화를 듣고 연습해 보세요.

종업원: 请问两位点什么菜？
Qǐngwèn liǎng wèi diǎn shénme cài?
실례지만, 두 분 어떤 음식을 주문하시겠어요?

왕란: 来一份鱼香肉丝，多放一点儿辣椒。
Lái yí fèn yúxiāngròusī, duō fàng yìdiǎnr làjiāo.
위샹러우쓰 한 접시 주시고요, 고추 좀 많이 넣어 주세요.

종업원: 还要别的吗？
Hái yào bié de ma?
더 필요한 것 있으세요?

왕란: 再来两瓶可乐。
Zài lái liǎng píng kělè.
콜라도 두 병 주세요.

> **Tip** '来'의 기본적인 뜻은 '오다'이지만 음식을 주문할 때는 '~을(를) 가져다주세요, ~을(를) 주문할게요'라는 의미를 나타냅니다.

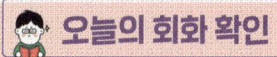

오늘의 회화 확인

1 녹음을 잘 듣고 그림과 일치하면 O, 일치하지 않으면 X표 하세요. 🔊 19-3

① 　②

* 芝士 zhīshì 명 치즈

2 앞에 제시된 회화문을 읽고 문장의 옳고 그름을 판단하세요.

① 王兰点一份鱼香肉丝和两瓶可乐。　　O　X

② 王兰要求菜里不放辣椒。　　O　X

* 要求 yāoqiú 동 요구하다, 요청하다 ｜ 里 li 명 안, 속

3 우리말을 보고 빈칸을 채운 뒤 완성된 문장을 읽어 보세요.

① _____ 一份鱼香肉丝，多 _____ 一点儿辣椒。

위샹러우쓰 한 접시 주시고요, 고추 좀 많이 넣어 주세요.

② _____ 别的吗？

더 필요한 것 있으세요?

 오늘의 표현

1 수량사 一点儿

> 多放一点儿辣椒。
> Duō fàng yìdiǎnr làjiāo.
> 고추 좀 많이 넣어 주세요.

수량사 '一点儿'은 일반적으로 동사나 형용사 뒤에 놓여 '조금, 약간'이라는 뜻을 나타내며, '一'를 생략하여 말할 수 있습니다.

多吃(一)点儿蔬菜吧。　　　채소 좀 많이 먹어.
Duō chī (yì)diǎnr shūcài ba.

* 蔬菜 shūcài 몡 채소

你早(一)点儿睡吧。　　　너 일찍 좀 자.
Nǐ zǎo (yì)diǎnr shuì ba.

* 早 zǎo 혱 이르다, 빠르다 | 睡 shuì 동 (잠을) 자다

2 부사 还

> 还要别的吗?
> Hái yào bié de ma?
> 더 필요한 것 있으세요?

부사 '还'는 '더, 또'라는 뜻으로 수량이 증가하거나 범위가 확대되는 것을 나타냅니다.

我还想吃牛排。　　　나는 스테이크를 더 먹고 싶어.
Wǒ hái xiǎng chī niúpái.

* 牛排 niúpái 몡 스테이크

你还要喝水吗?　　　너 물 더 마실 거야?
Nǐ hái yào hē shuǐ ma?

오늘의 표현 확인

🔊 19-4

📢 표현 연습

我去超市买(一)点儿东西。
Wǒ qù chāoshì mǎi (yì)diǎnr dōngxi.

나는 마트에 가서 물건 좀 살게.

我们今天晚(一)点儿出发吧。
Wǒmen jīntiān wǎn (yì)diǎnr chūfā ba.

우리 오늘 좀 늦게 출발하자.

* 晚 wǎn 형 늦다 | 出发 chūfā 동 출발하다

老板，能不能便宜(一)点儿?
Lǎobǎn, néng bu néng piányi (yì)diǎnr?

사장님, 좀 싸게 해 주실 수 있나요?

* 老板 lǎobǎn 명 사장, 주인

> **TIP** 조동사 정반의문문은 조동사의 긍정형과 부정형을 동시에 써서 질문하는 의문문으로 '~할 수 있는지, 없는지'라는 뜻을 나타냅니다. 이때 '不'는 경성으로 발음합니다.

📢 표현 연습

我还想和你聊天。
Wǒ hái xiǎng hé nǐ liáotiān.

나는 너와 더 얘기하고 싶어.

* 聊天 liáotiān 동 이야기하다

他还要吃几天药。
Tā hái yào chī jǐ tiān yào.

그는 며칠 약을 더 먹어야 해.

* 天 tiān 명 날, 일 | 药 yào 명 약

你还喝咖啡吗?
Nǐ hái hē kāfēi ma?

너 커피 더 마실래?

我今天早上吃了感冒药。

Wǒ jīntiān zǎoshang chī le gǎnmào yào.

나 오늘 아침에 감기약 먹었어.

✱ 자신의 건강 상태를 말할 수 있습니다.
✱ 조동사 应该와 동태조사 了를 학습합니다.

말하기 트레이닝 영상

오늘의 단어

시원펜으로 오늘의 단어를 듣고 연습해 보세요.

제시된 단어를 여러 번 따라 읽으며 자신의 것으로 만들어 보세요.

🔊 20-1

脸色 liǎnsè
명 안색, 얼굴빛

差 chà
형 좋지 않다, 나쁘다

舒服 shūfu
형 편안하다

还 hái
부 ~도, 또한, 그리고

发烧 fāshāo
동 열이 나다

应该 yīnggāi
조동 ~해야 한다

医院 yīyuàn
명 병원

没事(儿) méishì(r)
괜찮다, 상관없다

早上 zǎoshang
명 아침

了 le
조 ~했다

오늘의 단어 확인

1 빈칸에 알맞은 한자, 한어병음, 뜻을 써 보세요.

단어	한어병음	뜻
①	liǎnsè	명 안색, 얼굴빛
差	②	형 좋지 않다, 나쁘다
舒服	shūfu	③
④	hái	부 ~도, 또한, 그리고
应该	⑤	조동 ~해야 한다
早上	zǎoshang	⑥

2 우리말에 해당하는 한자를 써 보세요.

① 편안하다

② 열이 나다

③ ~해야 한다

④ 병원

⑤ 괜찮다. 상관없다

⑥ ~했다

DAY 20 나 오늘 아침에 감기약 먹었어.

오늘의 회화

오늘의 회화를 학습합니다.

시원펜으로 오늘의 회화를 듣고 연습해 보세요.

20-2

김미나
你脸色很差，哪儿不舒服吗？
Nǐ liǎnsè hěn chà, nǎr bù shūfu ma?
너 안색이 좋지 않은데, 어디 아프니?

양웨이
我头疼，还有(一)点儿发烧。
Wǒ tóuténg, hái yǒu(yì)diǎnr fāshāo.
나 머리 아프고, 열도 조금 나.

김미나
你应该去医院啊！
Nǐ yīnggāi qù yīyuàn a!
너 병원 가야겠다!

양웨이
没事(儿)，我今天早上吃了感冒药。
Méishì(r), wǒ jīntiān zǎoshang chī le gǎnmào yào.
괜찮아. 나 오늘 아침에 감기약 먹었어.

오늘의 회화 확인

1 녹음을 잘 듣고 그림과 일치하면 O, 일치하지 않으면 X표 하세요. 🔊 20-3

①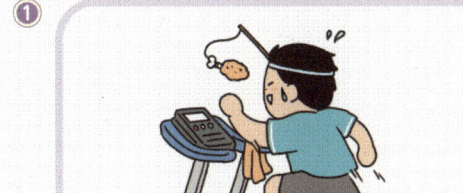

②

2 앞에 제시된 회화문을 읽고 문장의 옳고 그름을 판단하세요.

① 杨伟的脸色不好。　　O　X

② 杨伟打算去医院。　　O　X

3 우리말을 보고 빈칸을 채운 뒤 완성된 문장을 읽어 보세요.

① 我 _____ ，还有(一)点儿 _____ 。

나 머리 아프고, 열도 조금 나.

② 你 _____ 去医院啊！

너 병원 가야겠다!

 오늘의 표현

1 조동사 应该

> 你**应该**去医院啊!
> Nǐ yīnggāi qù yīyuàn a!
> 너 병원 가야겠다!

조동사 '应该'는 '(마땅히) ~해야 한다'라는 뜻으로 당연히 해야 하는 도리를 나타낼 때 씁니다.

学生**应该**努力学习。　　학생은 열심히 공부해야 해.
Xuésheng yīnggāi nǔlì xuéxí.

* 努力 nǔlì 동 노력하다, 힘쓰다

我们**应该**向他道歉。　　우리는 그에게 사과해야 해.
Wǒmen yīnggāi xiàng tā dàoqiàn.

* 向 xiàng 개 ~에게 | 道歉 dàoqiàn 동 사과하다

2 동태조사 了

> 我今天早上吃**了**感冒药。
> Wǒ jīntiān zǎoshang chī le gǎnmào yào.
> 나 오늘 아침에 감기약 먹었어.

동태조사 '了'는 '~했다'라는 뜻으로 동작의 실현이나 완료를 나타냅니다. 일반적으로 수식어가 있는 경우에는 동사 뒤에 '了'가 오며, 수식어가 없는 경우에는 문장 끝에 '了'가 옵니다. 또한 부정할 때는 '了'를 생략한 후에 '没(有)+동사' 형식으로 쓰이며 '~하지 않았다, ~하지 못했다'라는 뜻을 나타냅니다.

동사 뒤　我打**了**一个电话。　　나는 전화를 한 통 걸었어.
　　　　　　　　수식어
　　　　　Wǒ dǎ le yí ge diànhuà.

문장 끝　我打电话**了**。　　나는 전화를 걸었어.
　　　　　Wǒ dǎ diànhuà le.

부정　我**没**打电话。　　나는 전화를 걸지 않았어.
　　　　Wǒ méi dǎ diànhuà.

* 打 dǎ 동 (전화를) 걸다

오늘의 표현 확인

중국어 진짜학습지 본서

시원펜으로 오늘의 표현 확인을 듣고 연습해 보세요.

🔊 20-4

표현 연습

你**应该**在家休息。
Nǐ yīnggāi zài jiā xiūxi.

너는 집에서 쉬어야 해.

你**应该**早点儿回家。
Nǐ yīnggāi zǎo diǎnr huíjiā.

너는 일찍 (좀) 집에 들어가야 해.

* 回家 huíjiā 통 집으로 돌아가다, 귀가하다

你**应该**下载这个软件。
Nǐ yīnggāi xiàzài zhège ruǎnjiàn.

너는 이 앱을 다운로드받아야 해.

* 下载 xiàzài 통 다운로드하다 | 软件 ruǎnjiàn 명 앱, 어플

표현 연습

我买**了**一本书。
Wǒ mǎi le yì běn shū.

나는 책을 한 권 샀어.

* 本 běn 양 권[책을 세는 단위]

弟弟今天出院**了**。
Dìdi jīntiān chūyuàn le.

남동생은 오늘 퇴원했어.

* 出院 chūyuàn 통 퇴원하다

我们一起看**了**一部电影。
Wǒmen yìqǐ kàn le yí bù diànyǐng.

우리는 같이 영화를 한 편 봤어.

* 部 bù 양 편, 부[영화나 서적을 세는 단위]

DAY 21

你去过这家店吗?
Nǐ qùguo zhè jiā diàn ma?
너는 이 가게 가 본 적 있니?

학습 목표
* 경험을 묻고 답할 수 있습니다.
* 동태조사 过와 개사 离를 학습합니다.

말하기 트레이닝 영상

오늘의 단어

시원펜으로 오늘의 단어를 듣고 연습해 보세요.

제시된 단어를 여러 번 따라 읽으며 자신의 것으로 만들어 보세요.

🔊 21-1

张 zhāng 양 장[얇은 종이나 사진 등을 세는 단위]	照片 zhàopiàn 명 사진
过 guo 조 ~한 적 있다	店 diàn 명 가게, 상점
网上 wǎngshang 명 인터넷, 온라인	火 huǒ 형 번창하다, 인기 있다
离 lí 개 ~에서, ~로부터	远 yuǎn 형 멀다
就 jiù 부 바로	王府井 Wángfǔjǐng 고유 왕푸징[베이징의 쇼핑 거리]

오늘의 단어 확인

1 빈칸에 알맞은 한자, 한어병음, 뜻을 써 보세요.

단어	한어병음	뜻
①	zhāng	⑧ 장[얇은 종이나 사진 등을 세는 단위]
照片	②	⑨ 사진
过	guo	③
④	wǎngshang	⑨ 인터넷, 온라인
火	⑤	⑩ 번창하다, 인기 있다
远	yuǎn	⑥

2 우리말에 해당하는 한자를 써 보세요.

① 사진

② 가게, 상점

③ ~에서, ~로부터

④ 멀다

⑤ 바로

⑥ 왕푸징 [베이징의 쇼핑 거리]

오늘의 회화

오늘의 회화를 학습합니다.

시원펜으로 오늘의 회화를 듣고 연습해 보세요.

🔊 21-2

 강희민
你看这张照片！你去过这家店吗？
Nǐ kàn zhè zhāng zhàopiàn! Nǐ qùguo zhè jiā diàn ma?
이 사진 봐 봐! 너는 이 가게 가 본 적 있니?

 왕란
去过。这家店在网上很火。
Qùguo. Zhè jiā diàn zài wǎngshang hěn huǒ.
가 본 적 있어. 이 가게는 인터넷에서 아주 핫해.

 강희민
他们家离这儿远吗？
Tāmen jiā lí zhèr yuǎn ma?
그 가게는 여기에서 머니?

 왕란
不太远，就在王府井附近。
Bú tài yuǎn, jiù zài Wángfǔjǐng fùjìn.
그다지 멀지 않아. 바로 왕푸징 근처에 있어.

Tip
- '火'가 명사로 쓰일 때는 '불'이라는 뜻이지만, 본문에서처럼 형용사로 쓰일 때는 '핫하다, 인기가 있다'라는 뜻을 나타냅니다.
- '他们家'란 '그 가게'라는 뜻으로 앞에서 언급한 특정 가게나 기관을 다시 한번 언급할 때 쓰는 표현입니다. 본문에서 '他们家'는 '这家店'을 가리킵니다.

중국어 진짜학습지 **본서**

 **오늘의 회화 확인**

1 녹음을 잘 듣고 그림과 일치하면 O, 일치하지 않으면 X표 하세요. 🔊 21-3

①

②

2 앞에 제시된 회화문을 읽고 문장의 옳고 그름을 판단하세요.

① 照片上的店很有名。　　O　X

② 照片上的店离王府井很远。　　O　X

*上 shang 명 위

3 우리말을 보고 빈칸을 채운 뒤 완성된 문장을 읽어 보세요.

① 你去 _____ 这家店吗?

너는 이 가게 가 본 적 있니?

② 这家店在 _____ 很 _____ 。

이 가게는 인터넷에서 아주 핫해.

DAY 21 너는 이 가게 가 본 적 있니? 23

 **오늘의 표현**

1 동태조사 过

你去过这家店吗?
Nǐ qùguo zhè jiā diàn ma?
너는 이 가게 가 본 적 있니?

동태조사 '过'는 '~한 적 있다'라는 뜻으로 동작의 경험을 나타냅니다. '过'의 부정은 '没+동사+过'로 '~ 한 적 없다'라는 뜻을 나타냅니다.

긍정 我谈过恋爱。   나는 연애해 본 적 있어.
Wǒ tánguo liàn'ài.

부정 我没谈过恋爱。   나는 연애해 본 적 없어.
Wǒ méi tánguo liàn'ài.

의문 你谈过恋爱吗?   너는 연애해 본 적 있니?
Nǐ tánguo liàn'ài ma?

* 谈 tán 통 말하다, 이야기하다 | 恋爱 liàn'ài 명 연애

2 개사 离

他们家离这儿远吗?
Tāmen jiā lí zhèr yuǎn ma?
그 가게는 여기에서 머니?

개사 '离'는 '~에서, ~로부터'라는 뜻으로 장소 사이의 거리나 시간 사이의 간격을 말할 때 씁니다.

장소 我们学校离这儿很近。   우리 학교는 여기에서 가까워.
Wǒmen xuéxiào lí zhèr hěn jìn.

* 近 jìn 형 가깝다

시간 离放假还有一个月。   방학하려면 아직 한 달 남았어.
Lí fàngjià hái yǒu yí ge yuè.

* 放假 fàngjià 통 방학하다 | 还 hái 부 아직, 여전히

 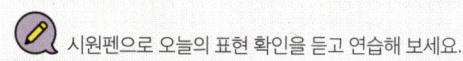

표현 연습

我用过这个软件。
Wǒ yòngguo zhège ruǎnjiàn.

나는 이 앱을 써 본 적 있어.

我没见过明星。
Wǒ méi jiànguo míngxīng.

나는 연예인을 본 적 없어.

* 明星 míngxīng 몡 연예인, 스타

你去过欧洲吗?
Nǐ qùguo Ōuzhōu ma?

너는 유럽에 가 본 적 있니?

* 欧洲 Ōuzhōu 고유 유럽

표현 연습

超市离我家很近。
Chāoshì lí wǒ jiā hěn jìn.

마트는 우리 집에서 가까워.

地铁站离这儿不太远。
Dìtiě zhàn lí zhèr bú tài yuǎn.

지하철역은 여기에서 그다지 멀지 않아.

离下课还有一个小时。
Lí xiàkè hái yǒu yí ge xiǎoshí.

수업이 끝나려면 아직 한 시간 남았어.

* 小时 xiǎoshí 몡 시간

我最近胖了。
Wǒ zuìjìn pàng le.
나 요새 살쪘어.

학습 목표

* 다이어트와 관련된 표현을 익힐 수 있습니다.
* 어기조사 了와 从……开始를 학습합니다.

말하기 트레이닝 영상

오늘의 단어

 시원펜으로 오늘의 단어를 듣고 연습해 보세요.

제시된 단어를 여러 번 따라 읽으며 자신의 것으로 만들어 보세요.

🔊 22-1

胖 pàng 형 살찌다, 뚱뚱하다	**得** děi 조동 ~해야 한다
从 cóng 개 ~부터	**开始** kāishǐ 동 시작하다
晚饭 wǎnfàn 명 저녁밥	**还是** háishi 부 ~하는 편이 좋다
这样 zhèyàng 대 이렇게	**比较** bǐjiào 부 비교적
健康 jiànkāng 형 건강하다	

26 중국어 진짜학습지

오늘의 단어 확인

1 빈칸에 알맞은 한자, 한어병음, 뜻을 써 보세요.

단어	한어한어병음	뜻
①	pàng	형 살찌다, 뚱뚱하다
得	②	조동 ~해야 한다
开始	kāishǐ	③
④	háishi	부 ~하는 편이 좋다
比较	⑤	부 비교적
健康	jiànkāng	⑥

2 우리말에 해당하는 한자를 써 보세요.

① ~부터

② 시작하다

③ 저녁밥

④ 이렇게

⑤ 비교적

⑥ 건강하다

오늘의 회화

오늘의 회화를 학습합니다.

🔊 22-2

시원펜으로 오늘의 회화를 듣고 연습해 보세요.

김미나

我最近胖了，我得减肥。
Wǒ zuìjìn pàng le, wǒ děi jiǎnféi.
나 요새 살쪘어. 다이어트해야겠어.

양웨이

我觉得你不胖啊。
Wǒ juéde nǐ bú pàng a.
내 생각에 너 살찌지 않았어.

김미나

不行！从今天开始，我不吃晚饭了。
Bù xíng! Cóng jīntiān kāishǐ, wǒ bù chī wǎnfàn le.
안 돼! 오늘부터 나 저녁밥 안 먹을 거야.

양웨이

你还是多运动吧，这样比较健康。
Nǐ háishi duō yùndòng ba, zhèyàng bǐjiào jiànkāng.
너 운동을 많이 하는 게 나아. 그래야 비교적 건강하지.

Tip '还是'는 '~하는 편이 좋다'라는 뜻으로 상대방에게 무언가를 부드럽게 권유할 때 쓰며, 문장 끝에 '吧'와 함께 자주 쓰입니다.

오늘의 회화 확인

1 녹음을 잘 듣고 그림과 일치하면 O, 일치하지 않으면 X표 하세요. 🔊 22-3

①

②

2 앞에 제시된 회화문을 읽고 문장의 옳고 그름을 판단하세요.

① 金美娜觉得自己最近胖了。   O X

② 金美娜从今天开始不吃早饭。   O X

3 우리말을 보고 빈칸을 채운 뒤 완성된 문장을 읽어 보세요.

① 我最近 _____ 了，我 _____ 减肥。
나 요새 살쪘어. 다이어트해야겠어.

② _____ 今天 _____，我不吃晚饭了。
오늘부터 나 저녁밥 안 먹을 거야.

 **오늘의 표현**

1 어기조사 了

我最近胖了。
Wǒ zuìjìn pàng le.
나 요새 살쪘어.

어기조사 '了'는 '~하게 되었다'라는 뜻으로 상황이나 상태의 변화를 나타내며 문장 끝에 위치합니다.

긍정 我有男朋友了。   나 남자 친구 생겼어.
         Wǒ yǒu nán péngyou le.

부정형은 '不'나 '没(有)'를 쓰는데, '不……了'는 '~하지 않게 되었다', '没(有)……了'는 '~이 (있었는데) 없어졌다'라는 뜻을 나타냅니다.

부정 我不去中国了。   나는 중국에 가지 않게 되었어.
         Wǒ bú qù Zhōngguó le.

         我没有信心了。   나는 자신감이 없어졌어.
         Wǒ méiyǒu xìnxīn le.

* 信心 xìnxīn 몡 자신(감), 확신

2 从……开始

从今天开始，我不吃晚饭了。
Cóng jīntiān kāishǐ, wǒ bù chī wǎnfàn le.
오늘부터 나 저녁밥 안 먹을 거야.

'从……开始'는 '~부터 시작하다'라는 뜻으로 '从' 뒤에는 시간이나 나이 등 시작점을 나타내는 단어가 옵니다. 또한 과거의 시점을 말할 때는 문장 끝에 습관적으로 '了'를 붙이기도 합니다.

시간 他们从去年开始交往(了)。   그들은 작년부터 사귀기 시작했어.
         Tāmen cóng qùnián kāishǐ jiāowǎng (le).

* 去年 qùnián 몡 작년 | 交往 jiāowǎng 동 사귀다, 교제하다

나이 她从五岁开始学芭蕾(了)。   그녀는 다섯 살 때부터 발레를 배우기 시작했어.
         Tā cóng wǔ suì kāishǐ xué bālěi (le).

* 芭蕾 bālěi 몡 발레

오늘의 표현 확인

시원펜으로 오늘의 표현 확인을 듣고 연습해 보세요.

🔊 22-4

표현 연습

天黑了。
Tiān hēi le.

날이 어두워졌어.

* 天 tiān 명 하늘 | 黑 hēi 형 어둡다, 까맣다

她今年二十岁了。
Tā jīnnián èrshí suì le.

그녀는 올해 스무 살이 되었어.

他不爱我了。
Tā bú ài wǒ le.

그는 나를 사랑하지 않게 되었어.

표현 연습

我从上周开始学开车(了)。
Wǒ cóng shàng zhōu kāishǐ xué kāichē (le).

나는 지난주부터 운전을 배우기 시작했어.

我从昨天开始发烧(了)。
Wǒ cóng zuótiān kāishǐ fāshāo (le).

나는 어제부터 열이 나기 시작했어.

我们从九点开始上课。
Wǒmen cóng jiǔ diǎn kāishǐ shàngkè.

우리는 9시부터 수업 시작해.

DAY 23

我在电影院门口等着呢。
Wǒ zài diànyǐngyuàn ménkǒu děngzhe ne.
나는 영화관 입구에서 기다리고 있어.

 학습 목표
* 중국어로 약속 장소와 약속 시간에 대해 말할 수 있습니다.
* 동태조사 着와 1음절 형용사 중첩을 학습합니다.

말하기 트레이닝 영상

 오늘의 단어

 시원펜으로 오늘의 단어를 듣고 연습해 보세요.

제시된 단어를 여러 번 따라 읽으며 자신의 것으로 만들어 보세요.

🔊 23-1

喂 wéi ㉮ 여보세요 (원래는 제4성이지만 전화할 때는 제2성으로 발음함)	快 kuài ㉯ 곧, 머지않아
已经 yǐjīng ㉯ 이미, 벌써	电影院 diànyǐngyuàn ㉰ 영화관
门口 ménkǒu ㉰ 입구	着 zhe ㉱ ~하고 있다, ~한 채로 있다
分钟 fēnzhōng ㉰ (시간의) 분	慢 màn ㉲ 느리다

오늘의 단어 확인

1 빈칸에 알맞은 한자, 한어병음, 뜻을 써 보세요.

단어	한어병음	뜻
①	wéi	(감탄) 여보세요
快	②	(부) 곧, 머지않아
已经	yǐjīng	③
④	zhe	(조) ~하고 있다, ~한 채로 있다
分钟	⑤	(명) (시간의) 분
慢	màn	⑥

2 우리말에 해당하는 한자를 써 보세요.

① 곧, 머지않아

② 이미, 벌써

③ 영화관

④ 입구

⑤ (시간의) 분

⑥ 느리다

오늘의 회화

오늘의 회화를 학습합니다.

시원펜으로 오늘의 회화를 듣고 연습해 보세요.

🔊 23-2

喂，你在哪儿？我快到了。
Wéi, Nǐ zài nǎr? Wǒ kuài dào le.
여보세요, 너 어디야? 나 곧 도착해.

我已经到了。我在电影院门口等着呢。
Wǒ yǐjīng dào le. Wǒ zài diànyǐngyuàn ménkǒu děngzhe ne.
나 이미 도착했어. 영화관 입구에서 기다리고 있어.

我五分钟就到。
Wǒ wǔ fēnzhōng jiù dào.
나 5분이면 도착해.

行，你慢慢来，我等你。
Xíng, nǐ mànmàn lái, wǒ děng nǐ.
알겠어. 천천히 와. 기다릴게.

Tip '快'는 '곧, 머지않아'라는 뜻으로 '了'와 호응하여 '곧 ~하려고 하다'라는 의미를 나타내며, 어떤 일이 곧 일어날 것임을 나타낼 때 씁니다. '已经'은 '이미, 벌써'라는 뜻으로 '了'와 호응하여 '이미 ~했다'라는 의미를 나타내며, 어떤 동작을 이미 완료했음을 나타낼 때 씁니다.

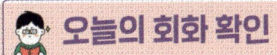

오늘의 회화 확인

1 녹음을 잘 듣고 그림과 일치하면 O, 일치하지 않으면 X표 하세요. 🔊 23-3

①

②

2 앞에 제시된 회화문을 읽고 문장의 옳고 그름을 판단하세요.

① 姜熙民已经到了。　　　　　　　　　　O　X

② 王兰在电影院门口等着。　　　　　　　O　X

3 우리말을 보고 빈칸을 채운 뒤 완성된 문장을 읽어 보세요.

① _____，你在哪儿？我 _____ 到了。

여보세요, 너 어디야? 나 곧 도착해.

② 你 _____ 来，我等你。

천천히 와. 기다릴게.

 **오늘의 표현**

1 동태조사 着

> 我在电影院门口等着呢。
> Wǒ zài diànyǐngyuàn ménkǒu děngzhe ne.
> 나는 영화관 입구에서 기다리고 있어.

동태조사 '着'는 '~하고 있다, ~한 채로 있다'라는 뜻으로 동작이나 상태의 지속을 나타냅니다. '着'의 부정은 '没'로 '没+동사+着'의 형태로 쓰이며, '~하고 있지 않다'라는 뜻을 나타냅니다.

긍정
电视开着。 텔레비전이 켜져 있어.
Diànshì kāizhe.

부정
电视没开着。 텔레비전이 켜져 있지 않아.
Diànshì méi kāizhe.

> **TIP** 상태의 지속이 아닌, 동작의 지속을 부정할 때는 뒤에 동태조사 '着'를 붙이지 않습니다.
> 예) 我没等你。 나는 너를 기다리고 있지 않아.

의문
电视开着吗? 텔레비전이 켜져 있니?
Diànshì kāizhe ma?

* 电视 diànshì 명 텔레비전 | 开 kāi 동 (기계를) 켜다

2 1음절 형용사 중첩

> 你慢慢来, 我等你。
> Nǐ mànmàn lái, wǒ děng nǐ.
> 천천히 와. 기다릴게.

'1음절 형용사 중첩'이란 형용사를 두 번 반복해서 말하는 것으로 형용사의 원래 의미보다 정도가 더 심화됨을 나타냅니다. 또한 형용사를 중첩한 후에는 앞에 '很, 非常' 등의 수식어를 쓸 수 없으며, '儿'이 붙을 경우 뒤에 오는 형용사는 제1성으로 발음합니다.

她的皮肤很白白的。 ➡ 她的皮肤白白的。 그녀의 피부는 새하얘.
　　　　　　　　　　　　Tā de pífū báibái de.

* 皮肤 pífū 명 피부 | 白 bái 형 희다

你明天非常早早儿来。 ➡ 你明天早早儿来。 너 내일 일찌감치 와.
　　　　　　　　　　　　Nǐ míngtiān zǎozāor lái.

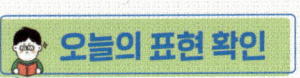
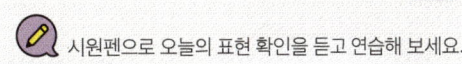

표현 연습

他写着作业呢。
Tā xiězhe zuòyè ne.

그는 숙제를 하고 있어.

* 作业 zuòyè 명 숙제

她没躺着。
Tā méi tǎngzhe.

그녀는 누워 있지 않아.

* 躺 tǎng 동 눕다

窗户开着吗?
Chuānghu kāizhe ma?

창문이 열려 있니?

* 窗户 chuānghu 명 창문 | 开 kāi 동 (문을) 열다

표현 연습

天黑黑的。
Tiān hēihēi de.

날이 어두컴컴해.

她有长长的头发。
Tā yǒu chángcháng de tóufa.

그녀는 아주 긴 머리카락을 가지고 있어.

* 头发 tóufa 명 머리카락

他的衣服厚厚的。
Tā de yīfu hòuhòu de.

그의 옷은 아주 두꺼워.

* 厚 hòu 형 두껍다

今天比昨天更冷。
Jīntiān bǐ zuótiān gèng lěng.
오늘이 어제보다 더 추워.

* 날씨와 관련된 표현을 말할 수 있습니다.
* 부사 才와 비교문 比를 학습합니다.

오늘의 단어

시원쌤으로 오늘의 단어를 듣고 연습해 보세요.

제시된 단어를 여러 번 따라 읽으며 자신의 것으로 만들어 보세요.

 24-1

才 cái	度 dù
뷔 겨우, 고작	양 도[온도나 밀도를 세는 단위]
比 bǐ	刚好 gānghǎo
개 ~보다, ~에 비해	뷔 때마침, 알맞게
暖宝宝 nuǎnbǎobao	给 gěi
명 핫팩	동 주다
暖和 nuǎnhuo	
형 따뜻하다	

오늘의 단어 확인

1 빈칸에 알맞은 한자, 한어병음, 뜻을 써 보세요.

단어	한어병음	뜻
才	①	부 겨우, 고작
②	dù	양 도[온도나 밀도를 세는 단위]
比	③	개 ~보다, ~에 비해
刚好	gānghǎo	④
暖宝宝	nuǎnbǎobao	⑤
⑥	gěi	동 주다

2 우리말에 해당하는 한자를 써 보세요.

① 겨우, 고작　　　　　② ~보다, ~에 비해

③ 때마침, 알맞게　　　④ 핫팩

⑤ 주다　　　　　　　⑥ 따뜻하다

 **오늘의 회화**

오늘의 회화를 학습합니다.

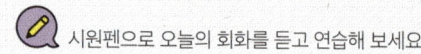 시원펜으로 오늘의 회화를 듣고 연습해 보세요.

🔊 24-2

김미나

好冷啊！今天才三度！
Hǎo lěng a! Jīntiān cái sān dù!
엄청 춥다! 오늘 겨우 3도래!

양웨이

对，今天比昨天更冷。
Duì, jīntiān bǐ zuótiān gèng lěng.
맞아. 오늘이 어제보다 더 추워.

김미나

我刚好有两个暖宝宝，给你一个。
Wǒ gānghǎo yǒu liǎng ge nuǎnbǎobao, gěi nǐ yí ge.
나 때마침 핫팩 두 개 있는데, 하나 너 줄게.

양웨이

谢谢你！好暖和啊！
Xièxie nǐ! Hǎo nuǎnhuo a!
고마워! 엄청 따뜻하다!

 오늘의 회화 확인

1 녹음을 잘 듣고 그림과 일치하면 O, 일치하지 않으면 X표 하세요.　　　 24-3

① 　　②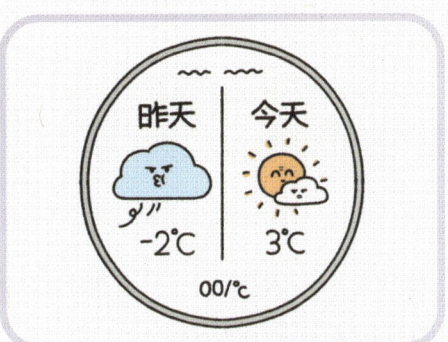

2 앞에 제시된 회화문을 읽고 문장의 옳고 그름을 판단하세요.

① 今天才三度！　　　　　　　　　　　　　O　X

② 今天比昨天更热。　　　　　　　　　　　O　X

3 우리말을 보고 빈칸을 채운 뒤 완성된 문장을 읽어 보세요.

① 我 _____ 有两个暖宝宝，_____ 你一个。

나 때마침 핫팩 두 개 있는데, 하나 너 줄게.

② 谢谢你！这个暖宝宝好 _____ 啊！

고마워! 이 핫팩 엄청 따뜻하다!

오늘의 표현

1 부사 才

今天**才**三度!
Jīntiān cái sān dù!
오늘 겨우 3도래!

부사 '才'는 '겨우, 고작'이라는 뜻으로 예상보다 수량이 적거나 시간이 짧음을 나타낼 때 쓰입니다.

你**才**二十岁呀?　　너 겨우 스무살이니?
Nǐ cái èrshí suì ya?

* 呀 ya ㊗ 억양을 부드럽게 해주는 역할

我来中国**才**一年。　나 중국에 온 지 겨우 1년 됐어.
Wǒ lái Zhōngguó cái yì nián.

* 年 nián 명 년, 해

2 비교문 比

今天**比**昨天更冷。
Jīntiān bǐ zuótiān gèng lěng.
오늘이 어제보다 더 추워.

비교문 '比'는 '~보다, ~에 비해'라는 뜻으로 'A+比+B+형용사' 형식으로 쓰여 사람이나 사물의 비교를 나타냅니다. 비교의 정도를 나타낼 때는 형용사 앞에 '更'이나 '还'를 쓸 수 있으며, 정도부사 '很'이나 '非常' 등은 쓸 수 없습니다.

我比妹妹~~很~~高。　➡　我**比**妹妹**更**高。　　나는 여동생보다 더 (키가) 커.
　　　　　　　　　　　Wǒ bǐ mèimei gèng gāo.

* 高 gāo 형 (키가) 크다, 높다

高铁票比飞机票~~非常~~贵。　➡　高铁票**比**飞机票**还**贵。　고속철도 표는 비행기표보다도 더 비싸.
　　　　　　　　　　　　　　　Gāotiě piào bǐ fēijī piào hái guì.

* 高铁 gāotiě 명 고속철도 | 票 piào 명 표 | 飞机 fēijī 명 비행기

 '更'과 '还'는 모두 '더, 더욱'이라는 뜻이지만, '更'은 비슷한 수준을 비교할 때 쓰고, '还'는 비교하는 두 대상 중 한 대상의 정도가 훨씬 더 높은 경지에 있을 때 씁니다.

 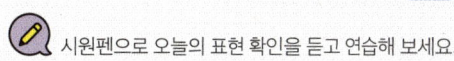

표현 연습

现在**才**十点!
Xiànzài cái shí diǎn!

지금 겨우 10시야!

这本书**才**十块钱吗?
Zhè běn shū cái shí kuài qián ma?

이 책이 겨우 10위안이라고?

他**才**小学一年级。
Tā cái xiǎoxué yī niánjí.

그는 겨우 초등학교 1학년이야.

* 小学 xiǎoxué ⑲ 초등학교 | 年级 niánjí ⑲ 학년

 숫자 '一'가 순서, 년도, 월, 일을 나타낼 때는 본래의 성조인 제1성으로 발음합니다.
⑩ 第一 dì-yī 첫 번째 | 二零一一年 èr líng yī yī nián 2011년 | 一月 yī yuè 1월 | 一号 yī hào 1일

표현 연습

他**比**我大一岁。
Tā bǐ wǒ dà yí suì.

그는 나보다 한 살 많아.

她**比**以前**更**漂亮了。
Tā bǐ yǐqián gèng piàoliang le.

그녀는 예전보다 더 예뻐졌어.

* 以前 yǐqián ⑲ 예전, 이전

他的汉语水平**比**我**还**好。
Tā de Hànyǔ shuǐpíng bǐ wǒ hái hǎo.

그의 중국어 실력은 나보다도 더 좋아.

* 水平 shuǐpíng ⑲ 실력, 수준

녹음 대본 및 정답

 실례지만, 두 분 어떤 음식을 주문하시겠어요?

오늘의 단어 확인

1 ❶ 位   ❷ lái   ❸ ⑧ 넣다
   ❹ ⑨ 고추   ❺ 别   ❻ píng

2 ❶ 鱼香肉丝   ❷ 放   ❸ 一点儿
   ❹ 还   ❺ 要   ❻ 别

오늘의 회화 확인

녹음 대본

1 ❶ 男 : 你点什么？ 너는 무엇을 주문하니?
     女 : 我点芝士汉堡。 나는 치즈버거를 주문해.

  ❷ 男 : 还要别的吗？ 더 필요한 것 있으세요?
     女 : 再来一份鱼香肉丝。 위샹러우쓰도 한 접시 주세요.

1 ❶ O   ❷ X
2 ❶ O   ❷ X
3 ❶ 来, 放   ❷ 还要

DAY 20 나 오늘 아침에 감기약 먹었어.

오늘의 단어 확인

1 ❶ 脸色   ❷ chà   ❸ ⑨ 편안하다
   ❹ 还   ❺ yīnggāi   ❻ ⑨ 아침

2 ❶ 舒服   ❷ 发烧   ❸ 应该
   ❹ 医院   ❺ 没事(儿)   ❻ 了

오늘의 회화 확인

녹음 대본

1 ❶ 女: 你脸色很差，哪儿不舒服吗？ 너 안색이 좋지 않은데, 어디 아프니?
　　男: 我头疼，还有(一)点儿发烧。 나 머리 아프고, 열도 조금 나.

　❷ 女: 你吃药了吗？ 너 약 먹었니?
　　男: 我今天早上吃了感冒药。 나 오늘 아침에 감기약 먹었어.

1 ❶ X　　　❷ O
2 ❶ O　　　❷ X
3 ❶ 头疼, 发烧　❷ 应该

DAY 21 너는 이 가게 가 본 적 있니?

오늘의 단어 확인

1 ❶ 张　　❷ zhàopiàn　　❸ 조 ~한 적 있다
　❹ 网上　❺ huǒ　　　　❻ 형 멀다

2 ❶ 照片　❷ 店　　❸ 离
　❹ 远　　❺ 就　　❻ 王府井

오늘의 회화 확인

녹음 대본

1 ❶ 男: 你去过这家店吗？ 너는 이 가게 가 본 적 있니?
　　女: 去过。这家店在网上很火。 가 본 적 있어. 이 가게는 인터넷에서 아주 핫해.

　❷ 男: 这家店离公司远吗？ 이 가게는 회사에서 머니?
　　女: 不远。 멀지 않아.

1 ❶ O　　　❷ X
2 ❶ O　　　❷ X
3 ❶ 过　　　❷ 网上, 火

DAY 22 나 요새 살쪘어.

오늘의 단어 확인

1 ❶ 胖   ❷ děi   ❸ (동) 시작하다
  ❹ 还是   ❺ bǐjiào   ❻ (형) 건강하다

2 ❶ 从   ❷ 开始   ❸ 晚饭
  ❹ 这样   ❺ 比较   ❻ 健康

오늘의 회화 확인

녹음 대본

1 ❶ 女: 我最近胖了，我得减肥。 나 요새 살쪘어. 다이어트해야겠어.
    男: 我觉得你不胖啊。   내 생각에 너 살찌지 않았어.

  ❷ 女: 从今天开始，我不吃晚饭了。 오늘부터 나 저녁밥 안 먹을 거야.
    男: 你还是多运动吧。   너 운동을 많이 하는 게 나아.

1 ❶ O   ❷ X
2 ❶ O   ❷ X
3 ❶ 胖, 得   ❷ 从, 开始

DAY 23 나는 영화관 입구에서 기다리고 있어.

오늘의 단어 확인

1 ❶ 喂   ❷ kuài   ❸ (부) 이미, 벌써
  ❹ 着   ❺ fēnzhōng   ❻ (형) 느리다

2 ❶ 快   ❷ 已经   ❸ 电影院
  ❹ 门口   ❺ 分钟   ❻ 慢

오늘의 회화 확인

녹음 대본

1 ❶ 男: 你在哪儿等着呢?　　　　너 어디에서 기다리고 있니?
　　女: 我在电影院门口等着呢。　나는 영화관 입구에서 기다리고 있어.

　❷ 男: 不好意思, 我马上到。　　미안해. 나 곧 도착해.
　　女: 没事(儿), 你慢慢来, 我等你。괜찮아. 천천히 와. 기다릴게.

1 ❶ X　　　　　❷ O
2 ❶ X　　　　　❷ O
3 ❶ 喂, 快　　　❷ 慢慢

DAY 24 오늘이 어제보다 더 추워.

오늘의 단어 확인

1 ❶ cái　　　　　❷ 度　　　　　❸ bǐ
　❹ ㈜ 때마침, 알맞게　❺ ㈜ 핫팩　❻ 给

2 ❶ 才　　　　　❷ 比　　　　　❸ 刚好
　❹ 暖宝宝　　　❺ 给　　　　　❻ 暖和

오늘의 회화 확인

녹음 대본

1 ❶ 男: 今天好冷啊!　오늘 엄청 춥다!
　　女: 我刚好有两个暖宝宝, 给你一个。나 때마침 핫팩 두 개 있는데, 하나 너 줄게.

　❷ 男: 今天才三度!　오늘 겨우 3도래!
　　女: 对, 今天比昨天更冷。맞아. 오늘이 어제보다 더 추워.

1 ❶ O　　　　　❷ X
2 ❶ O　　　　　❷ X
3 ❶ 刚好, 给　　❷ 暖和

진짜학습지

중국어
진짜학습지

기초편 워크북 1

중국어 진짜학습지 기초편 워크북 **1**

개정 1쇄 발행 2023년 7월 14일
개정 2쇄 발행 2024년 2월 15일

지은이 시원스쿨어학연구소
펴낸곳 (주)에스제이더블유인터내셔널
펴낸이 양홍걸 이시원

홈페이지 daily.siwonschool.com
주소 서울시 영등포구 영신로 166 시원스쿨
교재 구입 문의 02)2014-8151
고객센터 02)6409-0878

ISBN 979-11-6150-729-3 13720
Number 1-410201-16161807-06

이 책은 저작권법에 따라 보호받는 저작물이므로 무단복제와 무단전재를 금합니다. 이 책 내용의 전부 또는 일부를 이용하려면 반드시 저작권자와 ㈜에스제이더블유인터내셔널의 서면 동의를 받아야 합니다.

학습 구성

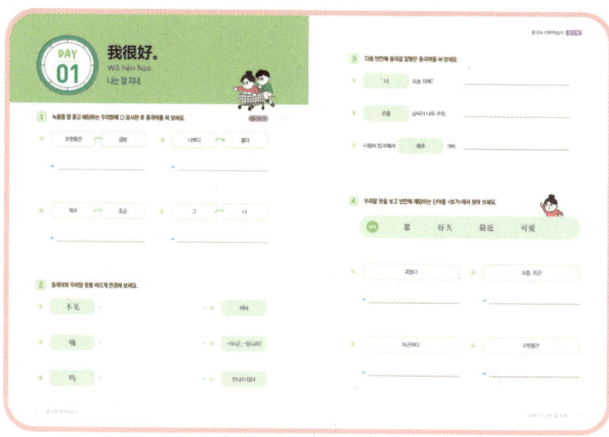
 학습한 단어들을 제대로 숙지했는지 문제를 직접 풀어보며 자신의 실력을 점검해 봅니다.

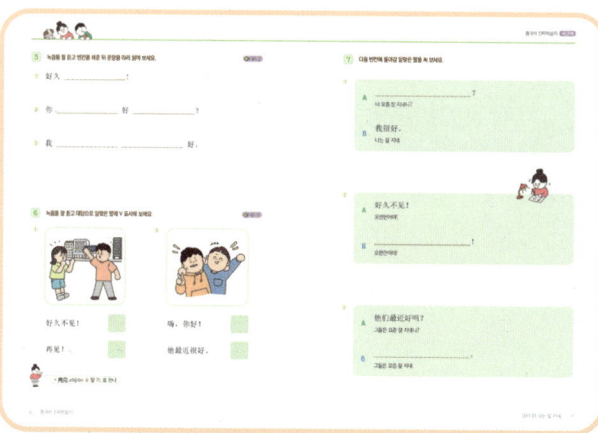
 학습한 주요 내용을 떠올리며 문장을 직접 만들어 보고, 배운 내용을 얼마나 기억하고 있는지 확인해 봅니다.

 문장 어순 배열 문제, 잘못된 문장 올바르게 고치기 등 다양한 형태의 문제를 풀어보며, 배운 내용을 완벽하게 복습합니다.

학습 플랜

🚩 주 3일 학습 플랜

★ 본서, 워크북 1일 1과 학습 구성(본서와 워크북을 하루에 함께 학습합니다.)

날짜			내용		학습 계획일	
1주	1일	본서	DAY 01	我很好。 나는 잘 지내.	월	일
		워크북				
	2일	본서	DAY 02	你喝咖啡吗? 너 커피 마실래?	월	일
		워크북				
	3일	본서	DAY 03	我叫王兰。 나는 왕란이라고 해.	월	일
		워크북				
2주	4일	본서	DAY 04	你有微信吗? 너 위챗 있니?	월	일
		워크북				
	5일	본서	DAY 05	你去哪儿? 너 어디 가니?	월	일
		워크북				
	6일	본서	DAY 06	有我的快递吗? 제 택배 있나요?	월	일
		워크북				

🚩 주 6일 학습 플랜

★ 본서, 워크북 2일 1과 학습 구성(본서를 먼저 공부하고 그 다음날 워크북으로 복습합니다.)

날짜			내용		학습 계획일	
1주	1일	본서	DAY 01	我很好。 나는 잘 지내.	월	일
	2일	워크북				
	3일	본서	DAY 02	你喝咖啡吗? 너 커피 마실래?	월	일
	4일	워크북				
	5일	본서	DAY 03	我叫王兰。 나는 왕란이라고 해.	월	일
	6일	워크북				
2주	7일	본서	DAY 04	你有微信吗? 너 위챗 있니?	월	일
	8일	워크북				
	9일	본서	DAY 05	你去哪儿? 너 어디 가니?	월	일
	10일	워크북				
	11일	본서	DAY 06	有我的快递吗? 제 택배 있나요?	월	일
	12일	워크북				

학습 목차

DAY 01 — 我很好。 나는 잘 지내. / Wǒ hěn hǎo. — 06

DAY 02 — 你喝咖啡吗？ 너 커피 마실래? / Nǐ hē kāfēi ma? — 12

DAY 03 — 我叫王兰。 나는 왕란이라고 해. / Wǒ jiào Wáng Lán. — 18

DAY 04 — 你有微信吗？ 너 위챗 있니? / Nǐ yǒu wēixìn ma? — 24

DAY 05 — 你去哪儿？ 너 어디 가니? / Nǐ qù nǎr? — 30

DAY 06 — 有我的快递吗？ 제 택배 있나요? / Yǒu wǒ de kuàidì ma? — 36

녹음 대본 및 정답 — 42

DAY 01

我很好。
Wǒ hěn hǎo.

나는 잘 지내.

1 녹음을 잘 듣고 해당하는 우리말에 ○ 표시한 후 중국어를 써 보세요. 🔊 01-1

① 오랫동안 — 금방

➡ _____

② 나쁘다 — 좋다

➡ _____

③ 매우 — 조금

➡ _____

④ 그 — 나

➡ _____

2 중국어와 우리말 뜻을 바르게 연결해 보세요.

① 不见 •   • ⓐ 어이

② 嗨   •   • ⓑ ~이니?, ~입니까?

③ 吗   •   • ⓒ 만나지 않다

3 다음 빈칸에 들어갈 알맞은 중국어를 써 보세요.

① 너　오늘 뭐해?　_____

② 요즘　날씨가 너무 추워.　_____

③ 시험에 합격해서　매우　기뻐.　_____

4 우리말 뜻을 보고 빈칸에 해당하는 단어를 <보기>에서 찾아 쓰세요.

| 보기 | 累 | 好久 | 最近 | 可爱 |

① 귀엽다
➡ _____

② 요즘, 최근
➡ _____

③ 피곤하다
➡ _____

④ 오랫동안
➡ _____

5 녹음을 잘 듣고 빈칸을 채운 뒤 문장을 따라 읽어 보세요.　　🔊 01-2

① 好久 _____！

② 你 _____ 好 _____？

③ 我 _____ _____ 好。

6 녹음을 잘 듣고 대답으로 알맞은 말에 V 표시해 보세요.　　🔊 01-3

①

②

好久不见！　　　嗨，你好！　

再见！　　　他最近很好。　

＊ 再见 zàijiàn 동 잘 가, 또 만나

7 다음 빈칸에 들어갈 알맞은 말을 써 보세요.

①
A _____?
너 요즘 잘 지내니?

B 我很好。
나는 잘 지내.

②
A 好久不见!
오랜만이야!

B _____!
오랜만이야!

③
A 他们最近好吗?
그들은 요즘 잘 지내니?

B _____。
그들은 요즘 잘 지내.

8 다음 단어를 올바르게 배열하여 문장을 만들어 보세요.

① 나는 기뻐.
高兴 / 我 / 很

➡ _____ 。

② 그는 잘 생겼니?
吗 / 帅 / 他

➡ _____ ?

③ 날씨 좋다.
很 / 天气 / 好

➡ _____ 。

9 다음 빈칸에 들어갈 알맞은 단어를 <보기>에서 찾아 쓰세요.

| 보기 | 忙　　累　　漂亮 |

① 她(　　　)吗？　　　그녀는 예쁘니?

② 我最近很(　　　)。　　나는 요즘 피곤해.

③ 他今天很(　　　)。　　그는 오늘 바빠.

＊ 今天 jīntiān 명 오늘

중국어 진짜학습지 **워크북**

10 다음 문장을 제시어에 맞는 문장으로 바꿔 보세요.

① 天气好吗? 날씨 좋니?

긍정 ➡ _____ 。

② 他最近很累。 그는 요즘 피곤해.

의문 ➡ _____ ?

③ 她很可爱。 그녀는 귀여워.

의문 ➡ _____ ?

④ 她漂亮吗? 그녀는 예쁘니?

긍정 ➡ _____ 。

⑤ 杨伟很帅。 양웨이는 잘생겼어.

의문 ➡ _____ ?

DAY 01 나는 잘 지내. 11

你喝咖啡吗?
Nǐ hē kāfēi ma?
너 커피 마실래?

1 녹음을 잘 듣고 해당하는 우리말에 ○ 표시한 후 중국어를 써 보세요. 🔊 02-1

① 밀크티 — 녹차
→ _____

② 어디, 어느 — 무엇, 무슨
→ _____

③ 그러면, 그렇다면 — 그러나, 하지만
→ _____

④ 먹다 — 마시다
→ _____

2 중국어와 우리말 뜻을 바르게 연결해 보세요.

① 不 •　　　　　　　　• ⓐ 그러면, 그렇다면

② 那 •　　　　　　　　• ⓑ 커피

③ 咖啡 •　　　　　　　• ⓒ (~이) 아니다, ~하지 않다

3 다음 빈칸에 들어갈 알맞은 중국어를 써 보세요.

① 동생은 　밀크티　 를 좋아해.　_____

② 　무슨　 일 있어?　_____

③ 나는 매일 아침 　커피　 를 마셔.　_____

4 우리말 뜻을 보고 빈칸에 해당하는 단어를 <보기>에서 찾아 쓰세요.

보기　　牛奶　　吃　　喝　　面包

① 마시다
→ _____

② 먹다
→ _____

③ 빵, 베이커리
→ _____

④ 우유
→ _____

5 녹음을 잘 듣고 빈칸을 채운 뒤 문장을 따라 읽어 보세요.　　🔊 02-2

① 你喝 _____?

② 你喝 _____ 吗?

③ 我 _____ 喝 _____ 。

6 녹음을 잘 듣고 대답으로 알맞은 말에 V 표시해 보세요.　　🔊 02-3

①

②

我不喝牛奶。　　　我最近很忙。　

我很好。　　　　　　　　　　　　我喝咖啡。

7 다음 빈칸에 들어갈 알맞은 말을 써 보세요.

①
A 你喝什么?
너 뭐 마실래?

B _____。
나 콜라 마실래.

* 可乐 kělè 몡 콜라

②
A 你喝奶茶吗?
너 밀크티 마실래?

B _____。
나 밀크티 안 마실래.

③
A _____?
그는 커피 마시니?

B 他喝咖啡。
그는 커피 마셔.

8 다음 단어를 올바르게 배열하여 문장을 만들어 보세요.

① 너는 무엇을 보니?
什么/你/看

➡ _____?

② 그녀는 무엇을 하니?
什么/干/她

➡ _____?

③ 나는 우유 안 마실래.
牛奶/不/我/喝

➡ _____。

9 다음 빈칸에 들어갈 알맞은 단어를 <보기>에서 찾아 쓰세요.

| 보기 | 面包　　说　　衣服 |

① 他(　　　　)什么？　　그가 뭐라고 하니?

② 我吃(　　　　)。　　나는 빵을 먹어.

③ 我不买(　　　　)。　　나는 옷을 사지 않아.

16 중국어 진짜학습지

10 다음 문장을 제시어에 맞는 문장으로 바꿔 보세요.

① 他听音乐。 그는 음악을 들어.

부정 ➡ _____ 。

② 我看书。 나는 책을 봐. ＊书 shū 명 책

의문 ➡ _____ ?

③ 我买裤子。 나는 바지 살래. ＊裤子 kùzi 명 바지

부정 ➡ _____ 。

④ 我不喝果汁。 나는 과일 주스 안 마실래. ＊果汁 guǒzhī 명 과일 주스

긍정 ➡ _____ 。

⑤ 她吃早饭。 그녀는 아침밥을 먹어. ＊早饭 zǎofàn 명 아침밥

의문 ➡ _____ ?

我叫王兰。
Wǒ jiào Wáng Lán.
나는 왕란이라고 해.

1 녹음을 잘 듣고 해당하는 우리말에 ○ 표시한 후 중국어를 써 보세요. 🔊 03-1

① 사람 — 동물
➡ _____

② 한국어 — 중국어
➡ _____

③ 미안합니다 — 감사합니다
➡ _____

④ 칭찬하다 — 꾸짖다
➡ _____

2 중국어와 우리말 뜻을 바르게 연결해 보세요.

① 是 •   • ⓐ 한국

② 韩国 •   • ⓑ 사람

③ 人 •   • ⓒ ~이다

3 다음 빈칸에 들어갈 알맞은 중국어를 써 보세요.

① 그는 한국 인이야. _____

② 그녀는 중국어 를 정말 잘해. _____

③ 도와 주셔서 감사합니다 . _____

4 우리말 뜻을 보고 빈칸에 해당하는 단어를 <보기>에서 찾아 쓰세요.

| 보기 | 大学生 | 叫 | 美国 | 真 |

① 정말
→ _____

② (이름을) ~라고 하다, 부르다
→ _____

③ 대학생
→ _____

④ 미국
→ _____

5 녹음을 잘 듣고 빈칸을 채운 뒤 문장을 따라 읽어 보세요.　　🔊 03-2

① 你好！你是 _____ 吗？

② 你汉语 _____ 好！

③ 谢谢 _____ 。

6 녹음을 잘 듣고 대답으로 알맞은 말에 V 표시해 보세요.　　🔊 03-3

①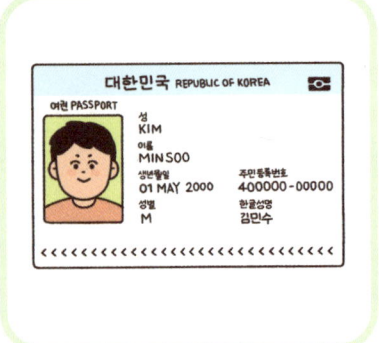

②

他是韩国人。　　　　你做什么？　

他叫姜熙民。　　　　谢谢夸奖。

7 다음 빈칸에 들어갈 알맞은 말을 써 보세요.

①
A 你好！我叫姜熙民。
안녕! 나는 강희민이라고 해.

B _____。
안녕! 나는 왕란이라고 해.

②
A 你是中国人吗？
너는 중국인이니?

B _____。
아니, 나는 한국인이야.

③
A _____！
너 중국어 정말 잘한다!

B 谢谢夸奖。
칭찬해 줘서 고마워.

8 다음 단어를 올바르게 배열하여 문장을 만들어 보세요.

① 성함이 어떻게 되세요?
姓 / 您 / 贵

➡ _____?

② 그녀는 직장인이야.
是 / 上班族 / 她

➡ _____。

③ 나는 대학생이 아니야.
大学生 / 我 / 不是

➡ _____。

9 다음 빈칸에 들어갈 알맞은 단어를 <보기>에서 찾아 쓰세요.

| 보기 | 姓　　　名字　　　美国人 |

① 你叫什么(　　　)?　　　　　너는 이름은 무엇이니?

② 我(　　　)张，叫张国华。　　저는 성이 장 씨이고, 장궈화라고 해요.

③ 他不是中国人，是(　　　)。　그는 중국인이 아니라 미국인이야.

22　중국어 진짜학습지

10 다음 문장을 제시어에 맞는 문장으로 바꿔 보세요.

① 他是老师。   그는 선생님이야.   *老师 lǎoshī 명 선생님

부정 ➡ _____ 。

② 我是中国人。   나는 중국인이야.

의문 ➡ _____ ？

③ 她不是咖啡师。   그녀는 바리스타가 아니야.   *咖啡师 kāfēishī 명 바리스타

긍정 ➡ _____ 。

④ 他们是韩国人吗？   그들은 한국인이니?

긍정 ➡ _____ 。

⑤ 她英语很好。   그녀는 영어를 잘해.   *英语 Yīngyǔ 명 영어

부정 ➡ _____ 。

你有微信吗?
Nǐ yǒu wēixìn ma?
너 위챗 있니?

1 녹음을 잘 듣고 해당하는 우리말에 ○ 표시한 후 중국어를 써 보세요. 04-1

① 당연히, 물론 — 우연히
➡ _____

② 덜다, 줄이다 — 더하다, 보태다
➡ _____

③ 우리(들) — 그들
➡ _____

④ 안 된다 — 좋다, 괜찮다
➡ _____

2 중국어와 우리말 뜻을 바르게 연결해 보세요.

① 我们 •   • ⓐ 더하다, 보태다

② 加 •   • ⓑ 좋다, 괜찮다

③ 行 •   • ⓒ 우리(들)

3 다음 빈칸에 들어갈 알맞은 중국어를 써 보세요.

① 나 　위챗　 가입했어.　_____

② 목표는 　당연히　 우승이죠!　_____

③ 나 오늘 시간 　있어　.　_____

4 우리말 뜻을 보고 빈칸에 해당하는 단어를 <보기>에서 찾아 쓰세요.

보기　　吧　　休息　　扫　　一下

① (QR 코드를) 찍다, 스캔하다
➡ _____

② 좀 ~하다, 한번 ~해 보다
➡ _____

③ ~하자, ~해요[제안을 나타냄]
➡ _____

④ 쉬다, 휴식하다
➡ _____

5 녹음을 잘 듣고 빈칸을 채운 뒤 문장을 따라 읽어 보세요. 🔊 04-2

① 你 _____ 微信吗？

② 我们 _____ _____ 微信吧。

③ 我 _____ 你吧。

6 녹음을 잘 듣고 대답으로 알맞은 말에 V 표시해 보세요. 🔊 04-3

①

②

我没有微信。

他不是美国人。

我喝奶茶。

我扫你吧。

7 다음 빈칸에 들어갈 알맞은 말을 써 보세요.

①
A 你有微信吗?
너 위챗 있니?

B _____。
당연히 있지.

②
A _____?
너 보조배터리 있니?

B 没有。
없어.

* 充电宝 chōngdiànbǎo 명 보조배터리

③
A _____。
우리 위챗 좀 추가하자.

B 行，我扫你吧。
좋아, 내가 추가(스캔)할게.

8 다음 단어를 올바르게 배열하여 문장을 만들어 보세요.

① 너는 약속이 있니?
约 / 你 / 吗 / 有

➡ _____ ?

② 우리 좀 쉬자.
我们 / 一下 / 休息

➡ _____ 。

③ 너 커피 좀 마셔 봐.
尝 / 咖啡 / 吧 / 你 / 一下

➡ _____ 。

9 다음 빈칸에 들어갈 알맞은 단어를 <보기>에서 찾아 쓰세요.

| 보기 | 介绍　　快　　充电器 |

① 我(　　　　)一下。　　　　내가 소개 좀 할게.

② 我现在没有(　　　　)。　　나는 지금 충전기가 없어.

③ 你(　　　　)看一下。　　　너 빨리 좀 봐 봐.

10 다음 문장을 제시어에 맞는 문장으로 바꿔 보세요.

① 我今天有约。 나는 오늘 약속이 있어.

부정 ➡ _____ 。

② 我有笔记本。 나는 노트북이 있어.

의문 ➡ _____ ?

③ 他没有时间。 그는 시간이 없어.

긍정 ➡ _____ 。

④ 她有微信。 그녀는 위챗이 있어.

부정 ➡ _____ 。

⑤ 我有妹妹。 나는 여동생이 있어.   * 妹妹 mèimei 명 여동생

의문 ➡ _____ ?

DAY 05

你去哪儿?
Nǐ qù nǎr?
너 어디 가니?

1 녹음을 잘 듣고 해당하는 우리말에 ○ 표시한 후 중국어를 써 보세요. 🔊 05-1

① 학교 / 회사
→ _____

② 외곽 / 근처, 부근
→ _____

③ ~에 있다 / ~에 없다
→ _____

④ 가다 / 오다
→ _____

2 중국어와 우리말 뜻을 바르게 연결해 보세요.

① 中心 •   • ⓐ 은행

② 哪儿 •   • ⓑ 중심, 센터

③ 银行 •   • ⓒ 어디

30　중국어 진짜학습지

3 다음 빈칸에 들어갈 알맞은 중국어를 써 보세요.

① 지금 [어디] 가니? _____

② 회사 [근처] 에 좋은 카페가 있어. _____

③ 오후에 [은행] 좀 갔다 오려고 해. _____

4 우리말 뜻을 보고 빈칸에 해당하는 단어를 <보기>에서 찾아 쓰세요.

| 보기 | 中心　　书店　　住　　市 |

① 시, 도시
→ _____

② 살다
→ _____

③ 중심, 센터
→ _____

④ 서점
→ _____

5 녹음을 잘 듣고 빈칸을 채운 뒤 문장을 따라 읽어 보세요. 🔊 05-2

① 你去 _____?

② 我去中国 _____。

③ 学校 _____ 有中国 _____ 吗?

6 녹음을 잘 듣고 대답으로 알맞은 말에 V 표시해 보세요. 🔊 05-3

①

我喝奶茶。

我去学校。

②

在市中心。

他不在。

7 다음 빈칸에 들어갈 알맞은 말을 써 보세요.

①
A 她去哪儿?
그녀는 어디 가니?

B _____。
그녀는 은행에 가.

②
A 附近有咖啡厅吗?
근처에 커피숍 있니?

B _____。
근처에 커피숍 없어.

* 咖啡厅 kāfēitīng 명 커피숍

③
A _____?
학교는 어디에 있니?

B 学校在市中心。
학교는 시내에 있어.

8 다음 단어를 올바르게 배열하여 문장을 만들어 보세요.

① 아빠는 회사에 계셔.
   在/爸爸/公司

   ➡ _____ 。

② 형(오빠)은 서점에 가.
   去/书店/哥哥

   ➡ _____ 。

③ 너는 어디에 사니?
   哪儿/住/你

   ➡ _____ ?

9 다음 빈칸에 들어갈 알맞은 단어를 <보기>에서 찾아 쓰세요.

| 보기 | 坐　　不在　　市场 |

① 妈妈在(　　　　)。　　엄마는 시장에 계셔.

② 她(　　　　)公园。　　그녀는 공원에 없어.

③ 你(　　　　)哪儿?　　너는 어디에 앉아 있니?

10 다음 문장을 제시어에 맞는 문장으로 바꿔 보세요.

① 我去补习班。 나는 학원에 가.　　＊ 补习班 bǔxíbān 명 학원

부정 ➡ _____。

② 爸爸在北京。 아빠는 베이징에 계셔.　　＊ 北京 Běijīng 고유 베이징[중국의 수도]

의문 ➡ _____?

③ 她不在学校。 그녀는 학교에 없어.

긍정 ➡ _____。

④ 他们在公司。 그들은 회사에 있어.

부정 ➡ _____。

⑤ 他去图书馆。 그는 도서관에 가.　　＊ 图书馆 túshūguǎn 명 도서관

의문 ➡ _____?

DAY 06

有我的快递吗?
Yǒu wǒ de kuàidì ma?
제 택배 있나요?

1 녹음을 잘 듣고 해당하는 우리말에 ○ 표시한 후 중국어를 써 보세요. 🔊 06-1

① 택배 — 편지
→ _____

② 저기, 저곳 — 여기, 이곳
→ _____

③ 2, 둘 — 0, 영
→ _____

④ ~의 — ~이다
→ _____

2 중국어와 우리말 뜻을 바르게 연결해 보세요.

① 五 •　　　　　• ⓐ 이, 이것

② 呢 •　　　　　• ⓑ 5, 다섯

③ 这 •　　　　　• ⓒ 강조를 나타냄

3 다음 빈칸에 들어갈 알맞은 중국어를 써 보세요.

① 여기 자리 있어. _____

② 택배 가 아직 안 도착했어. _____

③ 나는 여덟 시에 출근해. _____

4 우리말 뜻을 보고 빈칸에 해당하는 단어를 <보기>에서 찾아 쓰세요.

보기   零   电脑   卡   手机

① 컴퓨터
➡ _____

② 카드
➡ _____

③ 휴대 전화
➡ _____

④ 0, 영
➡ _____

5 녹음을 잘 듣고 빈칸을 채운 뒤 문장을 따라 읽어 보세요. 🔊 06-2

① 有你的 _____ 。

② 你叫什么 _____ ？

③ 他 _____ 四零二。

6 녹음을 잘 듣고 대답으로 알맞은 말에 V 표시해 보세요. 🔊 06-3

①

②

没有你的快递。 　　　我去银行。

爸爸在公司。 　　　我住三零二。

7 다음 빈칸에 들어갈 알맞은 말을 써 보세요.

① A 这是什么?
   이것은 무엇이니?

   B _____。
   이것은 내 택배야.

② A 他住五零八吗?
   그는 508호에 사니?

   B _____。
   아니. 그는 805호에 살아.

③ A _____?
   내 열쇠는 어디 있니?

   B 在这儿呢。
   여기 있어.

* 钥匙 yàoshi 명 열쇠

8 다음 단어를 올바르게 배열하여 문장을 만들어 보세요.

① 이것은 내 지갑이야.
我 / 钱包 / 的 / 是 / 这

➡ _____ 。

② 이것은 형(오빠)의 차야.
哥哥 / 是 / 这 / 车 / 的

➡ _____ 。

③ 그것은 그녀의 립스틱이 아니야.
不是 / 口红 / 的 / 她 / 那

➡ _____ 。

9 다음 빈칸에 들어갈 알맞은 단어를 <보기>에서 찾아 쓰세요.

| 보기 | 这儿   电脑   卡 |

① 那是爸爸的(　　　　)。   그것은 아빠의 컴퓨터야.

② 我有妈妈的(　　　　)。   나는 엄마의 카드를 가지고 있어.

③ 她的衣服在(　　　　)。   그녀의 옷은 여기 있어.

10 다음 문장을 제시어에 맞는 문장으로 바꿔 보세요.

① 那是妈妈的手机。　그것은 엄마의 휴대 전화야.

부정 ➡ _____ 。

② 这是我的书包。　이것은 내 책가방이야.

의문 ➡ _____ ？

③ 这儿有你的快递。　여기 네 택배가 있어.

부정 ➡ _____ 。

④ 那是我的保温杯。　그것은 나의 텀블러야.　*保温杯 bǎowēnbēi 명 텀블러

의문 ➡ _____ ？

⑤ 这不是我的笔记本。　이것은 내 노트북이 아니야.

긍정 ➡ _____ 。

녹음 대본 및 정답

DAY 01 나는 잘 지내.

녹음 대본

1 ❶ 好久　❷ 好　❸ 很　❹ 我

1 ❶ 오랫동안/好久　❷ 좋다/好　❸ 매우/很　❹ 나/我
2 ❶ ⓒ　❷ ⓐ　❸ ⓑ
3 ❶ 你　❷ 最近　❸ 很
4 ❶ 可爱　❷ 最近　❸ 累　❹ 好久

녹음 대본

5 ❶ 好久不见!
　❷ 你最近好吗?
　❸ 我最近很好。

6 ❶ 好久不见!
　❷ 他最近好吗?

5 ❶ 不见　❷ 最近, 吗　❸ 最近, 很
6 ❶ 好久不见!　❷ 他最近很好。
7 ❶ 你最近好吗?　❷ 好久不见!　❸ 他们最近很好。
8 ❶ 我很高兴。　❷ 他帅吗?　❸ 天气很好。
9 ❶ 漂亮　❷ 累　❸ 忙
10 ❶ 天气很好。
　❷ 他最近累吗?
　❸ 她可爱吗?
　❹ 她很漂亮。
　❺ 杨伟帅吗?

DAY 02 너 커피 마실래?

녹음 대본

1 ❶ 奶茶　❷ 什么　❸ 那　❹ 喝

1 ❶ 밀크티/奶茶　❷ 무엇, 무슨/什么　❸ 그러면, 그렇다면/那　❹ 마시다/喝
2 ❶ ⓒ　❷ ⓐ　❸ ⓑ
3 ❶ 奶茶　❷ 什么　❸ 咖啡
4 ❶ 喝　❷ 吃　❸ 面包　❹ 牛奶

녹음 대본

5 ❶ 你喝什么？
　❷ 你喝奶茶吗？
　❸ 我不喝咖啡。

6 ❶ 你喝牛奶吗？
　❷ 你喝什么？

5 ❶ 什么　❷ 奶茶　❸ 不，咖啡
6 ❶ 我不喝牛奶。　❷ 我喝咖啡。
7 ❶ 我喝可乐。　❷ 我不喝奶茶。　❸ 他喝咖啡吗？
8 ❶ 你看什么？　❷ 她干什么？　❸ 我不喝牛奶。
9 ❶ 说　❷ 面包　❸ 衣服
10 ❶ 他不听音乐。
　❷ 你看书吗？
　❸ 我不买裤子。
　❹ 我喝果汁。
　❺ 她吃早饭吗？

DAY 03 나는 왕란이라고 해.

녹음 대본

1 ❶ 人　❷ 汉语　❸ 谢谢　❹ 夸奖

1 ❶ 사람/人　❷ 중국어/汉语　❸ 감사합니다/谢谢　❹ 칭찬하다/夸奖
2 ❶ ⓒ　❷ ⓐ　❸ ⓑ
3 ❶ 韩国　❷ 汉语　❸ 谢谢
4 ❶ 真　❷ 叫　❸ 大学生　❹ 美国

녹음 대본

5 ❶ 你好！你是韩国人吗？
　❷ 你汉语真好！
　❸ 谢谢夸奖。

6 ❶ 他是韩国人吗？
　❷ 你汉语真好！

5 ❶ 韩国人　❷ 真　❸ 夸奖
6 ❶ 他是韩国人。　❷ 谢谢夸奖。
7 ❶ 你好！我叫王兰。　❷ 不是，我是韩国人。　❸ 你汉语真好！
8 ❶ 您贵姓？　❷ 她是上班族。　❸ 我不是大学生。
9 ❶ 名字　❷ 姓　❸ 美国人
10 ❶ 他不是老师。
　❷ 你是中国人吗？
　❸ 她是咖啡师。
　❹ 他们是韩国人。
　❺ 她英语不好。

DAY 04 너 위챗 있니?

녹음 대본

1 ❶ 当然　❷ 加　❸ 我们　❹ 行

1 ❶ 당연히, 물론/当然　❷ 더하다, 보태다/加　❸ 우리(들)/我们　❹ 좋다, 괜찮다/行
2 ❶ ⓒ　❷ ⓐ　❸ ⓑ
3 ❶ 微信　❷ 当然　❸ 有
4 ❶ 扫　❷ 一下　❸ 吧　❹ 休息

녹음 대본

5 ❶ 你有微信吗？
　❷ 我们加一下微信吧。
　❸ 我扫你吧。

6 ❶ 你有微信吗？
　❷ 你扫我吗？

5 ❶ 有　❷ 加，一下　❸ 扫
6 ❶ 我没有微信。　❷ 我扫你吧。
7 ❶ 当然有。　❷ 你有充电宝吗？　❸ 我们加一下微信吧。
8 ❶ 你有约吗？　❷ 我们休息一下。　❸ 你尝一下咖啡吧。
9 ❶ 介绍　❷ 充电器　❸ 快
10 ❶ 我今天没有约。
　 ❷ 你有笔记本吗？
　 ❸ 他有时间。
　 ❹ 她没有微信。
　 ❺ 你有妹妹吗？

DAY 05 너 어디 가니?

녹음 대본

1　❶ 学校　　❷ 附近　　❸ 在　　❹ 去

1　❶ 학교/学校　　❷ 근처, 부근/附近　　❸ ~에 있다/在　　❹ 가다/去
2　❶ ⓑ　　❷ ⓒ　　❸ ⓐ
3　❶ 哪儿　　❷ 附近　　❸ 银行
4　❶ 市　　❷ 住　　❸ 中心　　❹ 书店

녹음 대본

5　❶ 你去哪儿？
　　❷ 我去中国银行。
　　❸ 学校附近有中国银行吗？

6　❶ 你去哪儿？
　　❷ 中国银行在哪儿？

5　❶ 哪儿　　❷ 银行　　❸ 附近，银行
6　❶ 我去学校。　　❷ 在市中心。
7　❶ 她去银行。　　❷ 附近没有咖啡厅。　　❸ 学校在哪儿？
8　❶ 爸爸在公司。　　❷ 哥哥去书店。　　❸ 你住哪儿？
9　❶ 市场　　❷ 不在　　❸ 坐
10　❶ 我不去补习班。
　　❷ 爸爸在北京吗？
　　❸ 她在学校。
　　❹ 他们不在公司。
　　❺ 他去图书馆吗？

DAY 06 제 택배 있나요?

녹음 대본

1 ❶ 快递　❷ 这儿　❸ 零　❹ 的

1 ❶ 택배/快递　❷ 여기, 이곳/这儿　❸ 0, 영/零　❹ ~의/的
2 ❶ ⓑ　❷ ⓒ　❸ ⓐ
3 ❶ 这儿　❷ 快递　❸ 八
4 ❶ 电脑　❷ 卡　❸ 手机　❹ 零

녹음 대본

5 ❶ 有你的快递。
　❷ 你叫什么名字？
　❸ 他住四零二。

6 ❶ 有我的快递吗？
　❷ 你住哪儿？

5 ❶ 快递　❷ 名字　❸ 住
6 ❶ 没有你的快递。　❷ 我住三零二。
7 ❶ 这是我的快递。　❷ 不是，他住八零五。　❸ 我的钥匙在哪儿？
8 ❶ 这是我的钱包。　❷ 这是哥哥的车。　❸ 那不是她的口红。
9 ❶ 电脑　❷ 卡　❸ 这儿
10 ❶ 那不是妈妈的手机。
　❷ 这是你的书包吗？
　❸ 这儿没有你的快递。
　❹ 那是你的保温杯吗？
　❺ 这是我的笔记本。

진짜학습지

중국어
진짜학습지

기초편 워크북 2

중국어 진짜학습지 기초편 워크북 **2**

개정 1쇄 발행 2023년 7월 14일
개정 2쇄 발행 2024년 2월 15일

지은이 시원스쿨어학연구소
펴낸곳 (주)에스제이더블유인터내셔널
펴낸이 양홍걸 이시원

홈페이지 daily.siwonschool.com
주소 서울시 영등포구 영신로 166 시원스쿨
교재 구입 문의 02)2014-8151
고객센터 02)6409-0878

ISBN 979-11-6150-729-3 13720
Number 1-410201-16161807-06

이 책은 저작권법에 따라 보호받는 저작물이므로 무단복제와 무단전재를 금합니다. 이 책 내용의 전부 또는 일부를 이용하려면 반드시 저작권자와 ㈜에스제이더블유인터내셔널의 서면 동의를 받아야 합니다.

학습 구성

 학습한 단어들을 제대로 숙지했는지 문제를 직접 풀어보며 자신의 실력을 점검해 봅니다.

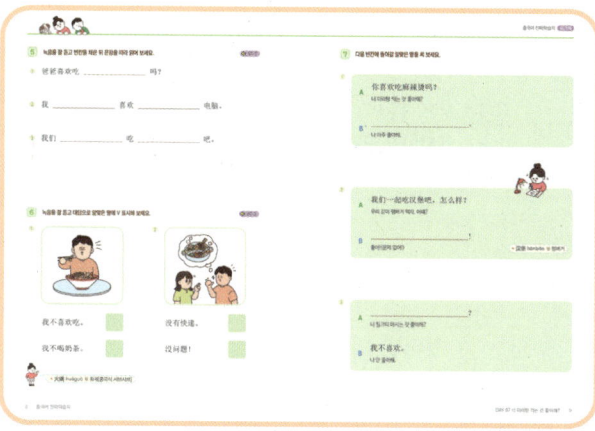

 학습한 주요 내용을 떠올리며 문장을 직접 만들어 보고, 배운 내용을 얼마나 기억하고 있는지 확인해 봅니다.

 문장 어순 배열 문제, 잘못된 문장 올바르게 고치기 등 다양한 형태의 문제를 풀어보며, 배운 내용을 완벽하게 복습합니다.

학습 플랜

🚩 주 3일 학습 플랜

★ 본서, 워크북 1일 1과 학습 구성(본서와 워크북을 하루에 함께 학습합니다.)

날짜			내용		학습 계획일	
1주	1일	본서	DAY 07	你喜欢吃麻辣烫吗? 너 마라탕 먹는 것 좋아해?	월	일
		워크북				
	2일	본서	DAY 08	你是不是独生女? 너는 외동딸이니, 아니니?	월	일
		워크북				
	3일	본서	DAY 09	你觉得怎么样? 네 생각은 어때?	월	일
		워크북				
2주	4일	본서	DAY 10	坐地铁还是坐公交车? 지하철 탈까, 아니면 버스 탈까?	월	일
		워크북				
	5일	본서	DAY 11	八月八号是小张的生日。 8월 8일은 샤오장의 생일이야.	월	일
		워크북				
	6일	본서	DAY 12	您要怎么洗? 어떻게 세탁하실 건가요?	월	일
		워크북				

🚩 주 6일 학습 플랜

★ 본서, 워크북 2일 1과 학습 구성(본서를 먼저 공부하고 그 다음날 워크북으로 복습합니다.)

날짜			내용		학습 계획일	
1주	1일	본서	DAY 07	你喜欢吃麻辣烫吗? 너 마라탕 먹는 것 좋아해?	월	일
	2일	워크북				
	3일	본서	DAY 08	你是不是独生女? 너는 외동딸이니, 아니니?	월	일
	4일	워크북				
	5일	본서	DAY 09	你觉得怎么样? 네 생각은 어때?	월	일
	6일	워크북				
2주	7일	본서	DAY 10	坐地铁还是坐公交车? 지하철 탈까, 아니면 버스 탈까?	월	일
	8일	워크북				
	9일	본서	DAY 11	八月八号是小张的生日。 8월 8일은 샤오장의 생일이야.	월	일
	10일	워크북				
	11일	본서	DAY 12	您要怎么洗? 어떻게 세탁하실 건가요?	월	일
	12일	워크북				

학습 목차

DAY 07 你喜欢吃麻辣烫吗？ 너 마라탕 먹는 것 좋아해?
Nǐ xǐhuan chī málàtàng ma? — 06

DAY 08 你是不是独生女？ 너는 외동딸이니, 아니니?
Nǐ shì bu shì dúshēngnǚ? — 12

DAY 09 你觉得怎么样？ 네 생각은 어때?
Nǐ juéde zěnmeyàng? — 18

DAY 10 坐地铁还是坐公交车？ 지하철 탈까, 아니면 버스 탈까?
Zuò dìtiě háishi zuò gōngjiāochē? — 24

DAY 11 八月八号是小张的生日。 8월 8일은 샤오장의 생일이야.
Bā yuè bā hào shì Xiǎo Zhāng de shēngrì. — 30

DAY 12 您要怎么洗？ 어떻게 세탁하실 건가요?
Nín yào zěnme xǐ? — 36

☑ 녹음 대본 및 정답 ························ 42

DAY 07

你喜欢吃麻辣烫吗?
Nǐ xǐhuan chī málàtàng ma?
너 마라탕 먹는 것 좋아해?

1 녹음을 잘 듣고 해당하는 우리말에 ○ 표시한 후 중국어를 써 보세요.   🔊 07-1

① 아주, 특히 — 조금, 약간

→ _____

② 오늘 — 내일

→ _____

③ 어떠하다 — 어디

→ _____

④ 혼자 — 같이, 함께

→ _____

2 중국어와 우리말 뜻을 바르게 연결해 보세요.

① 麻辣烫 •   • ⓐ 아주, 특히

② 特别 •   • ⓑ 문제

③ 问题 •   • ⓒ 마라탕[음식명]

6 중국어 진짜학습지

3 다음 빈칸에 들어갈 알맞은 중국어를 써 보세요.

① 나는 양꼬치를 [좋아해] . _____

② 전혀 [문제] 없어. _____

③ 나 [내일] 해외여행 가. _____

4 우리말 뜻을 보고 빈칸에 해당하는 단어를 <보기>에서 찾아 쓰세요.

| 보기 | 网速　　写　　喜欢　　味道 |

① [맛]
→ _____

② [인터넷 속도]
→ _____

③ [(글씨를) 쓰다]
→ _____

④ [좋아하다]
→ _____

5 녹음을 잘 듣고 빈칸을 채운 뒤 문장을 따라 읽어 보세요.　　🔊 07-2

① 爸爸喜欢吃 _____ 吗？

② 我 _____ 喜欢 _____ 电脑。

③ 我们 _____ 吃 _____ 吧。

6 녹음을 잘 듣고 대답으로 알맞은 말에 V 표시해 보세요.　　🔊 07-3

①

我不喜欢吃。

我不喝奶茶。

②

没有快递。

没问题！

＊ 火锅 huǒguō 명 훠궈[중국식 샤브샤브]

7 다음 빈칸에 들어갈 알맞은 말을 써 보세요.

①
A 你喜欢吃麻辣烫吗?
너 마라탕 먹는 것 좋아해?

B _____。
나 아주 좋아해.

②
A 我们一起吃汉堡吧，怎么样?
우리 같이 햄버거 먹자. 어때?

B _____!
좋아!(문제 없어!)

* 汉堡 hànbǎo 명 햄버거

③
A _____?
너 밀크티 마시는 것 좋아해?

B 我不喜欢。
나 안 좋아해.

8 다음 단어를 올바르게 배열하여 문장을 만들어 보세요.

① 오늘 날씨는 어때?
天气/怎么样/今天

➡ _____ ?

② 나는 음악 듣는 것을 좋아해.
听/喜欢/我/音乐

➡ _____ 。

③ 우리 같이 영화 보자. 어때?
怎么样/一起/电影/我们/看/吧

➡ _____ ?

9 다음 빈칸에 들어갈 알맞은 단어를 <보기>에서 찾아 쓰세요.

| 보기 | 网速 | 秋天 | 日记 |

① (   )怎么样？   인터넷 속도는 어때?

② 我每天写(   )。   나는 매일 일기를 써.

③ 我女朋友喜欢(   )。   내 여자 친구는 가을을 좋아해.

＊每天 měi tiān 매일 ｜ 女朋友 nǚ péngyou 여자 친구

10 다음 제시된 문장을 올바르게 고쳐 보세요.

① 我夏天不喜欢。　나는 여름을 좋아하지 않아.　＊夏天 xiàtiān 몡 여름

➡ _____ 。

② 我们逛街一起，怎么样？　우리 같이 쇼핑하는 것 어때?　＊逛街 guàngjiē 동 쇼핑하다

➡ _____ ?

③ 麻辣烫怎么样味道？　마라탕 맛이 어때?

➡ _____ ?

④ 哥哥喜欢电脑玩。　형(오빠)은 컴퓨터 하는 것을 좋아해.

➡ _____ 。

⑤ 我喜欢特别吃火锅。　나는 훠궈 먹는 것을 아주 좋아해.

➡ _____ 。

DAY 08 你是不是独生女?

Nǐ shì bu shì dúshēngnǚ?

너는 외동딸이니, 아니니?

1 녹음을 잘 듣고 해당하는 우리말에 ○ 표시한 후 중국어를 써 보세요. 🔊 08-1

① 누나, 언니 — 형, 오빠
➡ _____

② 올해 — 내년
➡ _____

③ 살, 세 — 명, 개
➡ _____

④ 크다, (수량이) 많다 — 작다, (수량이) 적다
➡ _____

2 중국어와 우리말 뜻을 바르게 연결해 보세요.

① 多 • • ⓐ 외동딸

② 独生女 • • ⓑ 누나, 언니

③ 姐姐 • • ⓒ 얼마나

3 다음 빈칸에 들어갈 알맞은 중국어를 써 보세요.

① 올해 겨울은 너무 추워. _____

② 내 남자 친구는 서른세 살 이야. _____

③ 너 외동딸 이었어? _____

4 우리말 뜻을 보고 빈칸에 해당하는 단어를 <보기>에서 찾아 쓰세요.

보기　　年纪　　冷　　个　　学生

① 명, 개
➡ _____

② 학생
➡ _____

③ 연세, 나이
➡ _____

④ 춥다
➡ _____

5 녹음을 잘 듣고 빈칸을 채운 뒤 문장을 따라 읽어 보세요.　　　　🔊 08-2

① 我不是 ＿＿＿＿＿＿＿＿。

② 我有 ＿＿＿＿＿＿＿＿ 姐姐。

③ 她 ＿＿＿＿＿＿＿＿ 二十 ＿＿＿＿＿＿＿＿。

6 녹음을 잘 듣고 대답으로 알맞은 말에 V 표시해 보세요.　　　　🔊 08-3

① 　　　②

没有，他是独生子。 ☐　　　今天天气很好。 ☐

不是，他是爸爸。 ☐　　　我今年十九岁。 ☐

 ＊ 独生子 dúshēngzǐ 명 외아들, 외동아들

7 다음 빈칸에 들어갈 알맞은 말을 써 보세요.

①
A 你今年多大？
너는 올해 나이가 어떻게 되니?

B _____。
나는 올해 서른다섯 살이야.

②
A 他是不是老大？
그는 첫째니, 아니니?

B _____。
아니, 그는 막내야.

* 老大 lǎo dà 첫째 | 老小 lǎo xiǎo 막내

③
A _____？
너는 누나(언니)가 있니?

B 我没有姐姐，有一个妹妹。
나는 누나(언니)는 없고, 여동생이 한 명 있어.

* 妹妹 mèimei 명 여동생

8 다음 단어를 올바르게 배열하여 문장을 만들어 보세요.

① 너는 시간 있니, 없니?

有 / 时间 / 你 / 没有

➡ _____ ?

② 아빠는 올해 예순일곱 살이셔.

六十七 / 爸爸 / 今年 / 岁

➡ _____ 。

③ 당신은 올해 연세가 어떻게 되시나요?

今年 / 大 / 年纪 / 多 / 您

➡ _____ ?

9 다음 빈칸에 들어갈 알맞은 단어를 <보기>에서 찾아 쓰세요.

| 보기 | 香菜   学生   几 |

① 你吃不吃（　　　）?　　　너는 고수 먹니, 안 먹니?

② 你今年（　　　）岁?　　　너는 올해 몇 살이니?

③ 你弟弟是不是（　　　）?　　네 남동생은 학생이니, 아니니?

＊ 弟弟 dìdi 명 남동생

10 다음 제시된 문장을 올바르게 고쳐 보세요.

① 你是不是大学生吗?   너는 대학생이니, 아니니?

➡ _____ ?

② 哥哥二十八岁今年。   형(오빠)은 올해 스물여덟 살이야.

➡ _____ 。

③ 明天天气热没热?   내일 날씨 덥니, 안 덥니?   * **热** rè 형 덥다

➡ _____ ?

④ 你爸爸年纪多大?   너희 아버지는 연세가 어떻게 되시니?

➡ _____ ?

⑤ 姐姐去市中心不去?   누나(언니)는 시내에 가니, 안 가니?

➡ _____ ?

你觉得怎么样?
Nǐ juéde zěnmeyàng?
네 생각은 어때?

1 녹음을 잘 듣고 해당하는 우리말에 ○ 표시한 후 중국어를 써 보세요.   🔊 09-1

① 치킨, 닭튀김 / 피자
→ _____

② 돈을 내다 / 한턱내다
→ _____

③ 의견 / 방법
→ _____

④ 배부르다 / 배고프다
→ _____

2 중국어와 우리말 뜻을 바르게 연결해 보세요.

① 外卖 •   • ⓐ 주문하다

② 想 •   • ⓑ ~하고 싶다

③ 点 •   • ⓒ 배달 음식

3 다음 빈칸에 들어갈 알맞은 중국어를 써 보세요.

① 와, 떡볶이 [엄청] 맵다. _____

② 우리 [배달 음식] 시켜 먹자. _____

③ 지금 [치킨] 이 너무 먹고 싶어. _____

4 우리말 뜻을 보고 빈칸에 해당하는 단어를 <보기>에서 찾아 쓰세요.

보기   难   饮料   觉得   原味儿

① [프라이드, 오리지널 맛]
➡ _____

② [음료(수)]
➡ _____

③ [어렵다]
➡ _____

④ [~라고 생각하다, ~라고 느끼다]
➡ _____

5 녹음을 잘 듣고 빈칸을 채운 뒤 문장을 따라 읽어 보세요.　　　　09-2

① 我们点 _____ 吧。

② 我没 _____！你点吧。

③ 我想吃 _____。

6 녹음을 잘 듣고 대답으로 알맞은 말에 V 표시해 보세요.　　　　09-3

① 　②

你扫我吧。　　　我不想吃炸鸡。　

你请我吧。　　　　　　我喜欢喝奶茶。

7 다음 빈칸에 들어갈 알맞은 말을 써 보세요.

①
A 我好饿，我们点外卖吧。
나 엄청 배고파. 우리 배달시키자.

B _____！
나는 콜! 네가 한턱내!

＊ 请客 qǐngkè 동 한턱내다

②
A _____。你呢？
나는 라면 먹고 싶어. 너는?

B 我不想吃面食。
나는 밀가루 음식 먹고 싶지 않아.

＊ 方便面 fāngbiànmiàn 명 라면 | 呢 ne 조 ～는(요)? | 面食 miànshí 명 밀가루 음식

③
A _____？
너는 이 옷이 어떻다고 생각하니?

B 我觉得衣服的颜色很漂亮。
나는 옷 컬러가 예쁘다고 생각해.

＊ 颜色 yánsè 명 색, 색깔

DAY 09 네 생각은 어때?

8 다음 단어를 올바르게 배열하여 문장을 만들어 보세요.

① 나는 음료수 마시고 싶어.
喝 / 想 / 我 / 饮料

➜ _____ 。

② 나는 그녀가 예쁘다고 생각해.
她 / 漂亮 / 很 / 我 / 觉得

➜ _____ 。

③ 너는 이 영화가 재미있다고 생각하니?
电影 / 你 / 这个 / 觉得 / 有意思 / 吗

➜ _____ ?

＊ 有意思 yǒu yìsi 재미있다

9 다음 빈칸에 들어갈 알맞은 단어를 <보기>에서 찾아 쓰세요.

| 보기 | 英语　　难　　热情 |

① 我不想学(　　　)。　　나는 영어 공부를 하고 싶지 않아.

② 我觉得她很(　　　)。　　나는 그녀가 친절하다고 생각해.

③ 我不觉得汉语很(　　　)。 나는 중국어가 어렵다고 생각하지 않아.

＊ 学 xué 동 공부하다, 배우다

10 다음 제시된 문장을 올바르게 고쳐 보세요.

① 她英语觉得很难。   그녀는 영어가 어렵다고 생각해.

➡ _____。

② 你吃原味儿的炸鸡想吗?   너는 프라이드 치킨이 먹고 싶니?

➡ _____?

③ 我很觉得他们配。   나는 그들이 잘 어울린다고 생각해.

➡ _____。

④ 我想不买衣服。   나는 옷을 사고 싶지 않아.

➡ _____。

⑤ 你觉得她好性格吗?   너는 그가 성격이 좋다고 생각하니?   * 性格 xìnggé 명 성격

➡ _____?

DAY 10

坐地铁还是坐公交车?
Zuò dìtiě háishi zuò gōngjiāochē?
지하철 탈까, 아니면 버스 탈까?

1 녹음을 잘 듣고 해당하는 우리말에 ○ 표시한 후 중국어를 써 보세요. 🔊 10-1

① 아니면, 또는 / 그리고, 또한

➡ _____

② 비행기 / 지하철

➡ _____

③ 만나다 / 헤어지다

➡ _____

④ 별로, 그다지 / 더, 더욱

➡ _____

2 중국어와 우리말 뜻을 바르게 연결해 보세요.

① 太 •   • ⓐ 편리하다

② 方便 •   • ⓑ 많다

③ 多 •   • ⓒ 너무

3 다음 빈칸에 들어갈 알맞은 중국어를 써 보세요.

① 나는 매일 [버스] 타고 출퇴근해. _____

② 우리 [쇼핑몰] 앞에서 만날까? _____

③ 이번 주 [토요일] 에 뭐해? _____

4 우리말 뜻을 보고 빈칸에 해당하는 단어를 <보기>에서 찾아 쓰세요.

| 보기 | 裙子 | 方便 | 星期 | 地铁 |

① [지하철]
➡ _____

② [요일, 주]
➡ _____

③ [치마]
➡ _____

④ [편리하다]
➡ _____

5 녹음을 잘 듣고 빈칸을 채운 뒤 문장을 따라 읽어 보세요.　🔊 10-2

① 坐地铁 ＿＿＿＿＿＿＿＿ 坐公交车？

② 我们去 ＿＿＿＿＿＿＿＿ 吧。

③ ＿＿＿＿＿＿＿＿ 车太多，坐地铁更 ＿＿＿＿＿＿＿＿。

6 녹음을 잘 듣고 대답으로 알맞은 말에 V 표시해 보세요.　🔊 10-3

① 　②

我坐公交车方便。 　　　那明天见。

他不在公司。 　　　明天是星期一。

7 다음 빈칸에 들어갈 알맞은 말을 써 보세요.

①
A 你今天不开车吗？
너 오늘 운전 안 하니?

B _____。
나 운전 안 해. 토요일은 차가 너무 많아.

* 开车 kāichē 동 운전하다

②
A _____。
내일 우리 쇼핑몰에 가자.

B 好，那明天见。
좋아, 그럼 내일 만나.

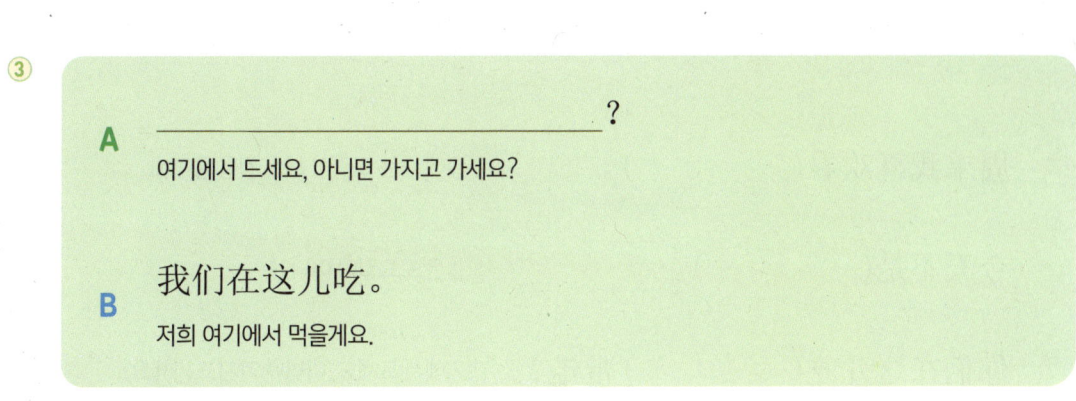

③
A _____？
여기에서 드세요, 아니면 가지고 가세요?

B 我们在这儿吃。
저희 여기에서 먹을게요.

8 다음 단어를 올바르게 배열하여 문장을 만들어 보세요.

① 내일은 일요일이야.
是 / 明天 / 星期天

➡ _____。

② 오늘은 화요일이니, 아니면 수요일이니?
星期三 / 是 / 还是 / 星期二 / 今天

➡ _____？

③ 너 햄버거 먹을래, 아니면 피자 먹을래?
你 / 吃比萨 / 还是 / 吃汉堡

➡ _____？

9 다음 빈칸에 들어갈 알맞은 단어를 <보기>에서 찾아 쓰세요.

> 보기   星期六   电视剧   还是

① 周末我喜欢看(　　　　)。   주말에 나는 드라마 보는 것을 좋아해.

② 今天不是(　　　　)。   오늘은 토요일이 아니야.

③ 你们在这儿吃(　　　　)带走？   여기에서 드세요, 아니면 가지고 가세요?

* 周末 zhōumò 명 주말

10 다음 제시된 문장을 올바르게 고쳐 보세요.

① 昨天是不星期五。　　어제는 금요일이 아니야.

➡ _____ 。

② 你冰的喝还是热的喝？　　너 차가운 것 마실래, 아니면 따뜻한 것 마실래?

＊ 冰 bīng 형 차다, 차갑다

➡ _____ 。

③ 明天是星期七。　　내일은 일요일이야.

➡ _____ 。

④ 你裤子买还是裙子买？　　너 바지 살래, 아니면 치마 살래?

➡ _____ ？

⑤ 坐公交车更很方便。　　버스 타는 게 더 편해.

➡ _____ 。

DAY 11

八月八号是小张的生日。
Bā yuè bā hào shì Xiǎo Zhāng de shēngrì.
8월 8일은 샤오장의 생일이야.

1 녹음을 잘 듣고 해당하는 우리말에 ○ 표시한 후 중국어를 써 보세요. 🔊 11-1

① 월, 달 ─ 요일, 주
➡ _____

② 틀리다, 아니다 ─ 맞다, 옳다
➡ _____

③ 휴일 ─ 생일
➡ _____

④ ~하려고 하다, ~할 것이다 ─ ~하고 있다
➡ _____

2 중국어와 우리말 뜻을 바르게 연결해 보세요.

① 送 ・　　　　　・ ⓐ 다음, 나중

② 号 ・　　　　　・ ⓑ 일[날짜를 가리킴]

③ 下 ・　　　　　・ ⓒ 선물하다, 주다

3 다음 빈칸에 들어갈 알맞은 중국어를 써 보세요.

① 생일 축하해.　_____

② 나 다음 달 에 결혼해.　_____

③ 남자 친구가 준 선물 정말 마음에 들어. _____

4 우리말 뜻을 보고 빈칸에 해당하는 단어를 <보기>에서 찾아 쓰세요.

| 보기 | 啊　　请假　　健身房　　换 |

① 바꾸다
→ _____

② 감탄이나 긍정의 어기를 나타냄
→ _____

③ 헬스장
→ _____

④ 휴가를 신청하다
→ _____

5 녹음을 잘 듣고 빈칸을 채운 뒤 문장을 따라 읽어 보세요.   🔊 11-2

① 明天是他的 _____。

② 我要 _____ 他礼物。

③ 我们 _____ 一起去买吧。

6 녹음을 잘 듣고 대답으로 알맞은 말에 V 표시해 보세요.   🔊 11-3

①

②

不，是下个星期。   那我们叫外卖吧！

明天是星期四。    那我们去商场买吧！

7 다음 빈칸에 들어갈 알맞은 말을 써 보세요.

①
A 我们一起去旅行怎么样?
우리 같이 여행가는 것 어때?

B _____!
좋아, 그럼 우리 다음 주에 같이 가자!

＊ 旅行 lǚxíng 동 여행하다

②
A 你要送他礼物吗?
너는 그에게 선물을 주려고 하니?

B _____?
맞아, 너 같이 할래?

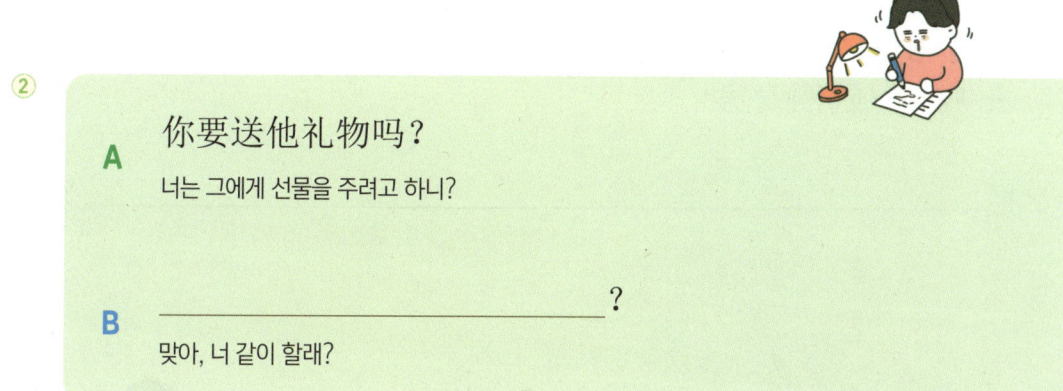

③
A 你的生日是几月几号?
네 생일은 몇 월 며칠이니?

B _____。
내 생일은 9월 3일이야.

8 다음 단어를 올바르게 배열하여 문장을 만들어 보세요.

① 나는 휴가를 신청하려고 해.
请假 / 要 / 我

➡ _____。

② 2월 14일은 밸런타인데이야.
二月 / 是 / 十四号 / 情人节

➡ _____。

③ 너는 헬스장에 가려고 하니?
去 / 吗 / 要 / 你 / 健身房

➡ _____?

9 다음 빈칸에 들어갈 알맞은 단어를 <보기>에서 찾아 쓰세요.

| 보기 | 换　　不想　　生日 |

① 下个星期是我的(　　　　)。　　다음 주는 내 생일이야.

② 你要(　　　　)手机吗?　　너는 휴대 전화를 바꾸려고 하니?

③ 我今天太累，(　　　　)运动。　　나 오늘 너무 피곤해서 운동하고 싶지 않아.

10 다음 제시된 문장을 올바르게 고쳐 보세요.

① 你要电脑换吗?   너는 컴퓨터를 바꾸려고 하니?

➡ _____ ?

② 我送她要礼物。   나는 그녀에게 선물을 주려고 해.

➡ _____ 。

③ 我见朋友要去。   나는 친구를 만나러 가려고 해.   * 朋友 péngyou 명 친구

➡ _____ 。

④ 我不想健身房去。   나는 헬스장에 가고 싶지 않아.

➡ _____ 。

⑤ 十二月二十五号圣诞节。   12월 25일은 크리스마스야.

➡ _____ 。

DAY 12

您要怎么洗?
Nín yào zěnme xǐ?
어떻게 세탁하실 건가요?

1 녹음을 잘 듣고 해당하는 우리말에 O 표시한 후 중국어를 써 보세요. 🔊 12-1

① 내일 / 모레
→ _____

② 드라이클리닝하다 / 물빨래하다
→ _____

③ 안 된다 / ~하려고 하다
→ _____

④ 어떻게 / 언제
→ _____

2 중국어와 우리말 뜻을 바르게 연결해 보세요.

① 洗 • • ⓐ 모레

② 取 • • ⓑ 씻다, 세탁하다

③ 后天 • • ⓒ 찾다

3 다음 빈칸에 들어갈 알맞은 중국어를 써 보세요.

① 지하철역까지 　어떻게　 가나요? _____

② 나 　모레　 휴가 낼 거야. _____

③ 어제 원피스 한 　벌　 샀어. _____

4 우리말 뜻을 보고 빈칸에 해당하는 단어를 <보기>에서 찾아 쓰세요.

| 보기 | 拍照　　取　　可以　　见面 |

① 만나다
➡ _____

② 찾다
➡ _____

③ 사진을 찍다, 촬영하다
➡ _____

④ ~할 수 있다, ~해도 된다
➡ _____

5 녹음을 잘 듣고 빈칸을 채운 뒤 문장을 따라 읽어 보세요. 🔊 12-2

① 您要 _____ 洗？

② 我想 _____ 这件衣服。

③ _____ 我可以 _____ 衣服吗？

6 녹음을 잘 듣고 대답으로 알맞은 말에 V 표시해 보세요. 🔊 12-3

①    ②

干洗吧。   明天和朋友去咖啡厅。

我坐地铁。    明天来取吧。

7 다음 빈칸에 들어갈 알맞은 말을 써 보세요.

①
A 你去哪儿?
너 어디 가니?

B _____。
나 옷 찾으러 가.

②
A 这件衬衫您要怎么洗?
이 셔츠는 어떻게 세탁하실 건가요?

B _____。
드라이클리닝으로요.

* 衬衫 chènshān 명 셔츠, 와이셔츠

③
A _____?
너 나 좀 도와줄 수 있니?

B 当然可以。
당연히 가능하지.

* 帮 bāng 동 돕다

8 다음 단어를 올바르게 배열하여 문장을 만들어 보세요.

① 은행은 어떻게 가니?
去 / 银行 / 怎么

➡ _____ ?

② 너는 중국어 공부를 어떻게 하니?
学习 / 你 / 怎么 / 汉语

➡ _____ ?

③ 여기에서 사진 찍으면 안 돼요.
拍照 / 这儿 / 可以 / 不

➡ _____ 。

9 다음 빈칸에 들어갈 알맞은 단어를 <보기>에서 찾아 쓰세요.

> 보기   支付宝   读   停车

① 商场可以用(　　　　)。   쇼핑몰에서 알리페이를 쓸 수 있어요.

② 这里不可以(　　　　)。   이곳에 주차하면 안 돼요.

③ 这个字怎么(　　　　)?   이 글자는 어떻게 읽니?

10 다음 제시된 문장을 올바르게 고쳐 보세요.

① 今天见可以面。　오늘 만날 수 있어.

➡ _____。

② 怎么故宫去？　구궁은 어떻게 가니?　＊ 故宫 Gù Gōng [고유] 구궁, 고궁[명·청 시대의 궁궐]

➡ _____？

③ 这儿不可以小狗带。　이곳에 강아지를 데려오면 안 돼요.　＊ 小狗 xiǎo gǒu 강아지

➡ _____。

④ 这儿拍照可以吗？　여기에서 사진 찍을 수 있나요?

➡ _____？

⑤ 这个什么用？　이것은 어떻게 사용하니?

➡ _____？

녹음 대본 및 정답

 DAY 07 너 마라탕 먹는 것 좋아해?

녹음 대본

1 ❶ 特别　❷ 明天　❸ 怎么样　❹ 一起

1 ❶ 아주, 특히/特别　❷ 내일/明天　❸ 어떠하다/怎么样　❹ 같이, 함께/一起
2 ❶ ⓒ　❷ ⓐ　❸ ⓑ
3 ❶ 喜欢　❷ 问题　❸ 明天
4 ❶ 味道　❷ 网速　❸ 写　❹ 喜欢

녹음 대본

5 ❶ 爸爸喜欢吃麻辣烫吗？
　❷ 我特别喜欢玩电脑。
　❸ 我们一起吃麻辣烫吧。

6 ❶ 你喜欢吃麻辣烫吗？
　❷ 我们明天一起吃火锅吧，怎么样？

5 ❶ 麻辣烫　❷ 特别, 玩　❸ 一起, 麻辣烫
6 ❶ 我不喜欢吃。　❷ 没问题！
7 ❶ 我特别喜欢。　❷ 没问题！　❸ 你喜欢喝奶茶吗？
8 ❶ 今天天气怎么样？　❷ 我喜欢听音乐。　❸ 我们一起看电影吧，怎么样？
9 ❶ 网速　❷ 日记　❸ 秋天
10 ❶ 我不喜欢夏天。
　❷ 我们一起逛街，怎么样？
　❸ 麻辣烫味道怎么样？
　❹ 哥哥喜欢玩电脑。
　❺ 我特别喜欢吃火锅。

DAY 08 너는 외동딸이니, 아니니?

녹음 대본

1 ❶ 姐姐　❷ 今年　❸ 岁　❹ 大

1 ❶ 누나, 언니/姐姐　❷ 올해/今年　❸ 살, 세/岁　❹ 크다, (수량이) 많다/大
2 ❶ ⓒ　❷ ⓐ　❸ ⓑ
3 ❶ 今年　❷ 岁　❸ 独生女
4 ❶ 个　❷ 学生　❸ 年纪　❹ 冷

녹음 대본

5 ❶ 我不是独生女。
　❷ 我有一个姐姐。
　❸ 她今年二十岁。

6 ❶ 他有姐姐吗?
　❷ 你今年多大?

5 ❶ 独生女　❷ 一个　❸ 今年，岁
6 ❶ 没有，他是独生子。　❷ 我今年十九岁。
7 ❶ 我今年三十五岁。　❷ 不是，他是老小。　❸ 你有姐姐吗?
8 ❶ 你有没有时间?　❷ 爸爸今年六十七岁。　❸ 您今年多大年纪?
9 ❶ 香菜　❷ 几　❸ 学生
10 ❶ 你是不是大学生?
　❷ 哥哥今年二十八岁。
　❸ 明天天气热不热?
　❹ 你爸爸多大年纪?
　❺ 姐姐去不去市中心?

DAY 09 네 생각은 어때?

녹음 대본

1 ① 炸鸡　② 请　③ 意见　④ 饿

1 ① 치킨, 닭튀김/炸鸡　② 한턱내다/请　③ 의견/意见　④ 배고프다/饿
2 ① ⓒ　② ⓑ　③ ⓐ
3 ① 好　② 外卖　③ 炸鸡
4 ① 原味儿　② 饮料　③ 难　④ 觉得

녹음 대본

5 ① 我们点外卖吧。
　② 我没意见！你点吧。
　③ 我想吃炸鸡。

6 ① 今天一起吃饭吧。
　② 我们吃炸鸡，你觉得怎么样？

5 ① 外卖　② 意见　③ 炸鸡
6 ① 你请我吧。　② 我不想吃炸鸡。
7 ① 我没意见！你请客！
　② 我想吃方便面。
　③ 你觉得这件衣服怎么样？
8 ① 我想喝饮料。　② 我觉得她很漂亮。　③ 你觉得这个电影有意思吗？
9 ① 英语　② 热情　③ 难
10 ① 她觉得英语很难。
　② 你想吃原味儿的炸鸡吗？
　③ 我觉得他们很配。
　④ 我不想买衣服。
　⑤ 你觉得她性格好吗？

DAY 10 지하철 탈까, 아니면 버스 탈까?

녹음 대본

1　❶ 还是　　❷ 地铁　　❸ 见　　❹ 更

1　❶ 아니면, 또는/还是　❷ 지하철/地铁　❸ 만나다/见　❹ 더, 더욱/更
2　❶ ⓒ　　　　　　　❷ ⓐ　　　　　❸ ⓑ
3　❶ 公交车　　　　　❷ 商场　　　　❸ 星期六
4　❶ 地铁　　　　　　❷ 星期　　　　❸ 裙子　　　❹ 方便

녹음 대본

5　❶ 坐地铁还是坐公交车？
　❷ 我们去商场吧。
　❸ 星期六车太多，坐地铁更方便。

6　❶ 坐地铁还是坐公交车？
　❷ 明天是星期几？

5　❶ 还是　　　　　　❷ 商场　　　　❸ 星期六，方便
6　❶ 我坐公交车方便。　❷ 明天是星期一。
7　❶ 我不开车，星期六车太多。
　❷ 明天我们去商场吧。　❸ 你们在这儿吃还是带走？
8　❶ 明天是星期天。
　❷ 今天是星期二还是星期三？
　❸ 你吃汉堡还是吃比萨？
9　❶ 电视剧　　　　　❷ 星期六　　　❸ 还是
10　❶ 昨天不是星期五。
　❷ 你喝冰的还是喝热的？
　❸ 明天是星期天(星期日)。
　❹ 你买裤子还是买裙子？
　❺ 坐公交车更方便。

DAY 11 8월 8일은 샤오장의 생일이야.

녹음 대본

1 ❶ 月　❷ 对　❸ 生日　❹ 要

1 ❶ 월, 달/月　❷ 맞다, 옳다/对　❸ 생일/生日　❹ ~하려고 하다, ~할 것이다/要
2 ❶ ⓒ　❷ ⓑ　❸ ⓐ
3 ❶ 生日　❷ 月　❸ 礼物
4 ❶ 换　❷ 啊　❸ 健身房　❹ 请假

녹음 대본

5 ❶ 明天是他的生日。
　❷ 我要送他礼物。
　❸ 我们下个星期一起去买吧。

6 ❶ 你生日是这个星期吗?
　❷ 我想送他生日礼物。

5 ❶ 生日　❷ 送　❸ 下个星期
6 ❶ 不，是下个星期。　❷ 那我们去商场买吧!
7 ❶ 好啊，那我们下个星期一起去吧!
　❷ 对，你要一起吗?
　❸ 我的生日是九月三号。
8 ❶ 我要请假。　❷ 二月十四号是情人节。　❸ 你要去健身房吗?
9 ❶ 生日　❷ 换　❸ 不想
10 ❶ 你要换电脑吗?
　❷ 我要送她礼物。
　❸ 我要去见朋友。
　❹ 我不想去健身房。
　❺ 十二月二十五号是圣诞节。

DAY 12 어떻게 세탁하실 건가요?

녹음 대본

1 ❶ 后天　❷ 干洗　❸ 不行　❹ 怎么

1 ❶ 모레/后天　❷ 드라이클리닝하다/干洗　❸ 안 된다/不行　❹ 어떻게/怎么
2 ❶ ⓑ　❷ ⓒ　❸ ⓐ
3 ❶ 怎么　❷ 后天　❸ 件
4 ❶ 见面　❷ 取　❸ 拍照　❹ 可以

녹음 대본

5 ❶ 您要怎么洗？
  ❷ 我想干洗这件衣服。
  ❸ 后天我可以取衣服吗？

6 ❶ 您要怎么洗？
  ❷ 明天我可以取衣服吗？

5 ❶ 怎么　❷ 干洗　❸ 后天，取
6 ❶ 干洗吧。　❷ 明天来取吧。
7 ❶ 我去取衣服。　❷ 干洗吧。　❸ 你可以帮我一下吗？
8 ❶ 银行怎么去？　❷ 你怎么学习汉语？　❸ 这儿不可以拍照。
9 ❶ 支付宝　❷ 停车　❸ 读
10 ❶ 今天可以见面。
  ❷ 故宫怎么去？
  ❸ 这儿不可以带小狗。
  ❹ 这儿可以拍照吗？
  ❺ 这个怎么用？

진짜학습지

중국어
진짜학습지

기초편 워크북
3

중국어 진짜학습지 기초편 워크북 3

개정 1쇄 발행 2023년 7월 14일
개정 2쇄 발행 2024년 2월 15일

지은이 시원스쿨어학연구소
펴낸곳 (주)에스제이더블유인터내셔널
펴낸이 양홍걸 이시원

홈페이지 daily.siwonschool.com
주소 서울시 영등포구 영신로 166 시원스쿨
교재 구입 문의 02)2014-8151
고객센터 02)6409-0878

ISBN 979-11-6150-729-3 13720
Number 1-410201-16161807-06

이 책은 저작권법에 따라 보호받는 저작물이므로 무단복제와 무단전재를 금합니다. 이 책 내용의 전부 또는 일부를 이용하려면 반드시 저작권자와 ㈜에스제이더블유인터내셔널의 서면 동의를 받아야 합니다.

학습 구성

학습한 단어들을 제대로 숙지했는지 문제를 직접 풀어보며 자신의 실력을 점검해 봅니다.

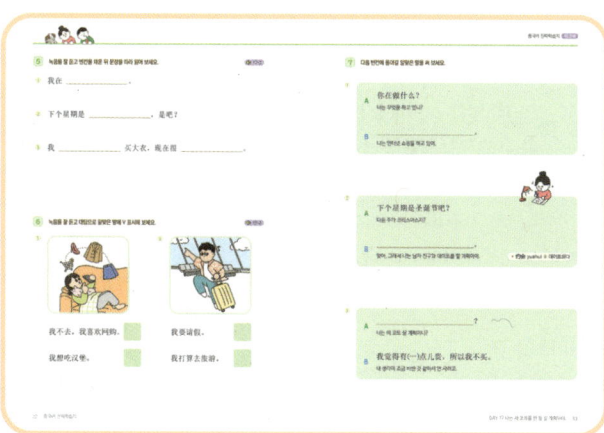

학습한 주요 내용을 떠올리며 문장을 직접 만들어 보고, 배운 내용을 얼마나 기억하고 있는지 확인해 봅니다.

문장 어순 배열 문제, 잘못된 문장 올바르게 고치기 등 다양한 형태의 문제를 풀어보며, 배운 내용을 완벽하게 복습합니다.

학습 플랜

🚩 주 3일 학습 플랜

★ 본서, 워크북 1일 1과 학습 구성(본서와 워크북을 하루에 함께 학습합니다.)

날짜			내용		학습 계획일	
1주	1일	본서	DAY 13	现在十二点. 지금은 12시야.	월	일
		워크북				
	2일	본서	DAY 14	你会做瑜伽吗? 너 요가 할 줄 아니?	월	일
		워크북				
	3일	본서	DAY 15	我们什么时候去? 우리 언제 갈까?	월	일
		워크북				
2주	4일	본서	DAY 16	一斤苹果多少钱? 사과 한 근에 얼마예요?	월	일
		워크북				
	5일	본서	DAY 17	我打算买一件新的大衣. 나는 새 코트를 한 벌 살 계획이야.	월	일
		워크북				
	6일	본서	DAY 18	那我下周再来吧. 그럼 제가 다음 주에 다시 올게요.	월	일
		워크북				

🚩 주 6일 학습 플랜

★ 본서, 워크북 2일 1과 학습 구성(본서를 먼저 공부하고 그 다음날 워크북으로 복습합니다.)

날짜			내용		학습 계획일	
1주	1일	본서	DAY 13	现在十二点. 지금은 12시야.	월	일
	2일	워크북				
	3일	본서	DAY 14	你会做瑜伽吗? 너 요가 할 줄 아니?	월	일
	4일	워크북				
	5일	본서	DAY 15	我们什么时候去? 우리 언제 갈까?	월	일
	6일	워크북				
2주	7일	본서	DAY 16	一斤苹果多少钱? 사과 한 근에 얼마예요?	월	일
	8일	워크북				
	9일	본서	DAY 17	我打算买一件新的大衣. 나는 새 코트를 한 벌 살 계획이야.	월	일
	10일	워크북				
	11일	본서	DAY 18	那我下周再来吧. 그럼 제가 다음 주에 다시 올게요.	월	일
	12일	워크북				

학습 목차

DAY 13 — 现在十二点。 지금은 12시야.
Xiànzài shí'èr diǎn. — 06

DAY 14 — 你会做瑜伽吗？ 너 요가 할 줄 아니?
Nǐ huì zuò yújiā ma? — 12

DAY 15 — 我们什么时候去？ 우리 언제 갈까?
Wǒmen shénme shíhou qù? — 18

DAY 16 — 一斤苹果多少钱？ 사과 한 근에 얼마예요?
Yì jīn píngguǒ duōshao qián? — 24

DAY 17 — 我打算买一件新的大衣。 나는 새 코트를 한 벌 살 계획이야.
Wǒ dǎsuan mǎi yí jiàn xīn de dàyī. — 30

DAY 18 — 那我下周再来吧。 그럼 제가 다음 주에 다시 올게요.
Nà wǒ xià zhōu zài lái ba. — 36

☑ **녹음 대본 및 정답** — 42

DAY 13

现在十二点。
Xiànzài shí'èr diǎn.
지금은 12시야.

1 녹음을 잘 듣고 해당하는 우리말에 ○ 표시한 후 중국어를 써 보세요. 🔊 13-1

① (시간의) 시 — (시간의) 분

➡ _____

② 음식, 요리 — 음료

➡ _____

③ 짜다 — 맵다

➡ _____

④ 밥을 먹다 — 커피를 마시다

➡ _____

2 중국어와 우리말 뜻을 바르게 연결해 보세요.

① 能 • • ⓐ ~할 수 있다

② 川菜 • • ⓑ 지금, 현재

③ 现在 • • ⓒ 쓰촨 요리

3 다음 빈칸에 들어갈 알맞은 중국어를 써 보세요.

① 몇 　시　 에 출발할 거니?　_____

② 　쓰촨 요리　 는 너무 매워.　_____

③ 요 며칠 　위　 가 쓰려요.　_____

4 우리말 뜻을 보고 빈칸에 해당하는 단어를 <보기>에서 찾아 쓰세요.

> 보기　　参加　　现在　　能　　起床

① 일어나다, 기상하다
→ _____

② 지금, 현재
→ _____

③ ~할 수 있다
→ _____

④ 참석하다, 참가하다
→ _____

5 녹음을 잘 듣고 빈칸을 채운 뒤 문장을 따라 읽어 보세요.   🔊 13-2

① 我们去 ＿＿＿＿＿＿＿ 吧！

② 我 ＿＿＿＿＿＿＿ 不好，不能吃辣的 ＿＿＿＿＿＿＿。

③ ＿＿＿＿＿＿＿ 特别辣吗？

6 녹음을 잘 듣고 대답으로 알맞은 말에 V 표시해 보세요.   🔊 13-3

①

我想休息。

我想吃比萨。

②

我十点睡觉。

我九点上班。

* **睡觉** shuìjiào 동 (잠을) 자다 | **上班** shàngbān 동 출근하다

7 다음 빈칸에 들어갈 알맞은 말을 써 보세요.

①
A 你每天几点起床？
너는 매일 몇 시에 일어나니?

B _____。
나는 8시에 일어나.

②
A _____！
우리 밥 먹으러 가자!

B 好啊！我想吃汉堡。
좋아! 나 햄버거 먹고 싶어.

③
A _____？
이 옷 할인해 줄 수 있나요?

B 这件是新品，不能打折。
이 옷은 신상품이어서 할인해 줄 수 없어요.

＊打折 dǎzhé 동 할인하다 | 新品 xīnpǐn 명 신상품, 신제품

8 다음 단어를 올바르게 배열하여 문장을 만들어 보세요.

① 지금은 3시15분이야.
三 / 一刻 / 点 / 现在

➡ _____ 。

② 그는 중국어를 가르칠 수 있니?
吗 / 他 / 能 / 汉语 / 教

➡ _____ ?

③ 이 옷 물세탁 할 수 있나요?
件 / 衣服 / 能 / 吗 / 水洗 / 这

➡ _____ ?

* 水洗 shuǐxǐ 동 물세탁하다

9 다음 빈칸에 들어갈 알맞은 단어를 <보기>에서 찾아 쓰세요.

보기   半   海鲜   理解

① 我男朋友不能吃(   )。   내 남자 친구는 해산물을 먹을 수 없어.

② 今天上午十点(   )有英语课。   오늘 오전 10시 반에 영어 수업이 있어.

③ 我不能(   )他的话。   나는 그의 말을 이해할 수 없어.

* 上午 shàngwǔ 명 오전 | 课 kè 명 수업 | 话 huà 명 말

10 다음 제시된 문장을 올바르게 고쳐 보세요.

① 今天下午二点下课。　오늘 오후 2시에 수업이 끝나.　　*下午 xiàwǔ 몡 오후

➡ _____ 。

② 我能不吃花生。　나는 땅콩을 먹을 수 없어.　　*花生 huāshēng 몡 땅콩

➡ _____ 。

③ 他睡觉晚上十一点。　그는 밤 11시에 잠을 자.　　*晚上 wǎnshang 몡 밤, 저녁

➡ _____ 。

④ 我不能辣的菜吃。　나는 매운 음식을 먹을 수 없어.

➡ _____ 。

⑤ 你今天能聚餐参加吗?　너는 오늘 회식에 참석할 수 있니?

➡ _____ ?

DAY 14

你会做瑜伽吗?
Nǐ huì zuò yújiā ma?
너 요가 할 줄 아니?

1 녹음을 잘 듣고 해당하는 우리말에 ○ 표시한 후 중국어를 써 보세요.　🔊 14-1

① 자주, 늘 / 가끔, 종종

➡ _____

② 나쁘다 / 좋다, 괜찮다

➡ _____

③ 학교 / 집

➡ _____

④ 요가 / 필라테스

➡ _____

2 중국어와 우리말 뜻을 바르게 연결해 보세요.

① 运动　•　　　　　•　ⓐ ~에서

② 在　　•　　　　　•　ⓑ 운동, 운동하다

③ 那儿　•　　　　　•　ⓒ 거기, 그곳

3 다음 빈칸에 들어갈 알맞은 중국어를 써 보세요.

① 요가 한 지 얼마나 됐니? _____

② 거기 날씨는 어때? _____

③ 요즘 자주 깜빡깜빡해. _____

4 우리말 뜻을 보고 빈칸에 해당하는 단어를 <보기>에서 찾아 쓰세요.

<보기>   会   登山   游泳   做

① 수영하다
➡ _____

② ~할 줄 알다, ~할 수 있다
➡ _____

③ 하다, 만들다
➡ _____

④ 등산하다
➡ _____

5 녹음을 잘 듣고 빈칸을 채운 뒤 문장을 따라 읽어 보세요.　🔊 14-2

① 你在哪儿做 _____？

② 公司附近有 _____ 中心。

③ 那儿很 _____。

6 녹음을 잘 듣고 대답으로 알맞은 말에 V 표시해 보세요.　🔊 14-3

那我们去吃饭吧。　　　我不想去健身房。　

那我们一起做瑜伽吧。　　　学校附近没有药店。

＊药店 yàodiàn 명 약국

7 다음 빈칸에 들어갈 알맞은 말을 써 보세요.

①
A 瑜伽有意思吗?
요가 재미있니?

B _____。
당연히 재미있지. 나는 자주 해.

②
A 便利店在哪儿?
편의점은 어디에 있니?

B _____。
집 근처에 있어.

* 便利店 biànlìdiàn 명 편의점

③
A _____?
너는 요리 할 줄 아니?

B 我会做中国菜。
나는 중국 요리 할 줄 알아.

8 다음 단어를 올바르게 배열하여 문장을 만들어 보세요.

① 여동생은 수영할 줄 몰라.
游泳 / 会 / 妹妹 / 不

➡ _____ 。

② 그는 어디에서 일하니?
哪儿 / 在 / 工作 / 他

➡ _____ ?

③ 너는 스케이트 탈 줄 아니?
会 / 吗 / 滑冰 / 你

➡ _____ ?

9 다음 빈칸에 들어갈 알맞은 단어를 <보기>에서 찾아 쓰세요.

> 보기   在   开车   家

① (_____)附近没有地铁站。   집 근처에 지하철역이 없어.

② 我(_____)超市买东西。   나는 마트에서 물건을 사.

③ 我不会(_____)。   나는 운전할 줄 몰라.

＊站 zhàn 명 역, 정거장 | 超市 chāoshì 명 마트, 슈퍼마켓 | 东西 dōngxi 명 물건

10 다음 제시된 문장을 올바르게 고쳐 보세요.

① 我星巴克在喝咖啡。   나는 스타벅스에서 커피를 마셔.

➡ _____ 。

② 你在哪儿普拉提做？   너는 어디에서 필라테스를 하니?

➡ _____ ？

③ 我在工作贸易公司。   나는 무역 회사에서 일해.

➡ _____ 。

④ 妈妈说不会汉语。   엄마는 중국어를 할 줄 모르셔.

➡ _____ 。

⑤ 我们见面在哪儿？   우리 어디에서 만날까?

➡ _____ ？

DAY 15

我们什么时候去?
Wǒmen shénme shíhou qù?
우리 언제 갈까?

1 녹음을 잘 듣고 해당하는 우리말에 O 표시한 후 중국어를 써 보세요. 🔊 15-1

① 때, 무렵 — 어디, 어느
➡ _____

② 식당 — 호텔
➡ _____

③ 취소하다 — 예약하다
➡ _____

④ 알다, 이해하다 — 모르다
➡ _____

2 중국어와 우리말 뜻을 바르게 연결해 보세요.

① 也 •   • ⓐ 때, 무렵

② 预约 •   • ⓑ ~도, 역시

③ 时候 •   • ⓒ 예약하다

③ 다음 빈칸에 들어갈 알맞은 중국어를 써 보세요.

① 나 [도] 여행가고 싶어. _____

② 여기는 [인터넷에서 유명한] 맛집이야. _____

③ 이 [식당] 은 미리 예약해야 해. _____

④ 우리말 뜻을 보고 빈칸에 해당하는 단어를 <보기>에서 찾아 쓰세요.

보기   闻   毕业   网红   知道

① [알다, 이해하다]

➡ _____

② [졸업하다]

➡ _____

③ [냄새를 맡다]

➡ _____

④ [인터넷에서 유명한]

➡ _____

5 녹음을 잘 듣고 빈칸을 채운 뒤 문장을 따라 읽어 보세요. 🔊 15-2

① 这里是 _____ 餐厅。

② 我想 _____ 你做的菜。

③ 你什么 _____ 到？

6 녹음을 잘 듣고 대답으로 알맞은 말에 V 표시해 보세요. 🔊 15-3

①

②

下个星期六我有时间。 ☐   我想喝可乐。 ☐

我们在机场见。 ☐   我们也尝尝吧。 ☐

 * 机场 jīchǎng 명 공항

7 다음 빈칸에 들어갈 알맞은 말을 써 보세요.

①
A 我们什么时候见面？
우리 언제 만날까?

B _____。
이번 주 일요일에 나 시간 있어.

②
A 这个周末我们去哪儿？
이번 주말에 우리 어디 갈까?

B _____？
인터넷에서 유명한 맛집에 가는 것 어때?

③
A _____？
저 이 옷 입어 봐도 되나요?

B 当然可以。
당연히 가능합니다.

8 다음 단어를 올바르게 배열하여 문장을 만들어 보세요.

① 너 이 향수 냄새 좀 맡아 봐.
这个/闻闻/香水/你

➡ _____ 。

② 그녀는 언제 졸업하니?
毕业/她/时候/什么

➡ _____ ?

③ 저 이 티셔츠 좀 입어 봐도 되나요?
可以/我/件/这/T恤/吗/试试

➡ _____ ?

* T恤 T xù 명 티셔츠

9 다음 빈칸에 들어갈 알맞은 단어를 <보기>에서 찾아 쓰세요.

| 보기 | 找找　　时候　　等等 |

① 你(　　　　)，我马上下去。　　조금만 기다려, 나 금방 내려갈게.

② 你什么(　　　　)能到?　　너는 언제 도착할 수 있니?

③ 你快去(　　　　)。　　너 빨리 가서 좀 찾아 봐.

* 下去 xiàqu 동 내려가다

10 다음 제시된 문장을 올바르게 고쳐 보세요.

① 你什么时候下课吗?   너 언제 수업 끝나니?

➡ _____ ?

② 你想想自己吧。   너 스스로 잘 생각해 봐.

➡ _____ 。

③ 你看看出去。   너 나가서 좀 봐 봐.

➡ _____ 。

④ 他们回什么时候来?   그들은 언제 돌아오니?

➡ _____ ?

⑤ 我想北京烤鸭尝尝。   나 베이징 카오야 먹어 보고 싶어.   * 烤鸭 kǎoyā 명 카오야[오리구이]

➡ _____ 。

DAY 16

一斤苹果多少钱?
Yì jīn píngguǒ duōshao qián?
사과 한 근에 얼마예요?

1 녹음을 잘 듣고 해당하는 우리말에 ○ 표시한 후 중국어를 써 보세요. 🔊 16-1

① 돈 / 시간

→ _____

② 딸기 / 사과

→ _____

③ 재미있다 / 맛있다

→ _____

④ 얼마, 몇 / 언제

→ _____

2 중국어와 우리말 뜻을 바르게 연결해 보세요.

① 贵 · · ⓐ 아주, 대단히

② 有(一)点儿 · · ⓑ 비싸다

③ 非常 · · ⓒ 조금, 약간

3 다음 빈칸에 들어갈 알맞은 중국어를 써 보세요.

① 이 고기는 식감이 좋고 굉장히 [맛있어요] . _____

② 이 원피스는 예쁘지만 좀 [비싸요] . _____

③ 소고기 두 [근] 주세요. _____

4 우리말 뜻을 보고 빈칸에 해당하는 단어를 <보기>에서 찾아 쓰세요.

> 보기   考试   块   担心   有(一)点儿

① [걱정하다]

➡ _____

② [시험, 시험을 보다]

➡ _____

③ [위안[중국의 화폐 단위]]

➡ _____

④ [조금, 약간]

➡ _____

5 녹음을 잘 듣고 빈칸을 채운 뒤 문장을 따라 읽어 보세요. 🔊 16-2

① 这件衣服很 _____。

② 一 _____ 苹果多少钱？

③ 我 _____ 的水果 _____ 好吃。

＊ 水果 shuǐguǒ 명 과일

6 녹음을 잘 듣고 대답으로 알맞은 말에 V 표시해 보세요. 🔊 16-3

①

②

一斤二十块，不贵吧？　☐ 　　非常好吃。　☐

我不喜欢吃苹果。　☐ 　　这件衣服有(一)点儿贵。　☐

＊ 饺子 jiǎozi 명 교자, 만두

7 다음 빈칸에 들어갈 알맞은 말을 써 보세요.

①
A 我们去星巴克吧。
우리 스타벅스 가자.

B _____。
나는 스타벅스 커피가 조금 비싼 것 같아.

②
A 一斤草莓多少钱？
딸기 한 근에 얼마예요?

B _____。
한 근에 25위안이에요.

③
A _____？
이 책가방은 얼마예요?

B 两百二(十块)。
220위안이에요.

8 다음 단어를 올바르게 배열하여 문장을 만들어 보세요.

① 꿔바로우 한 접시에 30위안이에요.
　三十块 / 一 / 锅包肉 / 份

　➡ _____ 。

② 이번 시험은 조금 어려워.
　考试 / 这 / 次 / 难 / 有(一)点儿

　➡ _____ 。

③ 이 음식은 조금 매워.
　这 / 有(一)点儿 / 菜 / 辣 / 道

　➡ _____ 。

* 次 cì 양 번, 횟수

9 다음 빈칸에 들어갈 알맞은 단어를 <보기>에서 찾아 쓰세요.

| 보기 | 有(一)点儿　　头疼　　一共 |

① 你今天为什么(　　　　)?　　　　너 오늘 왜 머리가 아프니?

② (　　　　)四十块五毛。　　　　모두 40.5위안이에요.

③ 今天(　　　　)累，明天去吧。　오늘 조금 피곤해, 내일 가자.

* 为什么 wèi shénme 대 왜, 어째서

10 다음 제시된 문장을 올바르게 고쳐 보세요.

① 我紧张有(一)点儿。   나는 조금 긴장돼.   * 紧张 jǐnzhāng 형 긴장하다

→ _____。

② 一个面包二块。   빵 한 개에 2위안이에요.

→ _____。

③ 一共多少钱三斤?   세 근에 모두 얼마예요?

→ _____?

④ 我最近忙有(一)点儿。   나는 요즘 조금 바빠.

→ _____。

⑤ 一件衣服六百五块。   한 벌에 605위안이에요.

→ _____。

我打算买一件新的大衣。
Wǒ dǎsuan mǎi yí jiàn xīn de dàyī.
나는 새 코트를 한 벌 살 계획이야.

1 녹음을 잘 듣고 해당하는 우리말에 ○ 표시한 후 중국어를 써 보세요. 🔊 17-1

① (값이) 저렴하다, 싸다 / (값이) 비싸다
→ _____

② 그러나 / 그래서
→ _____

③ 바지 / 코트
→ _____

④ 새로운, 새롭다 / 오래 되다, 헐다
→ _____

2 중국어와 우리말 뜻을 바르게 연결해 보세요.

① 双十一 • • ⓐ ~하고 있다, ~하는 중이다

② 网购 • • ⓑ 블랙 프라이데이

③ 在 • • ⓒ 인터넷 쇼핑을 하다

30 중국어 진짜학습지

3 다음 빈칸에 들어갈 알맞은 중국어를 써 보세요.

① 요즘 오버핏 [코트] 가 유행이야. _____

② [맞다] , 너 오늘 약속 있다고 했지? _____

③ 이번 [블랙 프라이데이] 에 뭐 살 거야? _____

4 우리말 뜻을 보고 빈칸에 해당하는 단어를 <보기>에서 찾아 쓰세요.

| 보기 | 打工 | 网购 | 打算 | 留学 |

① ~할 계획이다, ~할 예정이다
→ _____

② 아르바이트하다
→ _____

③ 인터넷 쇼핑을 하다
→ _____

④ 유학하다
→ _____

5 녹음을 잘 듣고 빈칸을 채운 뒤 문장을 따라 읽어 보세요. 🔊 17-2

① 我在 _____ 。

② 下个星期是 _____ ，是吧？

③ 我 _____ 买大衣，现在很 _____ 。

6 녹음을 잘 듣고 대답으로 알맞은 말에 V 표시해 보세요. 🔊 17-3

①

②

我不去，我喜欢网购。 　　　我要请假。

我想吃汉堡。 　　　我打算去旅游。

7 다음 빈칸에 들어갈 알맞은 말을 써 보세요.

①
A 你在做什么？
너는 무엇을 하고 있니?

B _____。
나는 인터넷 쇼핑을 하고 있어.

②
A 下个星期是圣诞节吧？
다음 주가 크리스마스지?

B _____。
맞아, 그래서 나는 남자 친구와 데이트를 할 계획이야.

* 约会 yuēhuì 동 데이트하다

③
A _____？
너는 이 코트 살 계획이니?

B 我觉得有(一)点儿贵，所以我不买。
내 생각에 조금 비싼 것 같아서 안 사려고.

8 다음 단어를 올바르게 배열하여 문장을 만들어 보세요.

① 너는 무엇을 하고 있니?
干 / 你 / 什么 / 在

➡ _____ ?

② 나는 모바일 게임을 하고 있어.
玩 / 呢 / 手机 / 在 / 我 / 游戏

➡ _____ 。

③ 그들은 올해 5월에 결혼할 계획이야.
今年 / 他们 / 结婚 / 打算 / 五月

➡ _____ 。

9 다음 빈칸에 들어갈 알맞은 단어를 <보기>에서 찾아 쓰세요.

| 보기 | 打工　　打算　　减肥 |

① 我们（　　　　）搬家。　　　　　　우리는 이사를 갈 계획이야.

② 我在（　　　　），所以不能吃太多。　나는 다이어트를 하고 있어서 너무 많이 먹을 수 없어.

③ 周末弟弟（　　　　），不能休息。　주말에 남동생은 아르바이트를 해서 쉴 수 없어.

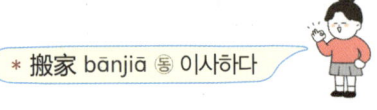

＊ 搬家 bānjiā 동 이사하다

10 다음 제시된 문장을 올바르게 고쳐 보세요.

① 他在电脑玩游戏。 그는 컴퓨터 게임을 하고 있어.

➡ _____。

② 这周末我去旅游打算。 이번 주말에 나는 여행을 갈 계획이야.

➡ _____。

③ 我看在油管视频呢。 나는 유튜브 동영상을 보고 있어.

➡ _____。

④ 我打算工作找。 나는 직장을 찾을 계획이야.

➡ _____。

⑤ 她打算不留学。 그녀는 유학하지 않을 계획이야.

➡ _____。

那我下周再来吧。
Nà wǒ xià zhōu zài lái ba.
그럼 제가 다음 주에 다시 올게요.

1 녹음을 잘 듣고 해당하는 우리말에 ○ 표시한 후 중국어를 써 보세요. 🔊 18-1

① 휴대 전화 — 이어폰
➡ _____

② 연락하다 — 만나다
➡ _____

③ 전화 — 번호
➡ _____

④ 월, 달 — 주, 요일
➡ _____

2 중국어와 우리말 뜻을 바르게 연결해 보세요.

① 蓝牙 •　　　　　　• ⓐ 다시, 또, 더

② 再　 •　　　　　　• ⓑ 상품, 물건

③ 货　 •　　　　　　• ⓒ 블루투스

3 다음 빈칸에 들어갈 알맞은 중국어를 써 보세요.

① 미안해요 , 조금 늦을 것 같아요. _____

② 주문하신 상품 은 품절입니다. _____

③ 이 디자인 이 훨씬 마음에 들어요. _____

4 우리말 뜻을 보고 빈칸에 해당하는 단어를 <보기>에서 찾아 쓰세요.

| 보기 | 请问 | 商量 | 告诉 | 蓝牙 |

① 알리다, 말하다
→ _____

② 상의하다
→ _____

③ 실례합니다, 말씀 좀 여쭙겠습니다
→ _____

④ 블루투스
→ _____

DAY 18 그럼 제가 다음 주에 다시 올게요.

5 녹음을 잘 듣고 빈칸을 채운 뒤 문장을 따라 읽어 보세요.　　🔊 18-2

① 你有 ＿＿＿＿＿＿＿ 耳机吗？

② 我们下次 ＿＿＿＿＿＿＿ 说吧。

③ ＿＿＿＿＿＿＿ 到的时候，我们 ＿＿＿＿＿＿＿ 您。

6 녹음을 잘 듣고 대답으로 알맞은 말에 V 표시해 보세요.　　🔊 18-3

①

②

不好意思，现在没有货。 　　那件衣服很适合你。

我在网购。 　　非常方便。

* 适合 shìhé 동 어울리다

7 다음 빈칸에 들어갈 알맞은 말을 써 보세요.

①
A 快递什么时候能到？
배송은 언제 되나요?

B _____。
배송은 모레 도착할 수 있어요.

②
A 请问有这个游戏机吗？
실례지만, 이 게임기 있나요?

B _____。
죄송합니다. 지금은 상품이 없습니다.

* 游戏机 yóuxìjī 명 게임기

③
A _____。
당신의 전화번호 좀 적어 주세요.

B 好的，请随时联系我。
알겠습니다. 언제든지 연락하세요.

* 随时 suíshí 부 언제나, 수시로

8 다음 단어를 올바르게 배열하여 문장을 만들어 보세요.

① 감기에 걸렸을 때 물 많이 마셔.
多 / 感冒 / 的时候 / 喝 / 水

➡ _____ 。

② 그는 젊었을 때 잘생겼었어.
帅 / 的时候 / 年轻 / 他 / 很

➡ _____ 。

③ 우리 나중에 다시 얘기하자.
以后 / 说 / 我们 / 再 / 吧

➡ _____ 。

9 다음 빈칸에 들어갈 알맞은 단어를 <보기>에서 찾아 쓰세요.

| 보기 | 商量　　的时候　　改天 |

① 你结婚(　　　)，一定要告诉我。　　너 결혼할 때 나에게 꼭 알려줘야 해.

② 我们(　　　)再见吧。　　우리 다음에 다시 만나자.

③ 我们再(　　　)一下吧。　　우리 다시 상의 좀 하자.

10 다음 제시된 문장을 올바르게 고쳐 보세요.

① 一会儿再我们说吧。　　우리 조금 이따가 다시 얘기하자.　　＊ 一会儿 yíhuìr (수량) 좀, 잠시

➡ _____ 。

② 我吃的时候炸鸡，喝一定可乐。　　나는 치킨을 먹을 때 꼭 콜라를 마셔.

➡ _____ 。

③ 每天要喝多水。　　매일 물을 많이 마셔야 해.

➡ _____ 。

④ 你出去的时候，伞带吧。　　너 나갈 때 우산 챙겨.

➡ _____ 。

⑤ 他开车的时候，听音乐喜欢。　　그는 운전할 때 음악 듣는 것을 좋아해.

➡ _____ 。

녹음 대본 및 정답

 지금은 12시야.

녹음 대본

1 ❶ 点　❷ 菜　❸ 辣　❹ 吃饭

1 ❶ (시간의) 시/点　❷ 음식, 요리/菜　❸ 맵다/辣　❹ 밥을 먹다/吃饭
2 ❶ ⓐ　❷ ⓒ　❸ ⓑ
3 ❶ 点　❷ 川菜　❸ 胃
4 ❶ 起床　❷ 现在　❸ 能　❹ 参加

녹음 대본

5 ❶ 我们去吃饭吧！
　❷ 我胃不好，不能吃辣的菜。
　❸ 川菜特别辣吗？

6 ❶ 你想吃什么？
　❷ 你几点睡觉？

5 ❶ 吃饭　❷ 胃, 菜　❸ 川菜
6 ❶ 我想吃比萨。　❷ 我十点睡觉。
7 ❶ 我八点起床。　❷ 我们去吃饭吧！　❸ 这件衣服能打折吗？
8 ❶ 现在三点一刻。　❷ 他能教汉语吗？　❸ 这件衣服能水洗吗？
9 ❶ 海鲜　❷ 半　❸ 理解
10 ❶ 今天下午两点下课。
　❷ 我不能吃花生。
　❸ 他晚上十一点睡觉。
　❹ 我不能吃辣的菜。
　❺ 你今天能参加聚餐吗？

DAY 14 너 요가 할 줄 아니?

녹음 대본

1 ❶ 经常　　❷ 不错　　❸ 家　　❹ 瑜伽

1 ❶ 자주, 늘/经常　　❷ 좋다, 괜찮다/不错　　❸ 집/家　　❹ 요가/瑜伽
2 ❶ ⓑ　　❷ ⓐ　　❸ ⓒ
3 ❶ 瑜伽　　❷ 那儿　　❸ 经常
4 ❶ 游泳　　❷ 会　　❸ 做　　❹ 登山

녹음 대본

5 ❶ 你在哪儿做瑜伽？
　❷ 公司附近有运动中心。
　❸ 那儿很不错。

6 ❶ 我最近想运动。
　❷ 学校附近有药店吗？

5 ❶ 瑜伽　　❷ 运动　　❸ 不错
6 ❶ 那我们一起做瑜伽吧。　❷ 学校附近没有药店。
7 ❶ 当然有意思，我经常做。　❷ 在家附近。　❸ 你会做菜吗？
8 ❶ 妹妹不会游泳。　❷ 他在哪儿工作？　❸ 你会滑冰吗？
9 ❶ 家　　❷ 在　　❸ 开车
10 ❶ 我在星巴克喝咖啡。
　❷ 你在哪儿做普拉提？
　❸ 我在贸易公司工作。
　❹ 妈妈不会说汉语。
　❺ 我们在哪儿见面？

DAY 15 우리 언제 갈까?

녹음 대본

1 ❶ 时候　❷ 餐厅　❸ 预约　❹ 知道

1 ❶ 때, 무렵/时候　❷ 식당/餐厅　❸ 예약하다/预约　❹ 알다, 이해하다/知道
2 ❶ ⓑ　❷ ⓒ　❸ ⓐ
3 ❶ 也　❷ 网红　❸ 餐厅
4 ❶ 知道　❷ 毕业　❸ 闻　❹ 网红

녹음 대본

5 ❶ 这里是网红餐厅。
　❷ 我想尝尝你做的菜。
　❸ 你什么时候到?

6 ❶ 我们什么时候去看电影?
　❷ 这里是网红餐厅。

5 ❶ 网红　❷ 尝尝　❸ 时候
6 ❶ 下个星期六我有时间。　❷ 我们也尝尝吧。
7 ❶ 这个星期天(星期日)我有时间。
　❷ 去网红餐厅, 怎么样?
　❸ 我可以试试这件衣服吗?
8 ❶ 你闻闻这个香水。　❷ 她什么时候毕业?　❸ 我可以试试这件T恤吗?
9 ❶ 等等　❷ 时候　❸ 找找
10 ❶ 你什么时候下课?
　❷ 你自己想想吧。
　❸ 你出去看看。
　❹ 他们什么时候回来?
　❺ 我想尝尝北京烤鸭。

사과 한 근에 얼마예요?

녹음 대본

1　❶ 钱　　❷ 苹果　　❸ 好吃　　❹ 多少

1　❶ 돈/钱　　❷ 사과/苹果　　❸ 맛있다/好吃　　❹ 얼마, 몇/多少
2　❶ ⓑ　　❷ ⓒ　　❸ ⓐ
3　❶ 好吃　　❷ 贵　　❸ 斤
4　❶ 担心　　❷ 考试　　❸ 块　　❹ 有(一)点儿

녹음 대본

5　❶ 这件衣服很贵。
　　❷ 一斤苹果多少钱？
　　❸ 我家的水果非常好吃。

6　❶ 一斤苹果多少钱？
　　❷ 这家的饺子味道怎么样？

5　❶ 贵　　　　　　❷ 斤　　　　　　❸ 家, 非常
6　❶ 一斤二十块, 不贵吧？　❷ 非常好吃。
7　❶ 我觉得星巴克咖啡有(一)点儿贵。
　　❷ 一斤二十五块。
　　❸ 这个书包多少钱？
8　❶ 一份锅包肉三十块。　❷ 这次考试有(一)点儿难。　❸ 这道菜有(一)点儿辣。
9　❶ 头疼　　❷ 一共　　❸ 有(一)点儿
10　❶ 我有(一)点儿紧张。
　　❷ 一个面包两块。
　　❸ 三斤一共多少钱？
　　❹ 我最近有(一)点儿忙。
　　❺ 一件衣服六百零五块。

DAY 17 나는 새 코트를 한 벌 살 계획이야.

녹음 대본

1 ① 便宜　② 所以　③ 大衣　④ 新

1 ① (값이) 저렴하다, 싸다/便宜　② 그래서/所以　③ 코트/大衣　④ 새로운, 새롭다/新
2 ① ⓑ　② ⓒ　③ ⓐ
3 ① 大衣　② 对了　③ 双十一
4 ① 打算　② 打工　③ 网购　④ 留学

녹음 대본

5 ① 我在网购。
　② 下个星期是双十一，是吧？
　③ 我打算买大衣，现在很便宜。

6 ① 我们去商场买衣服吧。
　② 下个星期休息，你打算做什么？

5 ① 网购　② 双十一　③ 打算，便宜
6 ① 我不去，我喜欢网购。　② 我打算去旅游。
7 ① 我在网购。
　② 对，所以我打算和男朋友约会。
　③ 你打算买这件大衣吗？
8 ① 你在干什么？　② 我在玩手机游戏呢。　③ 他们打算今年五月结婚。
9 ① 打算　② 减肥　③ 打工
10 ① 他在玩电脑游戏。
　② 这周末我打算去旅游。
　③ 我在看油管视频呢。
　④ 我打算找工作。
　⑤ 她不打算留学。

DAY 18 그럼 제가 다음 주에 다시 올게요.

녹음 대본

1 ❶ 耳机　❷ 联系　❸ 电话　❹ 周

1 ❶ 이어폰/耳机　❷ 연락하다/联系　❸ 전화/电话　❹ 주, 요일/周
2 ❶ ⓒ　❷ ⓐ　❸ ⓑ
3 ❶ 不好意思　❷ 货　❸ 款
4 ❶ 告诉　❷ 商量　❸ 请问　❹ 蓝牙

녹음 대본

5 ❶ 你有蓝牙耳机吗？
　❷ 我们下次再说吧。
　❸ 货到的时候，我们联系您。

6 ❶ 我想买这款蓝牙耳机。
　❷ 你觉得那款手机怎么样？

5 ❶ 蓝牙　❷ 再　❸ 货，联系
6 ❶ 不好意思，现在没有货。　❷ 非常方便。
7 ❶ 快递后天能到。　❷ 不好意思，现在没有货。　❸ 请写一下您的电话。
8 ❶ 感冒的时候，多喝水。　❷ 他年轻的时候，很帅。　❸ 我们以后再说吧。
9 ❶ 的时候　❷ 改天　❸ 商量
10 ❶ 我们一会儿再说吧。
　❷ 我吃炸鸡的时候，一定喝可乐。
　❸ 每天要多喝水。
　❹ 你出去的时候，带伞吧。
　❺ 他开车的时候，喜欢听音乐。

진짜학습지

중국어
진짜학습지

기초편 워크북
4

중국어 진짜학습지 기초편 워크북 4

개정 1쇄 발행 2023년 7월 14일
개정 2쇄 발행 2024년 2월 15일

지은이 시원스쿨어학연구소
펴낸곳 (주)에스제이더블유인터내셔널
펴낸이 양홍걸 이시원

홈페이지 daily.siwonschool.com
주소 서울시 영등포구 영신로 166 시원스쿨
교재 구입 문의 02)2014-8151
고객센터 02)6409-0878

ISBN 979-11-6150-729-3 13720
Number 1-410201-16161807-06

이 책은 저작권법에 따라 보호받는 저작물이므로 무단복제와 무단전재를 금합니다. 이 책 내용의 전부 또는 일부를 이용하려면 반드시 저작권자와 ㈜에스제이더블유인터내셔널의 서면 동의를 받아야 합니다.

학습 구성

학습한 단어들을 제대로 숙지했는지 문제를 직접 풀어보며 자신의 실력을 점검해 봅니다.

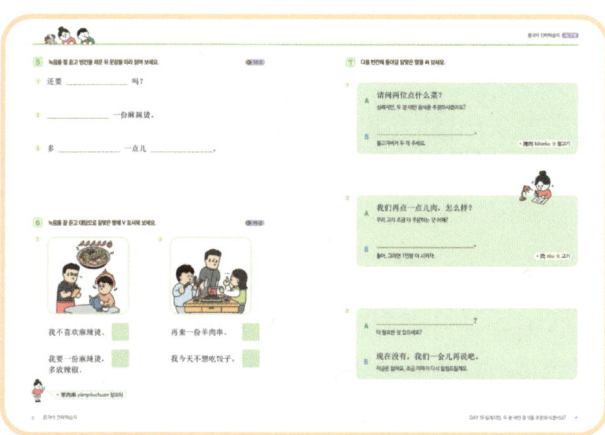

학습한 주요 내용을 떠올리며 문장을 직접 만들어 보고, 배운 내용을 얼마나 기억하고 있는지 확인해 봅니다.

문장 어순 배열 문제, 잘못된 문장 올바르게 고치기 등 다양한 형태의 문제를 풀어보며, 배운 내용을 완벽하게 복습합니다.

3

학습 플랜

🚩 주 3일 학습 플랜

✿ 본서, 워크북 1일 1과 학습 구성(본서와 워크북을 하루에 함께 학습합니다.)

날짜			내용		학습 계획일	
1주	1일	본서	DAY 19	请问两位点什么菜? 실례지만, 두 분 어떤 음식을 주문하시겠어요?	월	일
		워크북				
	2일	본서	DAY 20	我今天早上吃了感冒药。 나 오늘 아침에 감기약 먹었어.	월	일
		워크북				
	3일	본서	DAY 21	你去过这家店吗? 너는 이 가게 가 본 적 있니?	월	일
		워크북				
2주	4일	본서	DAY 22	我最近胖了。 나 요새 살쪘어.	월	일
		워크북				
	5일	본서	DAY 23	我在电影院门口等着呢。 나는 영화관 입구에서 기다리고 있어.	월	일
		워크북				
	6일	본서	DAY 24	今天比昨天更冷。 오늘이 어제보다 더 추워.	월	일
		워크북				

🚩 주 6일 학습 플랜

✿ 본서, 워크북 2일 1과 학습 구성(본서를 먼저 공부하고 그 다음날 워크북으로 복습합니다.)

날짜			내용		학습 계획일	
1주	1일	본서	DAY 19	请问两位点什么菜? 실례지만, 두 분 어떤 음식을 주문하시겠어요?	월	일
	2일	워크북				
	3일	본서	DAY 20	我今天早上吃了感冒药。 나 오늘 아침에 감기약 먹었어.	월	일
	4일	워크북				
	5일	본서	DAY 21	你去过这家店吗? 너는 이 가게 가 본 적 있니?	월	일
	6일	워크북				
2주	7일	본서	DAY 22	我最近胖了。 나 요새 살쪘어.	월	일
	8일	워크북				
	9일	본서	DAY 23	我在电影院门口等着呢。 나는 영화관 입구에서 기다리고 있어.	월	일
	10일	워크북				
	11일	본서	DAY 24	今天比昨天更冷。 오늘이 어제보다 더 추워.	월	일
	12일	워크북				

학습 목차

DAY 19 请问两位点什么菜? 실례지만, 두 분 어떤 음식을 주문하시겠어요?
Qǐngwèn liǎng wèi diǎn shénme cài? — 06

DAY 20 我今天早上吃了感冒药。 나 오늘 아침에 감기약 먹었어.
Wǒ jīntiān zǎoshang chī le gǎnmào yào. — 12

DAY 21 你去过这家店吗? 너는 이 가게 가 본 적 있니?
Nǐ qùguo zhè jiā diàn ma? — 18

DAY 22 我最近胖了。 나 요새 살쪘어.
Wǒ zuìjìn pàng le. — 24

DAY 23 我在电影院门口等着呢。 나는 영화관 입구에서 기다리고 있어.
Wǒ zài diànyǐngyuàn ménkǒu děngzhe ne. — 30

DAY 24 今天比昨天更冷。 오늘이 어제보다 더 추워.
Jīntiān bǐ zuótiān gèng lěng. — 36

✅ **녹음 대본 및 정답** — 42

DAY 19

请问两位点什么菜?
Qǐngwèn liǎng wèi diǎn shénme cài?
실례지만, 두 분 어떤 음식을 주문하시겠어요?

1 녹음을 잘 듣고 해당하는 우리말에 ○ 표시한 후 중국어를 써 보세요. 🔊 19-1

① 후추 — 고추

➡ _____

② 넣다 — 빼다

➡ _____

③ 다른, 별도의 — 각자, 개별의

➡ _____

④ 필요하다, 원하다 — 불필요하다

➡ _____

2 중국어와 우리말 뜻을 바르게 연결해 보세요.

① 来 · · ⓐ 조금, 약간

② 一点儿 · · ⓑ (어떤 동작을) 하다

③ 瓶 · · ⓒ 병[병을 세는 단위]

3 다음 빈칸에 들어갈 알맞은 중국어를 써 보세요.

① 일행이 총 몇 **분** 이세요? _____

② **고추** 좀 빼 주세요. _____

③ **더** 필요한 것 있으세요? _____

4 우리말 뜻을 보고 빈칸에 해당하는 단어를 <보기>에서 찾아 쓰세요.

| 보기 | 出发 | 聊天 | 蔬菜 | 一点儿 |

① 채소
➡ _____

② 조금, 약간
➡ _____

③ 이야기하다
➡ _____

④ 출발하다
➡ _____

5 녹음을 잘 듣고 빈칸을 채운 뒤 문장을 따라 읽어 보세요. 　　🔊 19-2

① 还要 _____ 吗？

② _____ 一份麻辣烫。

③ 多 _____ 一点儿 _____ 。

6 녹음을 잘 듣고 대답으로 알맞은 말에 V 표시해 보세요. 　　🔊 19-3

我不喜欢麻辣烫。 　　再来一份羊肉串。

我要一份麻辣烫， 　　我今天不想吃饺子。
多放辣椒。

 ＊ 羊肉串 yángròuchuàn 양꼬치

7 다음 빈칸에 들어갈 알맞은 말을 써 보세요.

①
A 请问两位点什么菜？
실례지만, 두 분 어떤 음식을 주문하시겠어요?

B _____。
불고기버거 두 개 주세요.

＊ 烤肉 kǎoròu 명 불고기

②
A 我们再点一点儿肉，怎么样？
우리 고기 조금 더 주문하는 것 어때?

B _____。
좋아, 그러면 1인분 더 시키자.

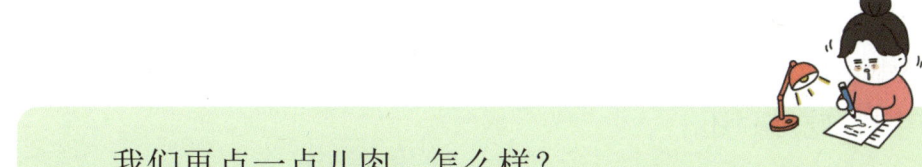

＊ 肉 ròu 명 고기

③
A _____？
더 필요한 것 있으세요?

B 现在没有，我们一会儿再说吧。
지금은 없어요, 조금 이따가 다시 말씀드릴게요.

8 다음 단어를 올바르게 배열하여 문장을 만들어 보세요.

① 과일 좀 많이 먹어.
水果/吃/多/一点儿/吧

➡ _____ 。

② 나는 너와 더 얘기하고 싶어.
聊天/我/你/还/和/想

➡ _____ 。

③ 나는 스테이크를 더 먹고 싶어.
我/牛排/吃/想/还

➡ _____ 。

9 다음 빈칸에 들어갈 알맞은 단어를 <보기>에서 찾아 쓰세요.

| 보기 | 一点儿　　还　　再 |

① (　　　　)来两瓶可乐。　　콜라도 두 병 주세요.

② 多吃(　　　　)蔬菜吧。　　채소 좀 많이 먹어.

③ 你(　　　　)喝咖啡吗?　　너 커피 더 마실래?

10 다음 제시된 문장을 올바르게 고쳐 보세요.

① 你吃多一点儿饭吧。　너 밥 좀 많이 먹어.

　→ _____ 。

② 他还要几天吃药。　그는 며칠 약을 더 먹어야 해.

　→ _____ 。

③ 老板，便宜一点儿能不能？　사장님, 좀 싸게 해 주실 수 있나요?

　→ _____ ？

④ 你要还喝水吗？　너 물 더 마실 거야?

　→ _____ ？

⑤ 我们今天出发晚一点儿吧。　우리 오늘 좀 늦게 출발하자.

　→ _____ 。

我今天早上吃了感冒药。
Wǒ jīntiān zǎoshang chī le gǎnmào yào.
나 오늘 아침에 감기약 먹었어.

1 녹음을 잘 듣고 해당하는 우리말에 〇 표시한 후 중국어를 써 보세요. 🔊 20-1

① 편안하다 — 불편하다
➡ _____

② 아침 — 저녁
➡ _____

③ 배가 아프다 — 열이 나다
➡ _____

④ 병원 — 학교
➡ _____

2 중국어와 우리말 뜻을 바르게 연결해 보세요.

① 差 •   • ⓐ ~해야 한다

② 脸色 •   • ⓑ 좋지 않다, 나쁘다

③ 应该 •   • ⓒ 안색, 얼굴빛

3. 다음 빈칸에 들어갈 알맞은 중국어를 써 보세요.

① 병원 에서 약 처방 받았어. _____

② 괜찮아 , 너무 걱정하지 마. _____

③ 나는 요즘 아침 마다 운동해. _____

4. 우리말 뜻을 보고 빈칸에 해당하는 단어를 <보기>에서 찾아 쓰세요.

보기 　了　　还　　努力　　道歉

① 사과하다
➡ _____

② ~도, 또한, 그리고
➡ _____

③ ~했다
➡ _____

④ 노력하다, 힘쓰다
➡ _____

5 녹음을 잘 듣고 빈칸을 채운 뒤 문장을 따라 읽어 보세요.　　🔊 20-2

① 我 _____, 还有(一)点儿 _____。

② 你 _____ 马上去 _____。

③ 你 _____ 很差。

＊ 马上 mǎshàng 🅟 곧, 즉시

6 녹음을 잘 듣고 대답으로 알맞은 말에 V 표시해 보세요.　　🔊 20-3

① 我咳嗽, 还有(一)点儿发烧。

　 我身体很好。

② 我没意见!

　 没事(儿), 我今天早上吃了感冒药。

＊ 咳嗽 késou 🅓 기침하다 ｜ 身体 shēntǐ 🅝 몸, 건강

7 다음 빈칸에 들어갈 알맞은 말을 써 보세요.

①
A 你脸色怎么这么差！
너 안색이 왜 이렇게 안 좋아!

B _____。
나 열이 조금 나.

* 怎么 zěnme 대 왜, 어째서 | 这么 zhème 대 이렇게

②
A _____。
나 어제 영화를 한편 봤는데 재미있었어.

B 是什么电影？告诉我吧！
무슨 영화야? 나에게 알려줘!

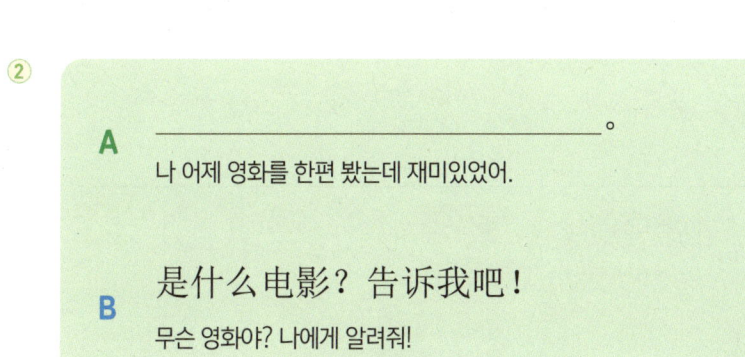

③
A _____？
너 어디 아프니?

B 我肚子很疼。
나는 배가 아파.

* 肚子 dùzi 명 배 | 疼 téng 동 아프다

DAY 20 나 오늘 아침에 감기약 먹었어. 15

8 다음 단어를 올바르게 배열하여 문장을 만들어 보세요.

① 학생은 열심히 공부해야 해.
应该/学生/学习/努力

➡ _____ 。

② 우리는 그에게 사과해야 해.
向/他/我们/道歉/应该

➡ _____ 。

③ 나는 전화를 걸지 않았어.
没/电话/打/我

➡ _____ 。

9 다음 빈칸에 들어갈 알맞은 단어를 <보기>에서 찾아 쓰세요.

| 보기 | 一本　　医院　　下载 |

① 你应该(　　　　)这个软件。　　　너는 이 앱을 다운로드받아야 해.

② 我今天身体不舒服，去(　　　　)了。　　나는 오늘 몸이 좋지 않아서 병원에 갔어.

③ 我买了(　　　　)书。　　　나는 책을 한 권 샀어.

16　중국어 진짜학습지

10 다음 제시된 문장을 올바르게 고쳐 보세요.

① 弟弟今天了出院。 남동생은 오늘 퇴원했어.

➡ _____。

② 你应该早回家点儿。 너는 일찍 (좀) 집에 들어가야 해.

➡ _____。

③ 他上课没来。 그는 수업에 오지 않았어.

➡ _____。

④ 我打一个电话了。 나는 전화를 한 통 걸었어.

➡ _____。

⑤ 你这个周末应该休息在家。 너는 이번 주말에 집에서 쉬어야 해.

➡ _____。

你去过这家店吗?
Nǐ qùguo zhè jiā diàn ma?
너는 이 가게 가 본 적 있니?

1 녹음을 잘 듣고 해당하는 우리말에 ○ 표시한 후 중국어를 써 보세요. 🔊 21-1

① 사진 — 그림
➡ _____

② 가깝다 — 멀다
➡ _____

③ ~한 적 있다 — ~하고 있다
➡ _____

④ 바로 — 나중에, 다음
➡ _____

2 중국어와 우리말 뜻을 바르게 연결해 보세요.

① 火 •   • ⓐ 번창하다, 인기 있다

② 离 •   • ⓑ 인터넷, 온라인

③ 网上 •   • ⓒ ~에서, ~로부터

3 다음 빈칸에 들어갈 알맞은 중국어를 써 보세요.

① 왕푸징 은 베이징의 유명한 쇼핑 거리야. _____

② 실례지만, 사진 좀 찍어 주세요. _____

③ 백화점은 여기 에서 멀어요? _____

4 우리말 뜻을 보고 빈칸에 해당하는 단어를 <보기>에서 찾아 쓰세요.

보기   放假   店   近   张

① 장[얇은 종이나 사진 등을 세는 단위] ② 가깝다

➡ _____ ➡ _____

③ 가게, 상점 ④ 방학하다

➡ _____ ➡ _____

5 녹음을 잘 듣고 빈칸을 채운 뒤 문장을 따라 읽어 보세요.　　🔊 21-2

① 这张 _____ 很漂亮。

② 他们家 _____ 这儿近吗？

③ 这家咖啡厅在 _____ 很 _____。

6 녹음을 잘 듣고 대답으로 알맞은 말에 V 표시해 보세요.　　🔊 21-3

①

②

你应该去医院啊！　　　我在网上买的。　

有点儿远，坐地铁
要一个小时。　　　我没去过这家书店。　

　＊ 要 yào 동 소요하다, 필요하다

7 다음 빈칸에 들어갈 알맞은 말을 써 보세요.

①
A 公司离家远吗?
회사는 집에서 머니?

B _____。
그다지 멀지 않아. 바로 집 근처에 있어.

②
A 我上周去了那家网红餐厅。
나는 지난주에 그 인터넷에서 유명한 맛집에 갔었어.

B _____。
나도 가 본 적 있어. 그 가게는 인터넷에서 아주 핫해.

③
A _____?
너는 이 노래 들어 본 적 있니?

B 当然，最近特别火。
당연하지, 요즘 엄청 핫하잖아.

* 首 shǒu 양 시나 곡을 세는 단위 | 歌 gē 명 노래 | 当然 dāngrán 형 당연하다

8 다음 단어를 올바르게 배열하여 문장을 만들어 보세요.

① 나는 이 앱을 써 본 적 있어.
我 / 软件 / 这个 / 过 / 用

➡ _____ 。

② 나는 연애해 본 적 없어.
谈 / 没 / 我 / 过 / 恋爱

➡ _____ 。

③ 방학하려면 아직 한 달 남았어.
有 / 离 / 放假 / 还 / 月 / 一个

➡ _____ 。

9 다음 빈칸에 들어갈 알맞은 단어를 <보기>에서 찾아 쓰세요.

| 보기 | 过 　　近 　　王府井 |

① 这家百货店就在(　　　　)附近。　이 백화점은 바로 왕푸징 근처에 있어.

② 我还没吃(　　　　)锅包肉。　나는 아직 꿔바로우를 안 먹어 봤어.

③ 我们学校离这儿很(　　　　)。　우리 학교는 여기에서 가까워.

* 百货店 bǎihuòdiàn 명 백화점

22　중국어 진짜학습지

10 다음 제시된 문장을 올바르게 고쳐 보세요.

① 上课离还有一个小时。   수업하려면 아직 한 시간 남았어.

➡ _____ 。

② 我没见明星过。   나는 연예인을 본 적 없어.

➡ _____ 。

③ 离地铁站不太远这儿。   지하철역은 여기에서 그다지 멀지 않아.

➡ _____ 。

④ 超市很近离我家。   마트는 우리 집에서 가까워.

➡ _____ 。

⑤ 你欧洲去过吗?   너는 유럽에 가 본 적 있니?

➡ _____ ?

我最近胖了。
Wǒ zuìjìn pàng le.
나 요새 살쪘어.

1 녹음을 잘 듣고 해당하는 우리말에 ○ 표시한 후 중국어를 써 보세요. 🔊 22-1

① ~해야 한다 / ~하고 싶다

➡ _____

② 살찌다, 뚱뚱하다 / 마르다, 날씬하다

➡ _____

③ ~하는 편이 좋다 / ~하지 마라

➡ _____

④ 이렇게 / 저렇게

➡ _____

2 중국어와 우리말 뜻을 바르게 연결해 보세요.

① 比较 •　　　　　• ⓐ 건강하다

② 健康 •　　　　　• ⓑ 시작하다

③ 开始 •　　　　　• ⓒ 비교적

3 다음 빈칸에 들어갈 알맞은 중국어를 써 보세요.

① 오늘 　부터　 다이어트할 거야. _____

② 이번 시험은 　비교적　 쉬웠어. _____

③ 오늘 　저녁밥　 뭐 먹지? _____

4 우리말 뜻을 보고 빈칸에 해당하는 단어를 <보기>에서 찾아 쓰세요.

> 보기　　信心　　还是　　健康　　交往

① 건강하다
➡ _____

② ~하는 편이 좋다
➡ _____

③ 사귀다, 교제하다
➡ _____

④ 자신(감), 확신
➡ _____

5 녹음을 잘 듣고 빈칸을 채운 뒤 문장을 따라 읽어 보세요.   🔊 22-2

① 我最近胖了，我得 _____。

② _____ 今天 _____，我学习汉语。

③ 你 _____ 多运动吧。

6 녹음을 잘 듣고 대답으로 알맞은 말에 V 표시해 보세요.   🔊 22-3

①

②

我不能吃辣的菜。   你还是多运动吧。

我觉得你不胖啊。    离放假还早。

7 다음 빈칸에 들어갈 알맞은 말을 써 보세요.

①
A 你的衣服好像小了。
너 옷이 작아진 것 같아.

B _____。
맞아, 나 요즘 살쪘어.

* 好像 hǎoxiàng ~인 것 같다 | 小 xiǎo 작다

②
A _____。
나 드디어 남자 친구 생겼어.

B 好羡慕啊!
진짜 부럽다!

* 终于 zhōngyú 드디어, 마침내 | 羡慕 xiànmù 부러워하다

③
A _____。
내 성적이 좋지 않아서 자신감이 없어졌어.

B 加油，你很棒!
힘내, 너 잘하고 있어!

* 成绩 chéngjì 성적 | 加油 jiāyóu 힘을 내다, 응원하다 | 棒 bàng 좋다, 훌륭하다

DAY 22 나 요새 살쪘어. 27

8 다음 단어를 올바르게 배열하여 문장을 만들어 보세요.

① 나 남자 친구 생겼어.
我 / 朋友 / 有 / 男 / 了

➡ _____ 。

② 그녀는 올해 스무 살이 되었어.
岁 / 她 / 了 / 今年 / 二十

➡ _____ 。

③ 나는 오늘부터 운동할 거야.
我 / 今天 / 从 / 运动 / 开始

➡ _____ 。

9 다음 빈칸에 들어갈 알맞은 단어를 <보기>에서 찾아 쓰세요.

| 보기 | 信心　　开始　　分手　　从 |

① 我不爱他了，我们(　　　　)了。　　나는 그를 사랑하지 않게 되어서, 우리는 헤어졌어.

② 我没有(　　　　)了。　　나는 자신감이 없어졌어.

③ 我(　　　　)昨天(　　　　)发烧了。　　나는 어제부터 열이 나기 시작했어.

＊ 分手 fēnshǒu 동 헤어지다

10 다음 제시된 문장을 올바르게 고쳐 보세요.

① 我中国不去了。   나는 중국에 가지 않게 되었어.

➡ _____ 。

② 我从开始上周开车学。   나는 지난주부터 운전을 배우기 시작했어.

➡ _____ 。

③ 他们去年开始从交往。   그들은 작년부터 사귀기 시작했어.

➡ _____ 。

④ 天了黑，你快回家吧。   날이 어두워졌어, 너 빨리 집에 들어가.

➡ _____ 。

⑤ 从我们九点上课开始。   우리는 9시부터 수업 시작해.

➡ _____ 。

DAY 23

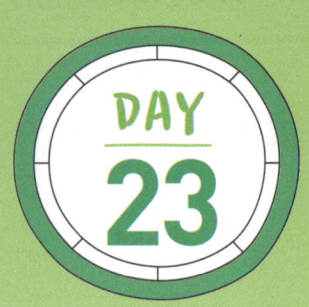

我在电影院门口等着呢。

Wǒ zài diànyǐngyuàn ménkǒu děngzhe ne.

나는 영화관 입구에서 기다리고 있어.

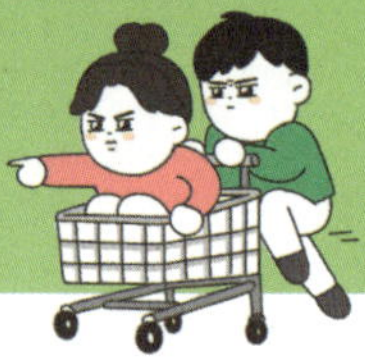

1 녹음을 잘 듣고 해당하는 우리말에 O 표시한 후 중국어를 써 보세요. 23-1

① 백화점 / 영화관

→ ______________________

② 빠르다 / 느리다

→ ______________________

③ 여보세요 / 실례합니다

→ ______________________

④ 입구 / 출구

→ ______________________

2 중국어와 우리말 뜻을 바르게 연결해 보세요.

①	快	ⓐ	이미, 벌써
②	已经	ⓑ	곧, 머지않아
③	分钟	ⓒ	(시간의) 분

3. 다음 빈칸에 들어갈 알맞은 중국어를 써 보세요.

① 날이 [이미] 저물었어.　_____

② [여보세요], 샤오리 있나요?　_____

③ 지하철역 [입구]에서 보자.　_____

4. 우리말 뜻을 보고 빈칸에 해당하는 단어를 <보기>에서 찾아 쓰세요.

보기　着　　电影院　　躺　　皮肤

① 눕다
➡ _____

② ~하고 있다, ~한 채로 있다
➡ _____

③ 피부
➡ _____

④ 영화관
➡ _____

5 녹음을 잘 듣고 빈칸을 채운 뒤 문장을 따라 읽어 보세요. 🔊 23-2

① 好冷啊！_____ 开着吗？

② 我在学校 _____ 等着呢。

③ 你等等，我五 _____ 就到。

6 녹음을 잘 듣고 대답으로 알맞은 말에 V 표시해 보세요. 🔊 23-3

①

②

我先走了。 　　　行，你慢慢来，我等你。

我已经到了。 　　　现在五点二十分。

* 先 xiān 먼저, 우선

7 다음 빈칸에 들어갈 알맞은 말을 써 보세요.

①
A 你在哪儿？你到了吗？
너 어디야? 도착했니?

B _____。
나 곧 도착해.

②
A _____。
나 아마도 4시 10분에 도착할 것 같아.

B 行，你慢慢来，我等你。
괜찮아, 천천히 와, 기다릴게.

* 可能 kěnéng 부 아마도

③
A _____?
너는 어디에서 나 기다리고 있니?

B 我在学校门口等着你呢。
나는 학교 입구에서 너를 기다리고 있어.

8 다음 단어를 올바르게 배열하여 문장을 만들어 보세요.

① 그는 음악을 듣고 있어.
听/他/音乐/着

➡ _____ 。

② 창문이 열려 있니?
着/窗户/开/吗?

➡ _____ ?

③ 그녀는 아주 긴 머리카락을 가지고 있어.
她/头发/有/的/长长

➡ _____ 。

9 다음 빈칸에 들어갈 알맞은 단어를 <보기>에서 찾아 쓰세요.

| 보기 | 厚厚　　趴　　白白 |

① 她的皮肤(　　　)的。　　　그녀의 피부는 새하얘.

② 他(　　　)着玩手机。　　　그는 엎드려서 휴대 전화를 해.

③ 她的衣服(　　　)的。　　　그녀의 옷은 아주 두꺼워.

＊趴 pā 동 엎드리다

10 다음 제시된 문장을 올바르게 고쳐 보세요.

① 他们聊天站着。   그들은 서서 수다를 떨어.   * 站 zhàn 동 서다, 일어나다

➡ _____。

② 你明天来早早儿。   너 내일 일찌감치 와.

➡ _____。

③ 他躺看着书。   그는 누워서 책을 봐.

➡ _____。

④ 电视开没着。   텔레비전이 켜져 있지 않아.

➡ _____。

⑤ 她有非常大大的眼睛。   그녀는 커다란 눈을 가지고 있어.   * 眼睛 yǎnjing 명 눈

➡ _____。

DAY 24

今天比昨天更冷。
Jīntiān bǐ zuótiān gèng lěng.
오늘이 어제보다 더 추워.

1 녹음을 잘 듣고 해당하는 우리말에 ○ 표시한 후 중국어를 써 보세요. 🔊 24-1

① 주다 — 받다

② 이미, 벌써 — 겨우, 고작

➡ _____

➡ _____

③ 따뜻하다 — 춥다

④ 우연히, 뜻밖에 — 때마침, 알맞게

➡ _____

➡ _____

2 중국어와 우리말 뜻을 바르게 연결해 보세요.

① 刚好 · · ⓐ 때마침, 알맞게

② 比 · · ⓑ 주다

③ 给 · · ⓒ ~보다, ~에 비해

3 다음 빈칸에 들어갈 알맞은 중국어를 써 보세요.

① 내가 [핫팩] 빌려줄게. _____

② 오늘이 어제 [보다] 더 추운 것 같아. _____

③ 그녀는 [겨우] 스무 살에 결혼했어. _____

4 우리말 뜻을 보고 빈칸에 해당하는 단어를 <보기>에서 찾아 쓰세요.

| 보기 | 度 | 暖和 | 水平 | 飞机 |

① 따뜻하다
➡ _____

② 비행기
➡ _____

③ 도[온도나 밀도를 세는 단위]
➡ _____

④ 실력, 수준
➡ _____

5 녹음을 잘 듣고 빈칸을 채운 뒤 문장을 따라 읽어 보세요. 🔊 24-2

① _____ 冷啊！今天 _____ 三度！

② 今天 _____ 昨天 _____ 冷。

③ 我 _____ 有两个暖宝宝。

6 녹음을 잘 듣고 대답으로 알맞은 말에 V 표시해 보세요. 🔊 24-3

①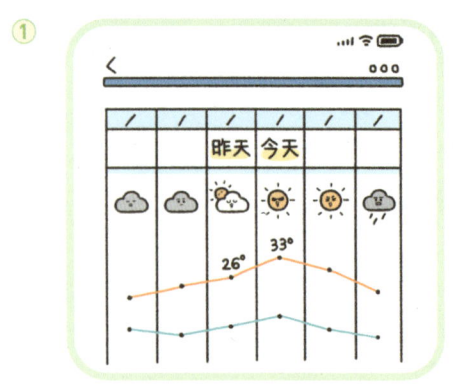

对，今天比昨天更热。

每天要多喝水。

②

谢谢你！好暖和啊！

谢谢夸奖。

7 다음 제시된 문장을 올바르게 고쳐 보세요.

①
A 这是我做的中国菜。
이것은 내가 만든 중국 요리야.

B _____!
너 엄청 대단하다!

* 厉害 lìhai 형 대단하다

②
A 你女儿结婚了吗?
당신 딸은 결혼했어요?

B _____!
아니요, 그녀는 겨우 스무살이에요!

* 女儿 nǚ'ér 명 딸

③
A _____?
내일 날씨는 어때?

B 明天比今天更冷, 才三度。
내일은 오늘보다 더 추워, 겨우 3도래.

8 다음 단어를 올바르게 배열하여 문장을 만들어 보세요.

① 나 중국에 온 지 겨우 1년 됐어.
我/中国/一年/才/来。

➡ _____ 。

② 나는 여동생보다 더 커.
妹妹/更/我/比/高。

➡ _____ 。

③ 이 책이 겨우 10위안이라고?
才/这/书/本/十块钱/吗

➡ _____ ?

9 다음 빈칸에 들어갈 알맞은 단어를 <보기>에서 찾아 쓰세요.

| 보기 | 以前   还   才 |

① 高铁票比飞机票(　　　)贵。　　고속철도 표는 비행기표보다도 더 비싸.

② 他今年(　　　)小学一年级。　　그는 올해 겨우 초등학교 1학년이야.

③ 她比(　　　)更漂亮了。　　그녀는 예전보다 더 예뻐졌어.

10 우리말을 참고하여 다음 문장을 올바르게 고치세요.

① 他才结婚四十五岁。   그는 마흔다섯 살이 되어서야 겨우 결혼했어.

➡ _____ 。

② 他比我一岁大。   그는 나보다 한 살 많아.

➡ _____ 。

③ 他的汉语水平比我很好。   그의 중국어 실력은 나보다도 더 좋아.

➡ _____ 。

④ 你才今年二十岁呀?   너 올해 겨우 스무살이니?

➡ _____ ?

⑤ 地铁更公交车比方便。   지하철은 버스보다 더 편해.

➡ _____ 。

녹음 대본 및 정답

 DAY 19 실례지만, 두 분 어떤 음식을 주문하시겠어요?

녹음 대본

1 ❶ 辣椒　❷ 放　❸ 别　❹ 要

1 ❶ 고추/辣椒　❷ 넣다/放　❸ 다른, 별도의/别　❹ 필요하다, 원하다/要
2 ❶ ⓑ　❷ ⓐ　❸ ⓒ
3 ❶ 位　❷ 辣椒　❸ 还
4 ❶ 蔬菜　❷ 一点儿　❸ 聊天　❹ 出发

녹음 대본

5 ❶ 还要别的吗？
　❷ 来一份麻辣烫。
　❸ 多放一点儿辣椒。

6 ❶ 请问您现在点菜吗？
　❷ 你们还要别的吗？

5 ❶ 别的　❷ 来　❸ 放，辣椒
6 ❶ 我要一份麻辣烫，多放辣椒。　❷ 再来一份羊肉串。
7 ❶ 来两个烤肉汉堡吧。　❷ 好，那再点一份吧。　❸ 还要别的吗？
8 ❶ 多吃一点儿水果吧。　❷ 我还想和你聊天。　❸ 我还想吃牛排。
9 ❶ 再　❷ 一点儿　❸ 还
10 ❶ 你多吃一点儿饭吧。
　❷ 他还要吃几天药。
　❸ 老板，能不能便宜一点儿？
　❹ 你还要喝水吗？
　❺ 我们今天晚一点儿出发吧。

DAY 20 나 오늘 아침에 감기약 먹었어.

녹음 대본

1 ❶ 舒服　　❷ 早上　　❸ 发烧　　❹ 医院

1 ❶ 편안하다/舒服　❷ 아침/早上　❸ 열이 나다/发烧　❹ 병원/医院
2 ❶ ⓑ　　　　　　❷ ⓒ　　　　　❸ ⓐ
3 ❶ 医院　　　　　❷ 没事(儿)　　❸ 早上
4 ❶ 道歉　　　　　❷ 还　　　　　❸ 了　　　　　❹ 努力

녹음 대본

5 ❶ 我头疼，还有(一)点儿发烧。
　❷ 你应该马上去医院。
　❸ 你脸色很差。

6 ❶ 你哪儿不舒服吗？
　❷ 你应该去医院啊！

5 ❶ 头疼，发烧　　　　❷ 应该，医院　　❸ 脸色
6 ❶ 我咳嗽，还有(一)点儿发烧。　❷ 没事(儿)，我今天早上吃了感冒药。
7 ❶ 我有(一)点儿发烧。
　❷ 我昨天看了一部电影，很有意思。
　❸ 你哪儿不舒服吗？
8 ❶ 学生应该努力学习。　❷ 我们应该向他道歉。　❸ 我没打电话。
9 ❶ 下载　　　　　　　❷ 医院　　　　　　　❸ 一本
10 ❶ 弟弟今天出院了。
　❷ 你应该早点儿回家。
　❸ 他没来上课。
　❹ 我打了一个电话。
　❺ 你这个周末应该在家休息。

DAY 21 너는 이 가게 가 본 적 있니?

녹음 대본

1 ❶ 照片   ❷ 远   ❸ 过   ❹ 就

1 ❶ 사진/照片   ❷ 멀다/远   ❸ ~한 적 있다/过   ❹ 바로/就
2 ❶ ⓐ   ❷ ⓒ   ❸ ⓑ
3 ❶ 王府井   ❷ 照片   ❸ 离
4 ❶ 张   ❷ 近   ❸ 店   ❹ 放假

녹음 대본

5 ❶ 这张照片很漂亮。
   ❷ 他们家离这儿近吗?
   ❸ 这家咖啡厅在网上很火。

6 ❶ 医院离这儿远吗?
   ❷ 你去过这家书店吗?

5 ❶ 照片   ❷ 离   ❸ 网上, 火
6 ❶ 有点儿远, 坐地铁要一个小时。   ❷ 我没去过这家书店。
7 ❶ 不太远, 就在家附近。
   ❷ 我也去过。那家店在网上很火。
   ❸ 你听过这首歌吗?
8 ❶ 我用过这个软件。   ❷ 我没谈过恋爱。   ❸ 离放假还有一个月。
9 ❶ 王府井   ❷ 过   ❸ 近
10 ❶ 离上课还有一个小时。
   ❷ 我没见过明星。
   ❸ 地铁站离这儿不太远。
   ❹ 超市离我家很近。
   ❺ 你去过欧洲吗?

DAY 22 나 요새 살쪘어.

녹음 대본

1 ❶ 得　❷ 胖　❸ 还是　❹ 这样

1 ❶ ~해야 한다/得 ❷ 살찌다, 뚱뚱하다/胖 ❸ ~하는 편이 좋다/还是 ❹ 이렇게/这样
2 ❶ ⓒ　❷ ⓐ　❸ ⓑ
3 ❶ 从　❷ 比较　❸ 晚饭
4 ❶ 健康　❷ 还是　❸ 交往　❹ 信心

녹음 대본

5 ❶ 我最近胖了，我得减肥。
　❷ 从今天开始，我学习汉语。
　❸ 你还是多运动吧。

6 ❶ 你觉得我胖吗？
　❷ 从今天开始，我不吃晚饭了。

5 ❶ 减肥　❷ 从，开始　❸ 还是
6 ❶ 我觉得你不胖啊。　❷ 你还是多运动吧。
7 ❶ 对，我最近胖了。　❷ 我终于有男朋友了。　❸ 我的成绩不好，没有信心了。
8 ❶ 我有男朋友了。　❷ 她今年二十岁了。　❸ 我从今天开始运动。
9 ❶ 分手　❷ 信心　❸ 从，开始
10 ❶ 我不去中国了。
　❷ 我从上周开始学开车。
　❸ 他们从去年开始交往。
　❹ 天黑了，你快回家吧。
　❺ 我们从九点开始上课。

나는 영화관 입구에서 기다리고 있어.

녹음 대본

1 ❶ 电影院　❷ 慢　❸ 喂　❹ 门口

1 ❶ 영화관/电影院　❷ 느리다/慢　❸ 여보세요/喂　❹ 입구/门口
2 ❶ ⓑ　❷ ⓐ　❸ ⓒ
3 ❶ 已经　❷ 喂　❸ 门口
4 ❶ 躺　❷ 着　❸ 皮肤　❹ 电影院

녹음 대본

5 ❶ 好冷啊！窗户开着吗？
　❷ 我在学校门口等着呢。
　❸ 你等等，我五分钟就到。

6 ❶ 喂，你在哪儿？我快到了。
　❷ 我五分钟就到。

5 ❶ 窗户　❷ 门口　❸ 分钟
6 ❶ 我已经到了。　❷ 行，你慢慢来，我等你。
7 ❶ 我快到了。　❷ 我可能四点十分到。　❸ 你在哪儿等着我呢？
8 ❶ 他听着音乐。　❷ 窗户开着吗？　❸ 她有长长的头发。
9 ❶ 白白　❷ 趴　❸ 厚厚
10 ❶ 他们站着聊天。
　❷ 你明天早早儿来。
　❸ 他躺着看书。
　❹ 电视没开着。
　❺ 她有大大的眼睛。

오늘이 어제보다 더 추워.

녹음 대본

1 ❶ 给　❷ 才　❸ 暖和　❹ 刚好

1 ❶ 주다/给　❷ 겨우, 고작/才　❸ 따뜻하다/暖和　❹ 때마침, 알맞게/刚好
2 ❶ ⓐ　❷ ⓒ　❸ ⓑ
3 ❶ 暖宝宝　❷ 比　❸ 才
4 ❶ 暖和　❷ 飞机　❸ 度　❹ 水平

녹음 대본

5 ❶ 好冷啊！今天才三度！
　❷ 今天比昨天更冷。
　❸ 我刚好有两个暖宝宝。

6 ❶ 今天好热啊！
　❷ 我刚好有两个暖宝宝，给你一个。

5 ❶ 好，才　❷ 比，更　❸ 刚好
6 ❶ 对，今天比昨天更热。　❷ 谢谢你！好暖和啊！
7 ❶ 你好厉害啊！　❷ 没有，她才二十岁啊！　❸ 明天的天气怎么样？
8 ❶ 我来中国才一年。　❷ 我比妹妹更高。　❸ 这本书才十块钱吗？
9 ❶ 还　❷ 才　❸ 以前
10 ❶ 他四十五岁才结婚。
　❷ 他比我大一岁。
　❸ 他的汉语水平比我还好。
　❹ 你今年才二十岁呀？
　❺ 地铁比公交车更方便。

진짜학습지

중국어

진짜학습지

발음편

중국어 진짜학습지 발음편

개정 1쇄 발행 2023년 7월 14일
개정 2쇄 발행 2024년 2월 15일

지은이 시원스쿨어학연구소
펴낸곳 (주)에스제이더블유인터내셔널
펴낸이 양홍걸 이시원

홈페이지 daily.siwonschool.com
주소 서울시 영등포구 영신로 166 시원스쿨
교재 구입 문의 02)2014-8151
고객센터 02)6409-0878

ISBN 979-11-6150-729-3 13720
Number 1-410201-16161807-06

이 책은 저작권법에 따라 보호받는 저작물이므로 무단복제와 무단전재를 금합니다. 이 책 내용의 전부 또는 일부를 이용하려면 반드시 저작권자와 ㈜에스제이더블유인터내셔널의 서면 동의를 받아야 합니다.

중국어 진짜학습지 학습 가이드

🔖 중국어 진짜학습지란?

『중국어 진짜학습지 발음편』은 중국어를 처음 접하는 학습자들이 모국어를 배우듯 부담 없이 기본기를 탄탄하게 다질 수 있도록 시원스쿨중국어연구소에서 연구 개발한 교재입니다. 본 교재는 발음의 기본 개념을 이해하고 ➡ 원어민의 음원과 함께 발음 연습을 하며 ➡ 한어병음 따라 쓰기를 통해 중국어를 처음 배우는 학습자들이 성조와 한어병음을 자연스럽게 익힐 수 있도록 구성하였습니다. 성조, 성모, 운모를 체계적이고 효과적으로 학습할 수 있습니다.

🔖 중국어 진짜학습지 발음편의 학습 목표는?

목표1 중국어 발음의 기본인 성조, 성모, 운모를 익힐 수 있습니다.

목표2 중국어의 성조 변화 규칙을 정확히 이해하여 발음할 수 있습니다.

목표3 기본 발음과 관련된 단어를 반복해서 듣고 따라 읽으며 정확한 발음을 구사할 수 있습니다.

목표4 중국어로 간단한 인사 표현을 말할 수 있습니다.

🔖 중국어 진짜학습지 로드맵은?

STEP1 강의를 보며 <오늘의 발음>, <오늘의 발음 연습>으로 구성된 본서를 학습합니다.

STEP2 본서에서 배운 내용을 바탕으로 워크북을 풀어보며 학습한 내용을 복습합니다.

STEP3 말하기 트레이닝 영상을 보며 중국어 발음 연습을 합니다.

학습 구성

오늘의 발음

<오늘의 발음>에서는 중국어 발음의 기본인 성조, 성모, 운모 등에 대한 기본 개념을 확실히 파악할 수 있습니다.

오늘의 발음 연습 ①

<오늘의 발음 연습>에서는 원어민의 발음을 듣고 따라 말하며 정확한 발음을 익힐 수 있도록 구성하였습니다. 일상에서 자주 쓰이는 단어를 삽화와 함께 제시하여 자연스럽게 의미를 유추할 수 있습니다.

오늘의 발음 연습 ②

<오늘의 발음 연습>에서는 중국어의 한어병음을 직접 따라 쓰며 발음뿐만 아니라 성조와 한어병음까지 익힐 수 있습니다.

특별 부록 구성

무료 콘텐츠 구성

✓ 쓰기 노트
매 과에서 학습한 단어와 문장을 직접 쓰며 연습할 수 있습니다.

✓ 말하기 트레이닝 영상
스마트 폰으로 책 속의 QR 코드를 스캔하면 언제, 어디서든 영상을 보며 말하기 연습을 할 수 있습니다.

✓ 원어민 MP3 음원
원어민 MP3 음원을 들으며 중국어 연습을 할 수 있습니다. 시원스쿨 진짜학습지 홈페이지 (daily.siwonschool.com) 접속 ➡ 학습지원 ➡ 공부 자료실에서 MP3 파일을 다운로드 받으실 수 있습니다.

유료 콘텐츠 구성

* 유료 콘텐츠는 daily.siwonschool.com에서 확인하실 수 있습니다.

✓ 동영상 강의
교재와 강의를 함께 학습하면 보다 쉽게 내용을 이해할 수 있어 학습 효과를 극대화할 수 있습니다.

✓ 시원펜 학습
시원펜을 활용하면 완벽한 중국어 말하기 훈련을 할 수 있습니다.
☆ 전체 음원 듣기 : 시원펜으로 해당 아이콘 ()을 찍으면 매 과의 전체 음원을 들을 수 있습니다.
☆ 개별 음원 듣기 : 시원펜으로 중국어 단어와 문장을 찍으면 원하는 해당 음원을 들을 수 있습니다.

✓ 성취도 평가
성취도 평가를 통해 자신의 진짜 중국어 실력을 파악할 수 있습니다.

학습 플랜

🚩 주 3일 학습 플랜

★ 본서, 워크북 1일 1과 학습 구성(본서와 워크북을 하루에 함께 학습합니다.)

날짜			내용	학습 계획일	
1주	1일	본서 워크북	DAY 01 중국어의 발음	월	일
	2일	본서 워크북	DAY 02 중국어의 성모 1	월	일
	3일	본서 워크북	DAY 03 중국어의 성모 2	월	일
2주	4일	본서 워크북	DAY 04 중국어의 운모 1	월	일
	5일	본서 워크북	DAY 05 중국어의 운모 2	월	일
	6일	본서 워크북	DAY 06 중국어의 성조 변화 1	월	일
3주	7일	본서 워크북	DAY 07 중국어의 성조 변화 2	월	일
	8일	본서 워크북	DAY 08 중국어의 인사	월	일

🚩 주 6일 학습 플랜

★ 본서, 워크북 2일 1과 학습 구성(본서를 먼저 공부하고 그 다음날 워크북으로 복습합니다.)

날짜			내용	학습 계획일	
1주	1일	본서	DAY 01 중국어의 발음	월	일
	2일	워크북			
	3일	본서	DAY 02 중국어의 성모 1	월	일
	4일	워크북			
	5일	본서	DAY 03 중국어의 성모 2	월	일
	6일	워크북			
2주	7일	본서	DAY 04 중국어의 운모 1	월	일
	8일	워크북			
	9일	본서	DAY 05 중국어의 운모 2	월	일
	10일	워크북			
	11일	본서	DAY 06 중국어의 성조 변화 1	월	일
	12일	워크북			
3주	13일	본서	DAY 07 중국어의 성조 변화 2	월	일
	14일	워크북			
	15일	본서	DAY 08 중국어의 인사	월	일
	16일	워크북			

학습 목차

중국어란 무엇일까? 08

- 중국어와 표준어
- 한어병음
- 간체자(간화자)
- 성조

DAY 01	중국어의 발음	10
DAY 02	중국어의 성모 1	16
DAY 03	중국어의 성모 2	22
DAY 04	중국어의 운모 1	28
DAY 05	중국어의 운모 2	34
DAY 06	중국어의 성조 변화 1	40
DAY 07	중국어의 성조 변화 2	46
DAY 08	중국어의 인사	52

중국어란 무엇일까?

중국어와 표준어

▶ 중국 인구의 94% 비중을 차지하고 있는 한족! 그들이 사용하는 언어를 '한어(汉语 Hànyǔ)'라고 하며, 그들이 사용하는 표준어를 '보통화(普通话 pǔtōnghuà)'라고 합니다.

> 중국은 한족과 55개의 소수 민족으로 구성된 다민족 국가이기 때문에 서로 무슨 말을 하는지 못 알아듣는다고 합니다. 이에 중국에서는 '한족의 말', 즉 '한어'를 중국어의 표준어로 지정하였습니다.

한족 　　　　　소수 민족

간체자(간화자)

▶ 중국에서는 복잡한 한자를 간단하게 만든 글자인 '간체자(간화자)'를 씁니다. 반면 우리나라나 홍콩, 타이완에서 쓰고 있는 한자는 '번체자'라고 합니다.

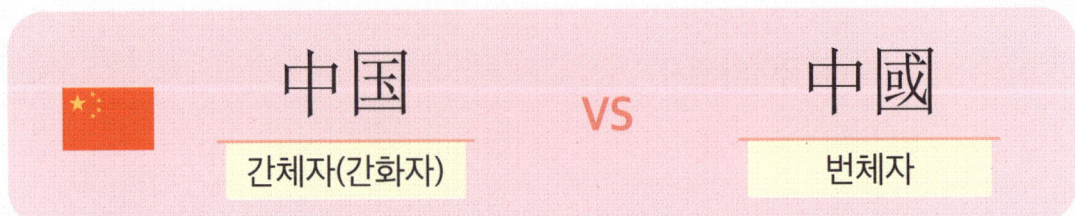

中国 간체자(간화자) VS 中國 번체자

○ 한어병음

▶ 중국어를 처음 학습할 때 한자만 보고 발음하기 어렵기 때문에 로마자로 발음을 표기하는데, 이를 '한어병음(汉语拼音)'이라고 합니다. 한어병음은 '성모(声母)'와 '운모(韵母)', '성조(声调)'로 구성되어 있습니다.

성모	중국어 음절의 첫 부분에 오는 자음을 말합니다.
운모	중국어 음절에서 성모를 제외한 부분을 말합니다.
성조	중국어의 음절이 갖고 있는 소리의 높낮이를 말합니다.

Tip 같은 발음이어도 성조가 다르면 의미가 달라질 수 있으니 주의해야 합니다.

○ 성조

▶ 성조는 음의 높낮이를 말하며 기본적으로 네 개의 성조가 있습니다.

DAY 01 중국어의 발음

학습 목표
* 중국어의 기본 성조를 익힐 수 있습니다.
* 중국어의 단운모를 익힐 수 있습니다.

말하기 트레이닝 영상

오늘의 발음

시원펜으로 오늘의 발음을 듣고 연습해 보세요.

 01-1

• 중국어의 성조

▷ 성조는 음의 높낮이를 가리키는 말로 중국어에는 제1성, 제2성, 제3성, 제4성 네 개의 성조가 있습니다. 같은 발음이라도 성조가 다르면 의미가 달라집니다.

제1성 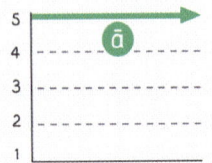 가장 높게 '솔' 톤으로 시작하여 같은 음으로 끝까지 유지합니다.
mā 妈 엄마, 어머니

제2성 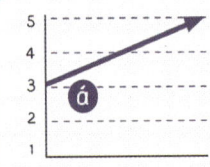 누군가에게 '왜?'라고 질문하듯이 끝을 쭉 끌어 올려 줍니다.
má 麻 저리다

제3성 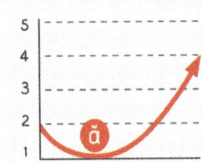 '네~에'하고 대답하듯이 아래로 내려갔다가 다시 살짝 위로 올려 줍니다.
mǎ 马 말

제4성 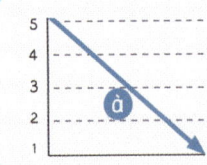 번지 점프를 하듯이 높은 음에서 낮은 음으로 강하게 짧게 내려 줍니다.
mà 骂 꾸짖다

TIP 중국어에는 네 개의 성조 외에 가볍고 짧게 소리내는 경성이 있습니다. 경성은 앞 음절의 성조에 따라 높낮이가 변하며 성조 표시를 하지 않습니다.
예) 吗 ma ~이니?, ~입니까?

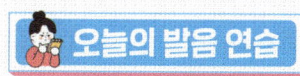

✓ 큰 소리로 읽으며 따라 써 보세요.

ā
ā

ā

á
á

á

ǎ
ǎ

ǎ

à
à

à

 시원펜으로 오늘의 발음을 듣고 연습해 보세요.

01-2

• 중국어의 단운모

▷ 단운모는 우리말의 모음에 해당하는 부분으로 총 6개의 기본 운모로 이루어져 있습니다.

a 아
입을 크게 벌리고 우리말의 '아'의 느낌으로 발음합니다.
우리말의 '아' 보다 크게 발음하는 것이 좋습니다.

o 오~어
입을 동그랗게 모아서 '오'로 시작하여 '어'로 끝나는 느낌으로 발음합니다.

e 으~어
입을 반쯤 벌리고 '으'로 발음하다가 부드럽게 '어'로 끝나는 느낌으로 발음합니다.

i 이
입을 옆으로 길게 벌리고 '이'의 느낌으로 발음합니다.

u 우
입을 동그랗게 모아 앞으로 살짝 내밀면서 '우'의 느낌으로 발음합니다.

ü 위
입술을 둥글게 모아 '위'의 느낌으로 발음하되, 입 모양을 끝까지 움직이지 않고 발음합니다.

✓ 큰 소리로 읽으며 따라 써 보세요.

a

| ā | á | ǎ | à |

o

| ō | ó | ǒ | ò |

e

| ē | é | ě | è |

i

| ī | í | ǐ | ì |

u

| ū | ú | ǔ | ù |

ü

| ǖ | ǘ | ǚ | ǜ |

 **오늘의 발음 연습**

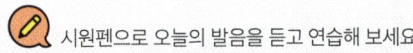 시원펜으로 오늘의 발음을 듣고 연습해 보세요.

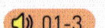 01-3

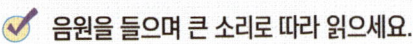 음원을 들으며 큰 소리로 따라 읽으세요.

a

bā	fá	tǎ	pà
八 8, 여덟 	罚 벌하다 	塔 탑 	怕 무서워하다 

o

bō	fó	mǒ	pò
波 물결 	佛 불교 	抹 바르다 	破 부수다 

e

hē	gé	kě	lè
喝 마시다 	格 네모 칸 	渴 목마르다 	乐 즐겁다 

중국어의 성모 1

학습 목표: 11개의 성모를 익힐 수 있습니다.

말하기 트레이닝 영상

 시원펜으로 오늘의 발음을 듣고 연습해 보세요.

 02-1

· 중국어의 성모 1

▷ 성모는 음절의 첫 머리에 오는 자음으로 총 21개가 있습니다. 성모는 단독으로 소리를 낼 수 없으며 항상 운모와 결합하여 사용됩니다. 이 중 b, p, m, f는 o(오어)와 결합하여 발음하고, d, t, n, l, g, k, h는 e(으어)와 결합하여 발음합니다.

❶ 윗입술과 아랫입술을 붙였다 떼면서 발음합니다.

| b | p | m | + | o |

❷ 윗니를 아랫입술에 살짝 대었다 떼면서 발음합니다.

| f | + | o |

❸ 혀끝을 윗니 안쪽의 잇몸에 붙였다 떼면서 발음합니다.

| d | t | n | l | + | e |

❹ 혀뿌리를 입천장 뒤쪽에 가까이 대고 발음합니다.

| g | k | h | + | e |

16 중국어 진짜학습지

 **오늘의 발음 연습**

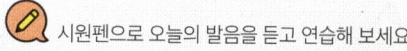 시원펜으로 오늘의 발음을 듣고 연습해 보세요.

🔊 02-2

✅ 음원을 들으며 큰 소리로 따라 읽으세요.

b

bō	bá	bǔ	bì
播 전파하다	拔 뽑다	补 보수하다	毕 마치다

p

pā	pópo	pǐ	pù
趴 엎드리다	婆婆 시어머니	匹 마리	铺 가게

m

māma	mótè	mǐ	mù
妈妈 엄마	模特 모델	米 쌀	木 나무

f

fā	fú	fǎ	fùmǔ
发 보내다	服 의복	法 법	父母 부모

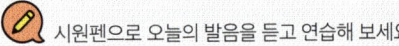

02-3

✓ 음원을 들으며 큰 소리로 따라 읽으세요.

d

dī	dé	dǐ	dùzi
滴 물방울	得 얻다	底 밑	肚子 배

t

tā	tú	tǐlì	tè
她 그녀	图 그림	体力 체력	特 특별하다

n

nī	ná	nǎ	nù
妮 여자아이	拿 (손으로) 잡다	哪 어느	怒 분노

l

lā	lú	lǚ	lì
拉 끌다	炉 화로	铝 알루미늄	力 힘

g

gūgu	gébì	gǔ	gèzi
姑姑 고모	隔壁 이웃	骨 뼈	个子 키

k

kū	ké	kělè	kùzi
枯 시들다	壳 껍데기	可乐 콜라	裤子 바지

h

hā	húli	hǔ	hèkǎ
哈 하하	狐狸 여우	虎 호랑이	贺卡 축하 카드

 오늘의 발음 연습

✓ 다음 제시된 한어병음을 큰 소리로 읽으며 따라 써 보세요.

 bá bá

 pā pā

 mótè mótè

 fǎ fǎ

 dī dī

 tú tú

tǐlì tǐlì

nù nù

lì lì

gǔ gǔ

ké ké

hǔ hǔ

hèkǎ hèkǎ

중국어의 성모 2

* 10개의 성모를 익힐 수 있습니다.

시원펜으로 오늘의 발음을 듣고 연습해 보세요.

🔊 03-1

· 중국어의 성모 2

▷ j, q, x는 i(이)와 결합하여 발음하고, zh, ch, sh, r, z, c, s는 i와 결합하나 '이'가 아닌 '으'로 발음합니다.

❶ 혓바닥 부분을 평평하게 하면서 입천장 앞쪽에 붙였다 떼거나 가까이 대고 발음합니다.

| j | q | x | + | i |

❷ 혀끝을 위쪽으로 오므리며 입천장에 붙였다 떼거나 가까이 대고 발음합니다.

| zh | ch | sh | r | + | i |

❸ 혀를 윗니 뒤쪽에 붙였다 떼거나 가까이 대고 발음합니다.

| z | c | s | + | i |

 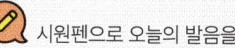

🔊 03-2

✔ 음원을 들으며 큰 소리로 따라 읽으세요.

j
- jī 鸡 닭
- júzi 桔子 귤
- jǔ 举 들어 올리다
- jìde 记得 기억하다

q
- qū 曲 (길이) 굽다
- qí 骑 타다
- qǐzi 起子 병따개
- qù 去 가다

x
- xū 需 필요하다
- xífù 媳妇 며느리
- xǐ 洗 씻다
- xùshù 叙述 서술하다

TIP 성모 j, q, x 뒤에 ü가 있으면 위의 두 점은 생략합니다.
예) j, q, x + ü ➜ ju, qu, xu

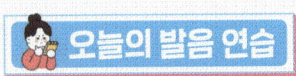 오늘의 발음 연습

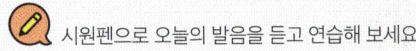 시원펜으로 오늘의 발음을 듣고 연습해 보세요.

 03-3

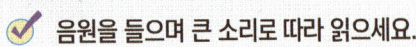 음원을 들으며 큰 소리로 따라 읽으세요.

zh

zhū	zhá	zhǐ	zhè
猪 돼지	炸 튀기다	纸 종이	这 이것

ch

chē	chá	chǔxù	chì
车 자동차	茶 차	储蓄 저축하다	翅 날개

sh

shā	shé	shǔ	shì
沙 모래	蛇 뱀	鼠 쥐	试 시험하다

r

rúhé	rě	rì	rèhu
如何 어떻게	惹 건드리다	日 해	热乎 따끈하다

Z

zā 扎 묶다

zémà 责骂 꾸짖다

zǔ 组 조, 팀

zìjǐ 自己 자기, 자신

C

cā 擦 닦다

cíqì 瓷器 도자기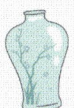

cǐ 此 이, 이것

cù 醋 식초

S

sījī 司机 기사

súyǔ 俗语 속담

sǎ 洒 엎지르다

sè 色 색

 오늘의 발음 연습

✓ 다음 제시된 한어병음을 큰 소리로 읽으며 따라 써 보세요.

 jī jī

 júzi júzi

 qí qí

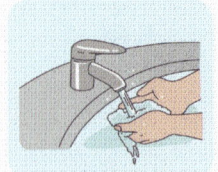 xǐ xǐ

 zhá zhá

 chē chē

shé　shé

rèhu　rèhu

zā　zā

zémà　zémà

cíqì　cíqì

cù　cù

sǎ　sǎ

중국어의 운모 1

학습 목표

✱ a, o, e로 시작하는 결합운모를 익힐 수 있습니다.

 **오늘의 발음**

시원펜으로 오늘의 발음을 듣고 연습해 보세요.

중국어의 운모 1

▷ 중국어에서는 둘 이상의 운모가 결합하여 새로운 운모를 만들 수 있는데, 이를 결합운모라고 합니다. 이때 a, o, e로 시작하는 운모는 맨 처음 소리를 강하게 발음하고 뒤에 소리는 약하게 발음하여 하나의 음으로 들리게 소리냅니다.

• a로 시작하는 운모

| a | ai | ao | an | ang |

• o로 시작하는 운모

| o | ou | ong |

• e로 시작하는 운모

| e | ei | en | eng | er |

28 중국어 진짜학습지

중국어 진짜학습지 **본서**

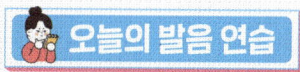

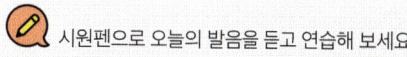

04-2

음원을 들으며 큰 소리로 따라 읽으세요.

ai

kāi 开 열다
páizi 牌子 상표, 브랜드
bǎi 百 100, 백
mài 卖 팔다

ao

bāo 包 가방
máo 毛 털
dǎo 岛 섬
pào 泡 거품

an

bān 搬 이사하다
pánzi 盘子 쟁반
sǎn 伞 우산
hàn 汗 땀

 **오늘의 발음 연습**

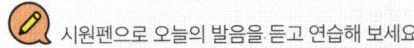 시원펜으로 오늘의 발음을 듣고 연습해 보세요.

04-3

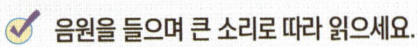 음원을 들으며 큰 소리로 따라 읽으세요.

ang

zāng	máng	tǎng	shàng
脏 더럽다	忙 바쁘다	躺 눕다	上 위

ou

dōu	hóuzi	kǒu	gòu
都 모두, 다	猴子 원숭이	口 입	够 충분하다

ong

cōng	hóngsè	kǒng	zhòng
葱 파	红色 빨간색	孔 구멍	重 무겁다

ei

fēijī	péi	gěi	mèimei
飞机 비행기	陪 함께하다	给 주다	妹妹 여동생

en

zhēn	pénzi	hěn	bèn
针 바늘	盆子 대야	很 매우, 아주	笨 멍청하다

 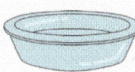  

eng

rēng	téng	děng	mèng
扔 버리다	疼 아프다	等 기다리다	梦 꿈

er

értóng	ěrjī	èrbǎi
儿童 어린이	耳机 이어폰	二百 200, 이백

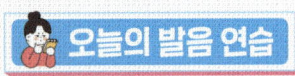 **오늘의 발음 연습**

✓ 다음 제시된 한어병음을 큰 소리로 읽으며 따라 써 보세요.

 **kāi** kāi

 **máo** máo

 **pào** pào

 **sǎn** sǎn

 **hàn** hàn

 **tǎng** tǎng

hóuzi　hóuzi

kǒng　kǒng

fēijī　fēijī

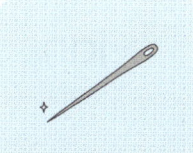
zhēn　zhēn

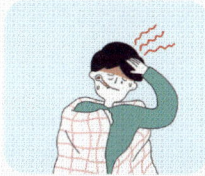
téng　téng

mèng　mèng

ěrjī　ěrjī

중국어의 운모 2

학습 목표
* i, u, ü로 시작하는 결합운모를 익힐 수 있습니다.

말하기 트레이닝 영상

 오늘의 발음

 시원펜으로 오늘의 발음을 듣고 연습해 보세요.

🔊 05-1

• 중국어의 운모 2

▷ i, u, ü로 시작하는 운모는 맨 처음 소리를 약하게 발음하고 뒤에 소리는 강하게 발음하여 하나의 음으로 들리게 소리냅니다.

• i로 시작하는 운모

| i (yi) | ia (ya) | ie (ye) | iao (yao) | iou (you) | ian (yan) |
| | in (yin) | iang (yang) | ing (ying) | iong (yong) | |

TIP 성모 없이 단독으로 쓰일 때는 i ➡ yi로 표기합니다.

• u로 시작하는 운모

| u (wu) | ua (wa) | uo (wo) | uai (wai) | uei (wei) |
| | uan (wan) | uen (wen) | uang (wang) | ueng (weng) |

TIP 성모 없이 단독으로 쓰일 때는 u ➡ wu로 표기합니다.

• ü로 시작하는 운모

| ü (yu) | üe (yue) | üan (yuan) | ün (yun) |

TIP 성모 없이 단독으로 쓰일 때는 ü ➡ yu로 표기합니다.

 오늘의 발음 연습

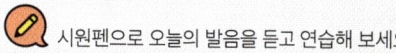 시원펜으로 오늘의 발음을 듣고 연습해 보세요.

 05-2

✓ 음원을 들으며 큰 소리로 따라 읽으세요.

ia (ya)

qiā	xiágǔ	liǎ	jiàrì
掐 꼬집다	峡谷 협곡	俩 두 사람	假日 휴일

ie (ye)

diē	qiézi	jiějie	liè
爹 아버지	茄子 가지	姐姐 누나, 언니	猎 사냥하다

iao (yao)

jiāo	qiáo	niǎo	piào
教 가르치다	桥 다리	鸟 새	票 표

iou (you)

qiū	niúnǎi	jiǔ	liù
秋 가을	牛奶 우유	九 9, 아홉	六 6, 여섯

 Tip
iou 앞에 성모가 있을 때는 가운데 운모 'o'를 생략합니다.

ian (yan)

tiān	qián	diǎn	miànbāo
天 하늘	钱 돈	点 주문하다	面包 빵

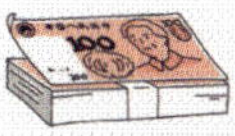

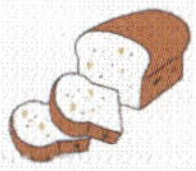

 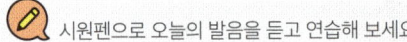

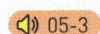 05-3

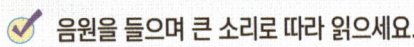

in (yin)
- jīn 金 금
- mínzú 民族 민족
- pǐnzhì 品质 품질
- xìn 信 편지

iang (yang)
- jiāng 江 강
- qiáng 墙 담, 벽
- liǎng 两 2, 둘
- xiàng 像 닮다

ing (ying)
- tīng 听 듣다
- píng 瓶 병
- bǐnggān 饼干 비스킷
- jìngzi 镜子 거울

iong (yong)
- xiōngdì 兄弟 형제
- qióng 穷 가난하다
- jiǒng 囧 난감하다

ua (wa)

kuā	huálì	zhuǎ	guà
夸 칭찬하다	华丽 화려하다	爪 (짐승의) 발	挂 걸다

uo (wo)

duō	guójiā	zuǒ	ruò
多 많다	国家 국가, 나라	左 왼쪽	弱 약하다

uai (wai)

guāi	huáiyí	shuǎi	kuài
乖 얌전하다	怀疑 의심하다	甩 뿌리치다	快 빠르다

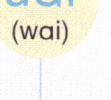   

uei (wei)

tuī	huí	zuǐ	shuì
推 밀다	回 돌아가다	嘴 입	睡 자다

Tip uei 앞에 성모가 있을 때는 가운데 운모 'e'를 생략합니다.

오늘의 발음 연습

시원펜으로 오늘의 발음을 듣고 연습해 보세요.

🔊 05-4

✓ 음원을 들으며 큰 소리로 따라 읽으세요.

uan (wan)

suān	huán	duǎn	zhuàn
酸 시다	环 고리	短 짧다	赚 (돈을) 벌다

uen (wen)

hūnyīn	lún	gǔn	kùn
婚姻 혼인, 결혼	轮 바퀴	滚 구르다	困 졸리다

> **Tip** uen 앞에 성모가 있을 때는 가운데 운모 'e'를 생략합니다.

uang (wang)

chuāng	huángsè	guǎng	zhuàng
窗 창문	黄色 노란색	广 넓다	撞 부딪치다

ueng (weng)

wēng	wèng
翁 노인	瓮 항아리

üe
(yue)

q**uē**	j**ué**de	x**uě**	l**üè**
缺 부족하다	觉得 생각하다	雪 눈	略 약간

üan
(yuan)

j**uān**	**yuán**	x**uǎn**	q**uàn**
捐 기부하다	圆 둥글다	选 선택하다	劝 권고하다

ün
(yun)

j**ūn**rén	q**ún**zi	y**ǔn**xǔ	x**ùn**sù
军人 군인	裙子 치마	允许 허락하다	迅速 신속하다

중국어의 성조 변화 1

학습 목표
* 제3성의 성조 변화에 대해 학습합니다.
* 경성에 대해 학습합니다.

말하기 트레이닝 영상

 **오늘의 발음**

시원펜으로 오늘의 발음을 듣고 연습해 보세요.

 06-1

· 제3성의 성조 변화

❶ 제3성 + 제3성

▷ 제3성의 성조가 연속으로 나올 경우 앞의 제3성은 제2성으로 읽습니다. 단, 성조 표기는 그대로 제3성으로 합니다.

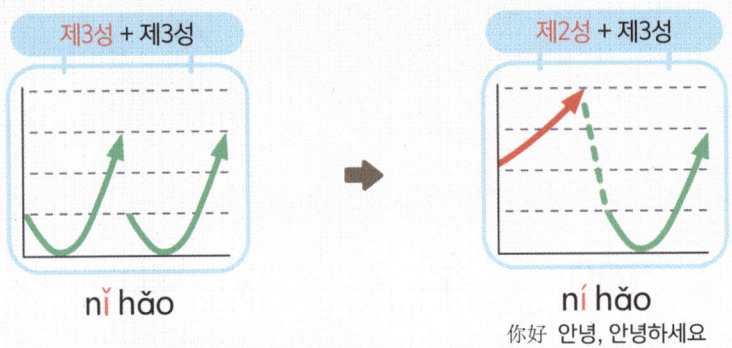

nǐ hǎo → nǐ hǎo
你好 안녕, 안녕하세요

❷ 제3성 + 제1성, 제2성, 제4성, 경성

▷ 제3성 뒤에 제1성, 제2성, 제4성, 경성이 오면 앞의 제3성은 발음하기 쉽도록 반3성으로 읽습니다. 단, 성조 표기는 그대로 제3성으로 합니다.

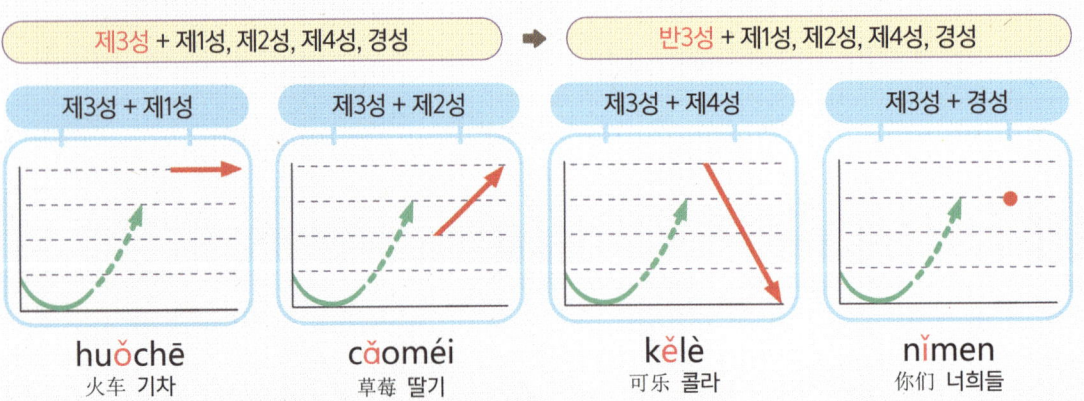

제3성 + 제1성	제3성 + 제2성	제3성 + 제4성	제3성 + 경성
huǒchē 火车 기차	cǎoméi 草莓 딸기	kělè 可乐 콜라	nǐmen 你们 너희들

 **오늘의 발음 연습**

 시원펜으로 오늘의 발음을 듣고 연습해 보세요.

🔊 06-2

✓ 음원을 들으며 큰 소리로 따라 읽으세요.

· 제3성 + 제3성 ➡ 제2성 + 제3성

hěn hǎo	shuǐguǒ	yǔfǎ
很好 (매우) 좋다	水果 과일	语法 어법

· 제3성 + 제1성 ➡ 반3성 + 제1성

lǎoshī	hǎochī	xǔduō
老师 선생님	好吃 맛있다	许多 매우 많다

· 제3성 + 제2성 ➡ 반3성 + 제2성

jiǎnféi	lǚxíng	yǔyán
减肥 다이어트하다	旅行 여행하다	语言 언어

· 제3성 + 제4성 ➡ 반3성 + 제4성

kě'ài	hǎokàn	yǎnjìng
可爱 귀엽다	好看 보기 좋다	眼镜 안경

· 제3성 + 경성 ➡ 반3성 + 경성

jiǎozi	yǐzi	běnzi
饺子 교자, 만두	椅子 의자	本子 공책

오늘의 발음

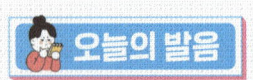

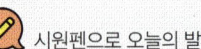

시원펜으로 오늘의 발음을 듣고 연습해 보세요.

06-3

· 경성

▷ 일부 음절에서 본래의 성조 대신 짧고 가볍게 발음하는 경우가 있는데, 이를 경성이라고 합니다. 경성은 성조 표기를 하지 않으며, 경성의 높낮이는 앞 성조의 영향을 받습니다.

제1성+경성

māma 妈妈 엄마, 어머니

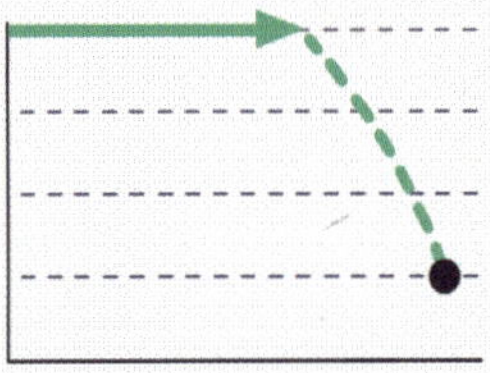

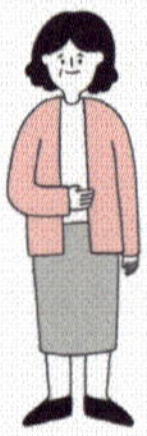

제2성+경성

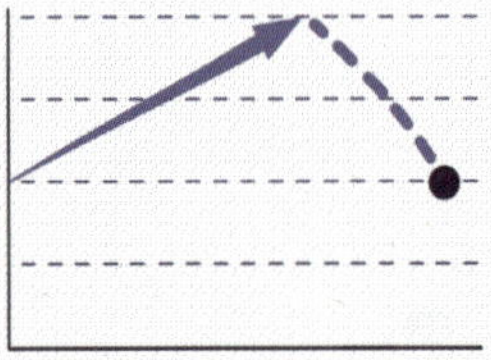

yéye 爷爷 할아버지

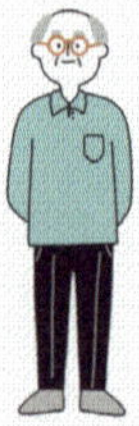

제3성+경성

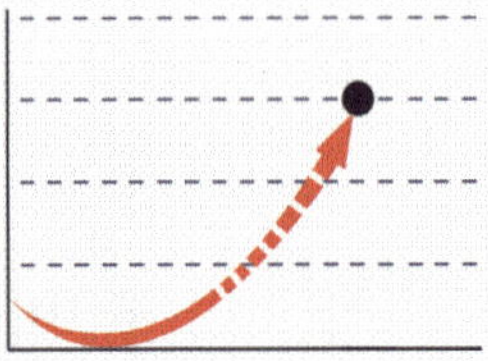

nǎinai 奶奶 할머니

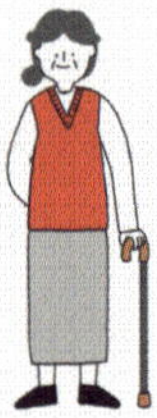

제4성+경성

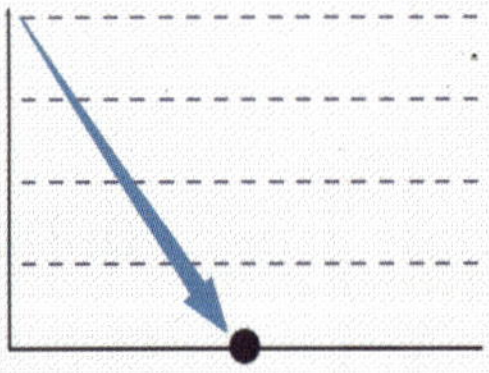

bàba 爸爸 아빠, 아버지

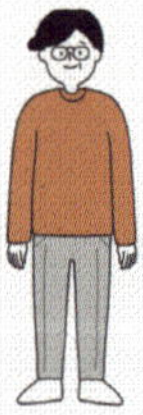

오늘의 발음 연습

🎧 06-4

시원펜으로 오늘의 발음을 듣고 연습해 보세요.

✅ 음원을 들으며 큰 소리로 따라 읽으세요.

yéye 爷爷 할아버지

nǎinai 奶奶 할머니

bàba 爸爸 아빠, 아버지

māma 妈妈 엄마, 어머니

gēge 哥哥 형, 오빠

jiějie 姐姐 누나, 언니

wǒ 我 나

dìdi 弟弟 남동생

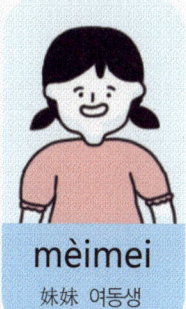
mèimei 妹妹 여동생

✓ 다음 제시된 한어병음을 큰 소리로 읽으며 따라 써 보세요.

shuǐguǒ shuǐguǒ

hǎochī hǎochī

lǚxíng lǚxíng

kě'ài kě'ài

yǎnjìng yǎnjìng

jiǎozi jiǎozi

 **yéye**　yéye

 **nǎinai**　nǎinai

 **bàba**　bàba

 **māma**　māma

 **gēge**　gēge

 **jiějie**　jiějie

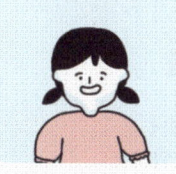 **mèimei**　mèimei

중국어의 성조 변화 2

학습 목표
* 不의 성조 변화에 대해 학습합니다.
* 一의 성조 변화에 대해 학습합니다.

말하기 트레이닝 영상

시원펜으로 오늘의 발음을 듣고 연습해 보세요.

07-1

오늘의 발음

・不의 성조 변화

❶ bù(不) + 제1성, 제2성, 제3성

▷ 'bù(不)' 뒤에 제1성, 제2성, 제3성이 오면 본래의 성조인 제4성으로 발음합니다.

bù + 제1성	bù hē 不喝 마시지 않는다
bù + 제2성	bù lái 不来 오지 않는다
bù + 제3성	bù mǎi 不买 사지 않는다

❷ bù(不) + 제4성

▷ 'bù(不)'는 본래 제4성이지만, 뒤에 제4성이 오면 제2성으로 발음하며, 한어병음도 바뀐 발음으로 표기합니다.

bù qù
bù kàn

bú qù 不去 가지 않다
bú kàn 不看 보지 않다

중국어 진짜학습지 본서

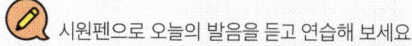

07-2

✓ 음원을 들으며 큰 소리로 따라 읽으세요.

· bù + 제1성 ➡ bù + 제1성

| bù kū |  | bù duō |  | bù tīng |  |
| 不哭 울지 않다 | | 不多 많지 않다 | | 不听 듣지 않다 | |

· bù + 제2성 ➡ bù + 제2성

| bù xué |  | bù máng |  | bù tián | |
| 不学 공부하지 않다 | | 不忙 바쁘지 않다 | | 不甜 달지 않다 | |

· bù + 제3성 ➡ bù + 제3성

| bù hǎo | | bù xǐ |  | bù lěng |  |
| 不好 좋지 않다 | | 不洗 씻지 않다 | | 不冷 춥지 않다 | |

· bù + 제4성 ➡ bú + 제4성

| bú là |  | bú màn |  | búcuò | |
| 不辣 맵지 않다 | | 不慢 느리지 않다 | | 不错 좋다, 괜찮다 | |

DAY 07 중국어의 성조 변화 2

 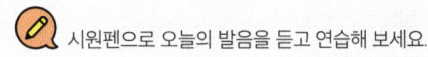

一의 성조 변화

❶ yī(一) + 제1성, 제2성, 제3성

▷ 'yī(一)'는 본래 제1성이지만, 뒤에 제1성, 제2성, 제3성이 오면 제4성으로 발음하며, 한어병음도 바뀐 발음으로 표기합니다.

| yī + 제1성 | ➡ | yì + 제1성 |

yībān → yìbān 一般 일반적이다

| yī + 제2성 | ➡ | yì + 제2성 |

yīzhí → yìzhí 一直 줄곧

| yī + 제3성 | ➡ | yì + 제3성 |

yī duǒ → yì duǒ 一朵 한 송이

❷ yī(一) + 제4성, 경성

▷ 'yī(一)'는 본래 제1성이지만, 뒤에 제4성, 경성이 오면 제2성으로 발음하며, 한어병음도 바뀐 발음으로 표기합니다.

| yī + 제4성 | ➡ | yí + 제4성 |

yīdìng → yídìng 一定 반드시

| yī + 경성 | ➡ | yí + 경성 |

yī ge → yí ge 一个 한 개

 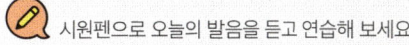

음원을 들으며 큰 소리로 따라 읽으세요.

· yī + 제1성 ➡ yì + 제1성

yì tiān	yì zhāng	yì bēi
一天 하루	一张 한 장	一杯 한 잔

· yī + 제2성 ➡ yì + 제2성

yì píng	yì tái	yì qún
一瓶 한 병	一台 한 대	一群 한 무리

· yī + 제2성 ➡ yì + 제3성

yì běn	yì wǎn	yìqǐ
一本 한 권	一碗 한 그릇	一起 함께

· yī + 제4성 ➡ yí + 제4성

yí jiàn	yí kuài	yíyàng
一件 한 벌	一块 한 조각	一样 같다

· yī + 경성 ➡ yí + 경성

yí ge
一个 한 개

DAY 07 중국어의 성조 변화 2

 **오늘의 발음 연습**

✓ 다음 제시된 한어병음을 큰 소리로 읽으며 따라 써 보세요.

 bù tīng   bù tīng

 bù xué   bù xué

 bù hǎo   bù hǎo

 bù xǐ   bù xǐ

 bú là   bú là

 búcuò   búcuò

yì bēi   yì bēi

yì píng   yì píng

yì běn   yì běn

yì wǎn   yì wǎn

yí kuài   yí kuài

yíyàng   yíyàng

yí ge   yí ge

DAY 08 중국어의 인사

학습 목표
* 만날 때와 헤어질 때 인사 표현을 말할 수 있습니다.
* 감사와 사과 표현을 말할 수 있습니다.

말하기 트레이닝 영상

오늘의 발음

시원펜으로 오늘의 발음을 듣고 연습해 보세요.

🔊 08-1

- **만날 때 하는 인사**

  Nǐ hǎo!
  你好!
  안녕!

  Nǐmen hǎo!
  你们好!
  얘들아, 안녕!

- **헤어질 때 하는 인사**

  Báibái!
  拜拜!
  바이바이!(잘 가!)

  Míngtiān jiàn!
  明天见!
  내일 봐!

> **TIP** 'Nǐ hǎo!(你好!)'는 처음 대면하거나 평소 알던 사람을 만났을 때, 'Nín hǎo!(您好!)'는 웃어른이나 비즈니스 관계인 사람을 만났을 때 주로 쓰는 표현입니다. 'Báibái!(拜拜!)'는 관계가 비교적 가깝거나 또래 친구과 헤어질 때 쓰며, 'Zàijiàn!(再见!)'은 가장 기본적인 인사 표현에 해당합니다.

오늘의 발음 연습

다음 제시된 한어병음을 큰 소리로 읽으며 따라 써 보세요.

Nǐ hǎo!
안녕!

Nǐ hǎo!   Nǐ hǎo!

Nǐmen hǎo!
얘들아, 안녕!

Nǐmen hǎo!   Nǐmen hǎo!

Báibái!
바이바이!(잘 가!)

Báibái!   Báibái!

Míngtiān jiàn!
내일 봐!

Míngtiān jiàn!   Míngtiān jiàn!

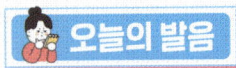 **오늘의 발음**

시원펜으로 오늘의 발음을 듣고 연습해 보세요.

🔊 08-2

- 감사할 때 하는 표현 1

 Xièxie!
谢谢！
고마워!(감사합니다!)

 Bú kèqi!
不客气！
천만에!(천만에요!)

- 감사할 때 하는 표현 2

 Xiè le!
谢了！
고마워!

 Xiǎoyìsi!
小意思！
별것 아니야!

 'Xièxie!(谢谢!)'는 가장 기본적인 감사 표현으로 대상에 따라 '고마워!, 감사합니다!'라고 해석할 수 있습니다.
'Xiè le!(谢了!)'는 'Xièxie!'보다 가벼운 표현으로 비교적 가까운 관계에 쓰입니다.

다음 제시된 한어병음을 큰 소리로 읽으며 따라 써 보세요.

Xièxie!
고마워!(감사합니다!)

Xièxie!   Xièxie!

Bú kèqi!
천만에!(천만에요!)

Bú kèqi!   Bú kèqi!

Xiè le!
고마워!

Xiè le!   Xiè le!

Xiǎoyìsi!
별것 아니야!

Xiǎoyìsi!   Xiǎoyìsi!

오늘의 발음

시원펜으로 오늘의 발음을 듣고 연습해 보세요.

08-3

- 사과할 때 하는 표현 1

Duìbuqǐ!
对不起!

죄송합니다!

Méi guānxi!
没关系!

괜찮습니다!

- 사과할 때 하는 표현 2

Bù hǎoyìsi!
不好意思!

미안해!

Méi shìr!
没事儿!

괜찮아!

 'Duìbuqǐ!(对不起!)'는 정식으로 사과할 때 쓰는 표현으로 회화에서는 'Bù hǎoyìsi!(不好意思!)'를 더 많이 사용합니다.

 **오늘의 발음 연습**

✓ 다음 제시된 한어병음을 큰 소리로 읽으며 따라 써 보세요.

Duìbuqǐ!
죄송합니다!

Duìbuqǐ!   Duìbuqǐ!

Méi guānxi!
괜찮습니다!

Méi guānxi!   Méi guānxi!

Bù hǎoyìsi!
미안해!

Bù hǎoyìsi!   Bù hǎoyìsi!

Méi shìr!
괜찮아!

Méi shìr!   Méi shìr!

MEMO

MEMO

진짜학습지

중국어

진짜학습지

발음편 워크북

중국어 진짜학습지 발음편 워크북

개정 1쇄 발행 2023년 7월 14일
개정 2쇄 발행 2024년 2월 15일

지은이 시원스쿨어학연구소
펴낸곳 (주)에스제이더블유인터내셔널
펴낸이 양홍걸 이시원

홈페이지 daily.siwonschool.com
주소 서울시 영등포구 영신로 166 시원스쿨
교재 구입 문의 02)2014-8151
고객센터 02)6409-0878

ISBN 979-11-6150-729-3 13720
Number 1-410201-16161807-06

이 책은 저작권법에 따라 보호받는 저작물이므로 무단복제와 무단전재를 금합니다. 이 책 내용의 전부 또는 일부를 이용하려면 반드시 저작권자와 ㈜에스제이더블유인터내셔널의 서면 동의를 받아야 합니다.

학습 구성

중국어 발음의 기본인 성조, 성모, 운모 등을 제대로 이해했는지 문제를 직접 풀어보며 자신의 실력을 점검해 봅니다.

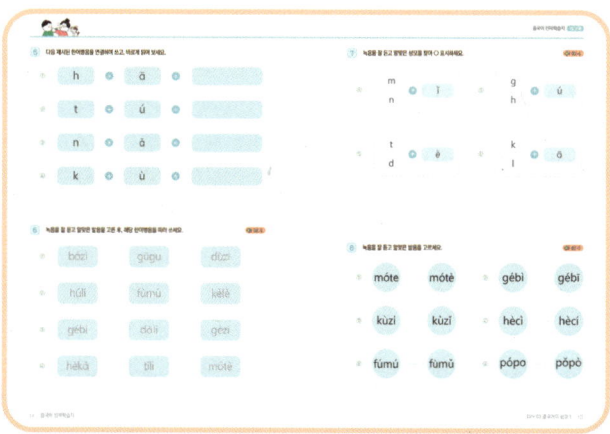

학습한 주요 내용을 듣고, 읽고, 말하고, 써 보며 다양한 방식으로 발음을 연습해 봅니다.

제시된 한어병음을 직접 써 보고, 성조를 표기해 보면서 배운 내용을 완벽하게 자신의 것으로 만들어 봅니다.

학습 플랜

🚩 **주 3일 학습 플랜**

★ 본서, 워크북 1일 1과 학습 구성(본서와 워크북을 하루에 함께 학습합니다.)

날짜			내용	학습 계획일	
1주	1일	본서 워크북	DAY 01 중국어의 발음	월	일
	2일	본서 워크북	DAY 02 중국어의 성모 1	월	일
	3일	본서 워크북	DAY 03 중국어의 성모 2	월	일
2주	4일	본서 워크북	DAY 04 중국어의 운모 1	월	일
	5일	본서 워크북	DAY 05 중국어의 운모 2	월	일
	6일	본서 워크북	DAY 06 중국어의 성조 변화 1	월	일
3주	7일	본서 워크북	DAY 07 중국어의 성조 변화 2	월	일
	8일	본서 워크북	DAY 08 중국어의 인사	월	일

🚩 **주 6일 학습 플랜**

★ 본서, 워크북 2일 1과 학습 구성(본서를 먼저 공부하고 그 다음날 워크북으로 복습합니다.)

날짜			내용	학습 계획일	
1주	1일	본서	DAY 01 중국어의 발음	월	일
	2일	워크북			
	3일	본서	DAY 02 중국어의 성모 1	월	일
	4일	워크북			
	5일	본서	DAY 03 중국어의 성모 2	월	일
	6일	워크북			
2주	7일	본서	DAY 04 중국어의 운모 1	월	일
	8일	워크북			
	9일	본서	DAY 05 중국어의 운모 2	월	일
	10일	워크북			
	11일	본서	DAY 06 중국어의 성조 변화 1	월	일
	12일	워크북			
3주	13일	본서	DAY 07 중국어의 성조 변화 2	월	일
	14일	워크북			
	15일	본서	DAY 08 중국어의 인사	월	일
	16일	워크북			

학습 목차

DAY 01	중국어의 발음	06
DAY 02	중국어의 성모 1	12
DAY 03	중국어의 성모 2	18
DAY 04	중국어의 운모 1	24
DAY 05	중국어의 운모 2	30
DAY 06	중국어의 성조 변화 1	36
DAY 07	중국어의 성조 변화 2	42
DAY 08	중국어의 인사	48

📁 녹음 대본 및 정답 ······ 54

DAY 01 중국어의 발음

1 녹음을 잘 듣고 알맞은 발음을 고르세요. 🔊 01-1

① ǎ ······ á ② ī ······ ǐ

③ mā ······ mà ④ bō ······ bó

2 녹음을 잘 듣고 알맞은 성조에 연결하세요. 🔊 01-2

① fa •   • ⓐ ˇ

② he •   • ⓑ ╱

③ gu •   • ⓒ ─

④ po •   • ⓓ ╲

3 녹음을 잘 듣고 성조가 다른 발음을 고르세요. 🔊 01-3

① ku ☐　　he ☐　　ma ☐

② pa ☐　　lu ☐　　le ☐

③ ke ☐　　mo ☐　　te ☐

④ wu ☐　　nü ☐　　fa ☐

4 녹음을 잘 듣고 성조를 바르게 표기하세요. 🔊 01-4

①
ba ☐

②
ke ☐

③
fo ☐

④
lu ☐

5 <보기>의 단어에 알맞은 표를 고른 후, 해당 한어병음을 쓰세요.

| 보기 | kū　　tè　　mǒ　　pí |

①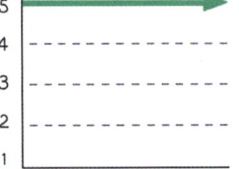
➡ _____

②
➡ _____

③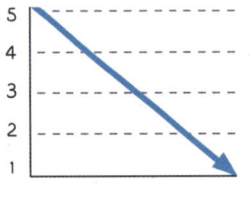
➡ _____

④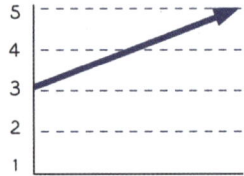
➡ _____

6 녹음을 잘 듣고 알맞은 발음을 고르세요.　🔊 01-5

① rù ······ lǜ　　② fā ······ tǎ

③ tī ······ pí　　④ kě ······ gé

7 녹음을 잘 듣고 알맞은 운모를 찾아 ○ 표시하세요. 🔊 01-6

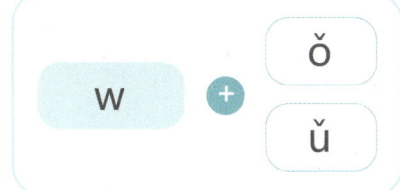

8 다음 제시된 단운모와 일치하는 발음에 연결하세요.

① i ·   · ⓐ 우

② o ·   · ⓑ 이

③ u ·   · ⓒ 위

④ ü ·   · ⓓ 오~어

9 다음 제시된 한어병음을 연결하여 쓰고, 바르게 읽어 보세요.

① w + ú =

② l + ǜ =

③ k + ě =

10 녹음을 잘 듣고 알맞은 발음을 고른 후, 해당 한어병음을 따라 쓰세요.   🔊 01-7

① bā　　fá　　tǎ

② fó　　mǒ　　pò

③ hē　　kě　　tè

④ wú　　nǚ　　lù

11 녹음을 잘 듣고 빈칸에 알맞은 운모와 성조를 쓰세요. 🔊 01-8

① q [ ]   ② k [ ]

③ m [ ]   ④ h [ ]

12 녹음을 잘 듣고 성조를 바르게 표기하세요. 🔊 01-9

   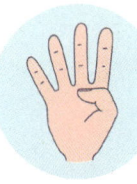 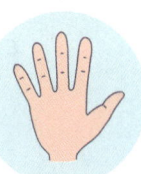

yi　　er　　san　　si　　wu

 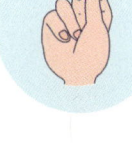   

liu　　qi　　ba　　jiu　　shi

DAY 01 중국어의 발음　11

중국어의 성모 1

1 녹음을 잘 듣고 해당하는 성모를 고르세요. 🔊 02-1

① p ☐   f ☐
② b ☐   d ☐
③ n ☐   l ☐
④ f ☐   t ☐

2 녹음을 잘 듣고 성모와 운모를 연결하세요. 🔊 02-2

① b ·   · ⓐ ù
② p ·   · ⓑ ǐ
③ m ·   · ⓒ ō
④ f ·   · ⓓ á

3 녹음을 잘 듣고 알맞은 발음을 고르세요. 　02-3

① mù ‥‥‥ nù　　② bú ‥‥‥ fú

③ pā ‥‥‥ fā　　④ dǐ ‥‥‥ bǐ

4 녹음을 잘 듣고 빈칸에 알맞은 성모를 <보기>에서 고르세요. 중복 선택 가능　02-4

| 보기 | d　b　m　f　p　h |

① [　] à　　② [　] ù

③ [　] ā　　④ [　] ǐ

⑤ [　] é　　⑥ [　] ǔ

⑦ [　] ì　　⑧ [　] ó

DAY 02 중국어의 성모 1

5 다음 제시된 한어병음을 연결하여 쓰고, 바르게 읽어 보세요.

① h + ā =

② t + ú =

③ n + ǎ =

④ k + ù =

6 녹음을 잘 듣고 알맞은 발음을 고른 후, 해당 한어병음을 따라 쓰세요. 🔊 02-5

① bózi   gūgu   dùzi

② húli   fùmǔ   kělè

③ gébì   dāli   gèzi

④ hèkǎ   tǐlì   mótè

7 녹음을 잘 듣고 알맞은 성모를 찾아 ○ 표시하세요. 🔊 02-6

① m / n + ǐ

② g / h + ú

③ t / d + è

④ k / l + ā

8 녹음을 잘 듣고 알맞은 발음을 고르세요. 🔊 02-7

① móte …… mótè

② gébì …… gébī

③ kùzi …… kùzǐ

④ hècì …… hècí

⑤ fúmú …… fùmǔ

⑥ pópo …… pǒpò

9 녹음을 잘 듣고 빈칸에 알맞은 성모를 쓰세요. 🔊 02-8

① ☐ ā   ② ☐ ú

③ ☐ ā ☐ ù   ④ ☐ ó ☐ è

10 녹음을 잘 듣고 성조를 바르게 표기하세요. 🔊 02-9

①
Bali

②
ditu

③
milu

④
heli

11 다음 제시된 한어병음을 바르게 나열하세요.

①  i d ù z

→ _____

②  l ǐ t ì

→ _____

12 녹음을 잘 듣고 빈칸에 알맞은 한어병음을 쓰세요. 02-10

①

②

③

④

DAY 03 중국어의 성모 2

1 녹음을 잘 듣고 해당하는 성모를 고르세요. 🔊 03-1

① q ☐   j ☐
② zh ☐   ch ☐
③ x ☐   s ☐
④ z ☐   c ☐

2 녹음을 잘 듣고 성모와 운모를 연결하세요. 🔊 03-2

① j   •   • ⓐ ǐ
② x   •   • ⓑ ú
③ r   •   • ⓒ ē
④ ch •   • ⓓ ě

3 녹음을 잘 듣고 알맞은 발음을 고르세요. 🔊 03-3

① jī ······ qī   ② qù ······ cù

③ shǔ ······ xǐ   ④ júzi ······ qǐzi

4 녹음을 잘 듣고 빈칸에 알맞은 성모를 <보기>에서 고르세요. 중복 선택 가능 🔊 03-4

| 보기 | zh　x　j　q　sh　r |

① ☐ ū   ② ☐ ì

③ ☐ ìde   ④ ☐ èhu

⑤ ☐ ǐzi   ⑥ ☐ á

⑦ ☐ é   ⑧ ☐ ǔ

5 다음 제시된 한어병음을 결합하여 쓰고, 바르게 읽어 보세요.

① zh + ǐ =

② r + è =

③ c + ā =

④ s + ú =

6 녹음을 잘 듣고 알맞은 발음을 고른 후, 해당 한어병음을 따라 쓰세요.   🔊 03-5

① xífù   cháhú   rúhé

② júzi   sījī   qǐzi

③ jìde   rèhu   zémà

④ chǔxù   xùshù   zìjǐ

7 녹음을 잘 듣고 알맞은 성모를 찾아 ○ 표시하세요. 🔊 03-6

①    ②

③    ④

8 녹음을 잘 듣고 알맞은 발음을 고르세요. 🔊 03-7

① chē ········ cè   ② shǔ ········ chǔ

③ zìjī ········ zìjǐ   ④ rèhu ········ rèhū

⑤ cìqí ········ cíqì   ⑥ sùyǔ ········ súyǔ

9 녹음을 잘 듣고 빈칸에 알맞은 성모를 쓰세요. 🔊 03-8

① ☐ ī   ② ☐ è

③ ☐ ú ☐ é   ④ ☐ í ☐ ù

10 녹음을 잘 듣고 성조를 바르게 표기하세요. 🔊 03-9

①
chili

②
quzhe

③
ziji

④
juzi

11. 다음 제시된 한어병음을 바르게 나열하세요.

① f í x ù

➡ _____

② j ī s ī

➡ _____

12. 녹음을 잘 듣고 빈칸에 알맞은 한어병음을 쓰세요. 🔊 03-10

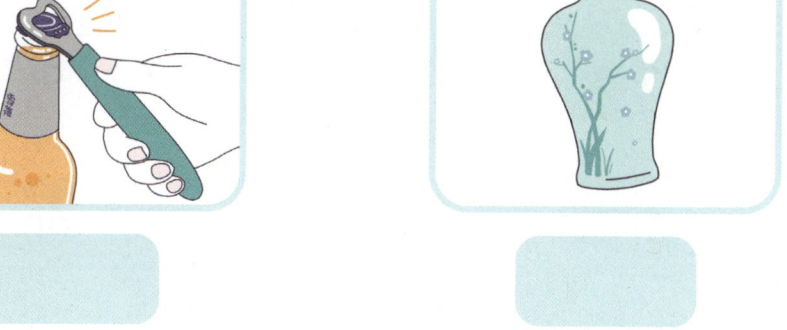

중국어의 운모 1

1 녹음을 잘 듣고 해당하는 운모를 고르세요. 🔊 04-1

① ai ☐   ei ☐
② ao ☐   ou ☐
③ en ☐   an ☐
④ eng ☐   ong ☐

2 녹음을 잘 듣고 성모와 운모를 연결하세요. 🔊 04-2

① p ·   · ⓐ ào
② s ·   · ⓑ ái
③ m ·   · ⓒ ǎn
④ z ·   · ⓓ āng

3. 녹음을 잘 듣고 알맞은 발음을 고르세요. 🔊 04-3

① kāi ········ bāi
② dǎo ········ lǎo
③ kàn ········ hàn
④ méng ········ máng

4. 녹음을 잘 듣고 빈칸에 알맞은 운모를 <보기>에서 고르세요.  🔊 04-4

| 보기 | ān   ái   áo   òng   ōu   ǎng |

① p ☐ zi
② b ☐
③ t ☐
④ zh ☐
⑤ m ☐
⑥ d ☐
⑦ n ☐
⑧ l ☐

5 다음 발음을 성모, 운모, 성조로 나누어 써 보세요.

	rēng	kǒng	shàng
성모			
운모			
성조			

6 녹음을 잘 듣고 알맞은 발음을 고른 후, 해당 한어병음을 따라 쓰세요. 🔊 04-5

① téng　　děng　　mèng

② pánzi　　pénzi　　páizi

③ érzi　　ěrjī　　èrbǎi

④ nǎinai　　mèimei　　mǎimai

7 녹음을 잘 듣고 알맞은 운모를 찾아 ○ 표시하세요. 🔊 04-6

① c + ōng / áng

② p + ái / éi

③ g + òu / ēn

④ h + ǎn / ěn

8 녹음을 잘 듣고 알맞은 발음을 고르세요. 🔊 04-7

① fēijì ······ fēijī

② ěrzi ······ érzi

③ zhèn ······ zhēn

④ hóuzi ······ hòuzi

⑤ měng ······ mèng

⑥ tǎng ······ tāng

9 녹음을 잘 듣고 빈칸에 알맞은 운모와 성조를 쓰세요. 🔊 04-8

① f [ ] j [ ]   ② Sh [ ] h [ ]

③ ch [ ] sh [ ]   ④ f [ ] n [ ]

10 녹음을 잘 듣고 성조를 바르게 표기하세요. 🔊 04-9

①

caidan

②

Shou'er

③

ertong

④

hongse

11 다음 제시된 한어병음을 바르게 나열하세요.

①  ā n b

→ _____

② gēn r

→ _____

12 녹음을 잘 듣고 빈칸에 알맞은 한어병음을 쓰세요. 04-10

①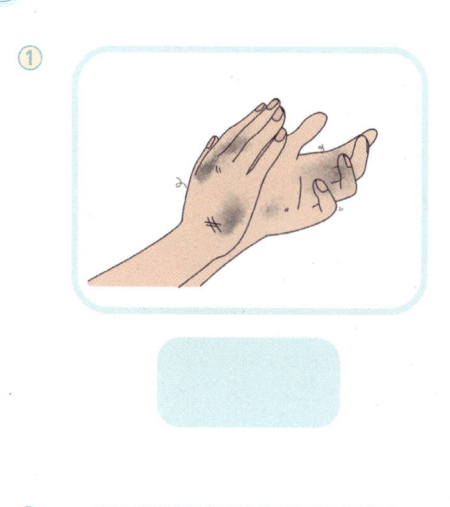

②

③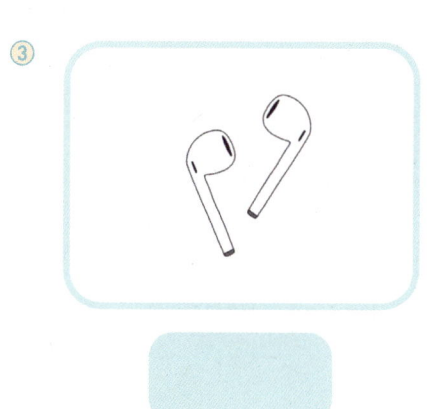

④

DAY 05 중국어의 운모 2

1 녹음을 잘 듣고 해당하는 운모를 고르세요. 🔊 05-1

① ia ☐   ie ☐
② iao ☐   iou ☐
③ ua ☐   uo ☐
④ uang ☐ iang ☐

2 녹음을 잘 듣고 성모와 운모를 연결하세요. 🔊 05-2

① d   •   • ⓐ iào
② j   •   • ⓑ ián
③ p   •   • ⓒ iē
④ q   •   • ⓓ iǔ

3 녹음을 잘 듣고 알맞은 발음을 고르세요. 🔊 05-3

① qiǎ ····· liǎ   ② qiáo ····· piáo

③ jīn ····· qīn   ④ ruò ····· guò

4 녹음을 잘 듣고 빈칸에 알맞은 운모를 <보기>에서 고르세요.  🔊 05-4

| 보기 | uǎi | iě | iàn | iú | íng | ià |

① j [ ] jie   ② p [ ]

③ m [ ] bāo   ④ n [ ] nǎi

⑤ j [ ] rì   ⑥ m [ ] zi

⑦ sh [ ]   ⑧ d [ ] nǎo

5 다음 발음을 성모, 운모, 성조로 나누어 써 보세요.

	jiāng	qióng	shuì
성모			
운모			
성조			

6 녹음을 잘 듣고 알맞은 발음을 고른 후, 해당 한어병음을 따라 쓰세요. 🔊 05-5

① míngzi / pǐnzhì / mínzú

② zuǐ / huí / tuī

③ huán / suān / zhuàn

④ huálì / kuàilè / huáiyí

7 녹음을 잘 듣고 알맞은 운모를 찾아 ○ 표시하세요. 🔊 05-6

① h + uái / uán

② g + uà / uò

③ ch + uān / uāng

④ j + ǐn / ǐng

8 녹음을 잘 듣고 알맞은 발음을 고르세요. 🔊 05-7

① liǎng ······ liáng

② pìnzhí ······ pǐnzhì

③ kuàidi ······ kuàidì

④ guài ······ guāi

⑤ juéde ······ juédé

⑥ guójiā ······ guójià

9 녹음을 잘 듣고 빈칸에 알맞은 운모와 성조를 쓰세요. 🔊 05-8

① d [　] x [　]　　② x [　] x [　]

③ t [　] j [　]　　④ h [　] y [　]

10 녹음을 잘 듣고 성조를 바르게 표기하세요. 🔊 05-9

①
chuntian

②
xiatian

③
qiutian

④
dongtian

11 다음 제시된 한어병음을 바르게 나열하세요.

①    u r ò

➡ _____

②    n d ǎ i

➡ _____

12 녹음을 잘 듣고 빈칸에 알맞은 한어병음을 쓰세요.

①

②

③

④

DAY 06 중국어의 성조 변화 1

1 녹음을 잘 듣고 알맞은 발음을 고르세요.　　　　　🔊 06-1

① hǎochī ······ huǒchē　　② mèimei ······ cǎoméi

③ kělè ······ kě'ài　　④ nǐ hǎo ······ nǐmen

2 녹음을 잘 듣고 성조를 바르게 표기하세요.　　　　🔊 06-2

①　
laoshi

②　
yufa

③　
yanjing

④　
lüxing

3 녹음을 잘 듣고 성조가 다른 발음을 고르세요. 🔊 06-3

① yufa ☐   xuduo ☐   hen hao ☐

② shuiguo ☐   meitian ☐   dakai ☐

③ kele ☐   wanfan ☐   jiejie ☐

④ haokan ☐   jianfei ☐   malu ☐

4 녹음을 잘 듣고 빈칸에 알맞은 운모를 <보기>에서 고르세요. 중복 선택 가능 🔊 06-4

| 보기 | uǐ　ǎo　ěn　ǐ　ǔ　iǎo |

① y ☐ zi   ② h ☐ kàn

③ y ☐ yán   ④ b ☐ zi

⑤ j ☐ zi   ⑥ sh ☐ guǒ

⑦ m ☐ qīn   ⑧ x ☐ xīn

5 <보기>의 단어에 알맞은 표를 고른 후, 해당 한어병음을 쓰세요.

보기   huǒchē   cǎoméi   běnzi   kělè

①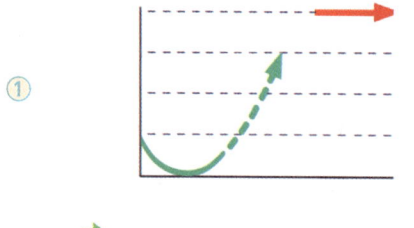

➡ _____

②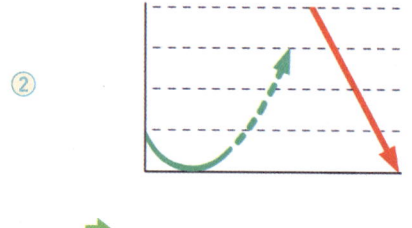

➡ _____

③

➡ _____

④

➡ _____

6 다음 제시된 발음의 성조 변화를 쓰세요.

① 제3성 + 경성 ➡ [___] + 경성

② 제3성 + 제4성 ➡ [___] + 제4성

③ 제3성 + 제3성 ➡ [___] + 제3성

④ 제3성 + 제2성 ➡ [___] + 제2성

7 녹음을 잘 듣고 해당하는 발음을 고르세요. 🔊 06-5

① māma 　　màma

② yěye 　　yéye

③ bàba 　　bāba

④ jiějie 　　jiéjie

8 다음 제시된 표와 알맞은 성조를 연결하세요.

①  • 　　 • ⓐ nǎinai

② 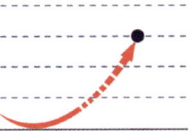 • 　　 • ⓑ yéye

③  • 　　 • ⓒ gēge

④  • 　　 • ⓓ dìdi

9 녹음을 잘 듣고 해당하는 발음에 ○ 표시하세요. 🔊 06-6

① xínglǐ   xǐzǎo   xǐhuan   xǔduō

② yǔfǎ   lǐfà   yǔyán   yǐzi

③ hěn hǎo   huǒchē   lǎoshī   hǎochī

④ wǔfàn   yǒuxiào   yǒudiǎnr   yǐjīng

10 녹음을 잘 듣고 알맞은 발음을 고른 후, 해당 한어병음을 따라 쓰세요. 🔊 06-7

① dōngxi   guānxi   xíguàn

② nǎinai   nuǎnhuo   huòzhě

③ kuàilè   kèqi   kuàizi

④ pénzi   péngyou   fánnǎo

11 녹음을 잘 듣고 빈칸에 알맞은 운모와 성조를 쓰세요. 🔊 06-8

① g[　] m[　]　　② l[　] x[　]

③ sh[　] b[　]　　④ x[　] d[　]

12 녹음을 잘 듣고 빈칸에 알맞은 한어병음을 쓰세요. 🔊 06-9

①

②

③

④

DAY 07 중국어의 성조 변화 2

1 녹음을 잘 듣고 알맞은 발음을 고르세요.

① bú qù ···· bù xǐ   ② búcuò ···· bù duō

③ yì bēi ···· yì běn   ④ yìqǐ ···· yì qún

2 녹음을 잘 듣고 빈칸에 알맞은 한어병음을 쓰세요. 07-2

① b⬜ lěng   ② b⬜ tián

③ b⬜ è   ④ b⬜ dàn

⑤ y⬜ tiān   ⑥ y⬜ kuài

⑦ y⬜ qún   ⑧ y⬜ ge

3 녹음을 잘 듣고 성조가 다른 발음을 고르세요.　🔊 07-3

① bu ku ☐　　bu duo ☐　　bu leng ☐

② bu man ☐　　bu lai ☐　　bu tian

③ yizhi ☐　　yi ping ☐　　yiding

④ yi qun ☐　　yiqi ☐　　yi tai ☐

4 녹음을 잘 듣고 성조를 바르게 표기하세요.　🔊 07-4

①
bu ting

②
bu la

③
yi wan

④
yi kuai

5 녹음을 잘 듣고 알맞은 발음에 연결하세요.　🔊 07-5

① bú ・　　　・ⓐ hē

② bù ・　　　・ⓑ kàn

③ yí ・　　　・ⓒ zhí

④ yì ・　　　・ⓓ dìng

6 다음 제시된 발음의 성조 변화를 쓰세요.

① bù + 제3성　➡　[　] + 제3성

② bù + 제4성　➡　[　] + 제4성

③ yī + 경성　➡　[　] + 경성

④ yī + 제2성　➡　[　] + 제2성

7 녹음을 잘 듣고 해당하는 발음을 고르세요. 🔊 07-6

① bù máng ☐   bú máng ☐

② bù là ☐   bú là ☐

③ yìyáng ☐   yíyàng ☐

④ yìqǐ ☐   yǐqǐ ☐

8 녹음을 잘 듣고 알맞은 발음을 고른 후, 해당 한어병음을 따라 쓰세요. 🔊 07-7

① bù xué   bù xǐ   bù tīng

② bù máng   bú màn   bù mǎi

③ yì běn   yì bēi   yì duǒ

④ yì tiān   yìqún   yí jiàn

9 녹음을 잘 듣고 해당하는 발음에 ○ 표시하세요. 🔊 07-8

① bù tīng | bù tián | bù lěng | bù máng

② bù xué | bù xǐ | bù kū | bú kàn

③ yì běn | yìbān | yì duǒ | yì bēi

④ yídìng | yì píng | yí jiàn | yì zhāng

10 다음 성조를 올바르게 고치세요.

① bú chī →

② bù là →

③ yīzhí →

④ yìyàng →

⑤ yì ge →

11 녹음을 잘 듣고 빈칸에 알맞은 한어병음을 쓰세요. 07-9

①

②

③

④

12 녹음을 잘 듣고 성조를 바르게 표기하세요. 07-10

① Bu he shui.

② Bu kan shu.

③ yi jian yifu

④ yi duo hua

DAY 08 중국어의 인사

1 녹음을 잘 듣고 한자에 알맞은 발음을 찾아 ○표 한 후, 밑줄 친 부분에 써 보세요. 🔊 08-1

> xiè le   hǎo   kèqi   nǐmen   shìr

① 好 ➡ _____

② 你们 ➡ _____

2 녹음을 잘 듣고 성조를 바르게 표기하세요. 🔊 08-2

① Ni hao!

② Baibai!

③ Nimen hao!

④ Mingtian jian!

3 제시된 한어병음과 우리말 뜻을 바르게 연결하세요.

① Nǐ hǎo! •   • ⓐ 안녕!

② Báibái! •   • ⓑ 내일 봐!

③ Nǐmen hǎo! •   • ⓒ 바이바이!(잘 가!)

④ Míngtiān jiàn! • • ⓓ 얘들아, 안녕!

4 빈칸에 알맞은 한자와 한어병음을 써서 문장을 완성하세요.

① 你(   )! 안녕!
   Nǐ (   )!

② (   )见! 내일 봐!
   (   ) jiàn!

③ (   )拜! 바이바이!(잘 가!)
   (   ) bái!

④ (   )好! 얘들아, 안녕!
   (   ) hǎo!

DAY 08 중국어의 인사   49

5 다음 빈칸에 들어갈 알맞은 한어병음을 <보기>에서 찾아 쓰세요.

| 보기 | jiàn | kèqi | yìsi |

① Míngtiān (　　　)! 내일 봐!

② Xiǎo (　　　)! 별것 아니야!

③ Bú (　　　)! 천만에!(천만에요!)

6 녹음을 잘 듣고 빈칸에 알맞은 한어병음을 쓰세요. 　🔊 08-3

① 죄송합니다!

② 괜찮습니다!

③ 고마워!

④ 별것 아니야!

7 녹음의 내용이 그림과 일치하면 ○, 일치하지 않으면 X 표시하세요.   08-4

①

②

8 제시된 한어병음을 올바르게 나열하세요.

① 고마워!
le / xiè
➡ _____!

② 별것 아니야!
si / yì / xiǎo
➡ _____!

③ 천만에!(천만에요!)
qi / bú / kè
➡ _____!

④ 고마워!(감사합니다!)
xie / xiè
➡ _____!

9 녹음을 잘 듣고 알맞은 발음을 고른후, 해당 한어병음을 따라 쓰세요.　　🔊 08-5

① Duìbuqǐ! / Xièxie!

② Nǐ hǎo! / Méi guānxi!

③ Méi shìr! / Míngtiān jiàn!

④ Bù hǎoyìsi! / Báibái!

10 다음 제시된 한어병음에 알맞은 우리말 뜻을 쓰세요.

① Méi shìr!
➡ _____

② Bú kèqi!
➡ _____

③ Xiǎoyìsi!
➡ _____

④ Bù hǎoyìsi!
➡ _____

중국어 진짜학습지 워크북

11 녹음을 잘 듣고 빈칸에 알맞은 한어병음을 쓰세요. 08-6

| 보기 | Xiǎoyìsi | Méi shìr | Báibái | Duìbuqǐ |

①
Ⓐ _____!
Ⓑ Méi guānxi!

②
Ⓐ _____!
Ⓑ Míngtiān jiàn!

③
Ⓐ Bù hǎoyìsi!
Ⓑ _____!

④
Ⓐ Xiè le!
Ⓑ _____!

녹음 대본 및 정답

 DAY 01 중국어의 발음

녹음 대본

1 ❶ á   ❷ ǐ   ❸ mà   ❹ bō
2 ❶ fá   ❷ hē   ❸ gǔ   ❹ pò
3 ❶ kū hē má ❷ pā lù lè ❸ kě mǒ tè ❹ wú nǚ fá
4 ❶ bā   ❷ kě   ❸ fó   ❹ lù

1 ❶ á   ❷ ǐ   ❸ mà   ❹ bō
2 ❶ fa — ⓐ ˇ
   ❷ he — ⓑ ´
   ❸ gu — ⓒ ˉ
   ❹ po — ⓓ ˋ
3 ❶ má   ❷ pā   ❸ tè   ❹ nǚ
4 ❶ bā   ❷ kě   ❸ fó   ❹ lù
5 ❶ kū   ❷ mǒ   ❸ tè   ❹ pí

녹음 대본

6 ❶ lǜ   ❷ tǎ   ❸ tī   ❹ gé
7 ❶ wǔ   ❷ dé   ❸ kū   ❹ pò

6 ❶ lǜ   ❷ tǎ   ❸ tī   ❹ gé
7 ❶ ǔ   ❷ é   ❸ ū   ❹ ò
8 ❶ i — ⓐ 우
   ❷ o — ⓑ 이
   ❸ u — ⓒ 위
   ❹ ü — ⓓ 오~어
9 ❶ wú   ❷ lǜ   ❸ kě

녹음 대본

10 ① fá ② pò ③ hē ④ nǚ
11 ① qì ② kū ③ mǒ ④ hé
12 yī èr sān sì wǔ liù qī bā jiǔ shí

10 ① fá ② pò ③ hē ④ nǚ
11 ① ì ② ū ③ ǒ ④ é
12

yī èr sān sì wǔ

liù qī bā jiǔ shí

DAY 02 중국어의 성모 1

녹음 대본

1 ① p ② d ③ l ④ f
2 ① bō ② pǐ ③ mù ④ fá
3 ① mù ② fú ③ pā ④ bǐ
4 ① bà ② pù ③ fā ④ mǐ ⑤ dé ⑥ hǔ ⑦ bì ⑧ fó

1 ① p ② d ③ l ④ f
2 ① b — ⓐ ù
  ② p — ⓑ ǐ
  ③ m — ⓒ ō
  ④ f — ⓓ á
3 ① mù ② fú ③ pā ④ bǐ
4 ① b ② p ③ f ④ m ⑤ d ⑥ h ⑦ b ⑧ f
5 ① hā ② tú ③ nǎ ④ kù

녹음 대본

6	❶ dùzi	❷ húli	❸ gèzi	❹ tǐlì	
7	❶ nǐ	❷ hú	❸ tè	❹ lā	
8	❶ mótè	❷ gébì	❸ kùzi	❹ hècí	❺ fùmǔ	❻ pópo
9	❶ lā	❷ tú	❸ fābù	❹ mótè		
10	❶ Bālí	❷ dìtú	❸ mílù	❹ hèlǐ		

6	❶ dùzi	❷ húli	❸ gèzi	❹ tǐlì	
7	❶ n	❷ h	❸ t	❹ l	
8	❶ mótè	❷ gébì	❸ kùzi	❹ hècí	❺ fùmǔ	❻ pópo
9	❶ l	❷ t	❸ f, b	❹ m, t		
10	❶ Bālí	❷ dìtú	❸ mílù	❹ hèlǐ		
11	❶ dùzi	❷ tǐlì				

녹음 대본

12	❶ bózi	❷ fùmǔ	❸ húli	❹ kělè

12	❶ bózi	❷ fùmǔ	❸ húli	❹ kělè

DAY 03 중국어의 성모 2

녹음 대본

1	❶ q	❷ ch	❸ x	❹ c		
2	❶ jú	❷ xǐ	❸ rě	❹ chē		
3	❶ jī	❷ qù	❸ xǐ	❹ qīzi		
4	❶ xū	❷ qì	❸ jìde	❹ rèhu	❺ qīzi	❻ zhá
	❼ shé	❽ jǔ				

1 ❶ q   ❷ ch   ❸ x   ❹ c
2 ❶ j — ⓐ ǐ
  ❷ x — ⓑ ú
  ❸ r — ⓒ ē
  ❹ ch — ⓓ ě

3 ❶ jī   ❷ qù   ❸ xǐ   ❹ qǐzi
4 ❶ x   ❷ q   ❸ j   ❹ r   ❺ q   ❻ zh
   ❼ sh   ❽ j
5 ❶ zhǐ   ❷ rè   ❸ cā   ❹ sú

> **녹음 대본**
>
> 6 ❶ rúhé   ❷ sījī   ❸ zémà   ❹ chǔxù
> 7 ❶ rù   ❷ shé   ❸ zǐ   ❹ cā
> 8 ❶ chē   ❷ shǔ   ❸ zìjǐ   ❹ rèhu   ❺ cíqì   ❻ súyǔ
> 9 ❶ jī   ❷ sè   ❸ rúhé   ❹ xífù
> 10 ❶ chīlì   ❷ qūzhé   ❸ zìjǐ   ❹ júzi

6 ❶ rúhé   ❷ sījī   ❸ zémà   ❹ chǔxù
7 ❶ r   ❷ sh   ❸ z   ❹ c
8 ❶ chē   ❷ shǔ   ❸ zìjǐ   ❹ rèhu   ❺ cíqì   ❻ súyǔ
9 ❶ j   ❷ s   ❸ r, h   ❹ x, f
10 ❶ chīlì   ❷ qūzhé   ❸ zìjǐ   ❹ júzi
11 ❶ xífù   ❷ sījī

> **녹음 대본**
>
> 12 ❶ xùshù   ❷ súyǔ   ❸ qǐzi   ❹ cíqì

12 ❶ xùshù   ❷ súyǔ   ❸ qǐzi   ❹ cíqì

DAY 04 중국어의 운모 1

> **녹음 대본**
>
> 1 ❶ ai   ❷ ao   ❸ an   ❹ ong
> 2 ❶ pào   ❷ sǎn   ❸ mái   ❹ zāng
> 3 ❶ kāi   ❷ dǎo   ❸ hàn   ❹ máng
> 4 ❶ páizi   ❷ bān   ❸ tǎng   ❹ zhòng   ❺ máo   ❻ dōu
>   ❼ nòng   ❽ lái

1 ❶ ai   ❷ ao   ❸ an   ❹ ong
2 ❶ p ────── ⓐ ào
   ❷ s ──╲ ╱── ⓑ ái
   ❸ m ──╳── ⓒ ǎn
   ❹ z ────── ⓓ āng
3 ❶ kāi   ❷ dǎo   ❸ hàn   ❹ máng
4 ❶ ái   ❷ ān   ❸ ǎng   ❹ òng   ❺ áo
   ❻ ōu   ❼ òng   ❽ ái

5

	rēng	kǒng	shàng
성모	r	k	sh
운모	eng	ong	ang
성조	ˉ	ˇ	ˋ

녹음 대본

6   ❶ téng   ❷ pénzi   ❸ èrbǎi   ❹ mèimei
7   ❶ cōng   ❷ péi   ❸ gòu   ❹ hěn
8   ❶ fēijī ❷ érzi   ❸ zhēn   ❹ hóuzi   ❺ mèng   ❻ tǎng
9   ❶ fēijī ❷ Shànghǎi ❸ chǎnshēng ❹ fánnǎo
10 ❶ càidān ❷ Shǒu'ěr ❸ értóng ❹ hóngsè

6   ❶ téng   ❷ pénzi   ❸ èrbǎi   ❹ mèimei
7   ❶ ōng   ❷ éi   ❸ òu   ❹ ěn
8   ❶ fēijī ❷ érzi   ❸ zhēn   ❹ hóuzi   ❺ mèng   ❻ tǎng
9   ❶ ēi, ī ❷ àng, ǎi ❸ ǎn, ēng ❹ án, ǎo
10 ❶ càidān ❷ Shǒu'ěr ❸ értóng ❹ hóngsè
11 ❶ bān   ❷ rēng

녹음 대본

12 ❶ zāng   ❷ kǒng   ❸ ěrjī   ❹ mèimei

12 ❶ zāng   ❷ kǒng   ❸ ěrjī   ❹ mèimei

DAY 05 중국어의 운모 2

녹음 대본

1. ① ia ② iou ③ uo ④ uang
2. ① diē ② jiǔ ③ piào ④ qián
3. ① liǎ ② qiáo ③ jīn ④ ruò
4. ① jiějie ② píng ③ miànbāo ④ niúnǎi ⑤ jiàrì ⑥ míngzi
   ⑦ shuǎi ⑧ diànnǎo

---

1. ① ia ② iou ③ uo ④ uang
2. ① d — ⓐ iào
   ② j — ⓑ ián
   ③ p — ⓒ iē
   ④ q — ⓓ iǔ
3. ① liǎ ② qiáo ③ jīn ④ ruò
4. ① iě ② íng ③ iàn ④ iú ⑤ ià ⑥ íng
   ⑦ uǎi ⑧ iàn
5.

	jiāng	qióng	shuì
성모	j	q	sh
운모	iang	iong	ui
성조	ˉ	´	`

녹음 대본

6. ① mínzú ② zuǐ ③ suān ④ huálì
7. ① huái ② guò ③ chuāng ④ jǐng
8. ① liǎng ② pǐnzhì ③ kuàidì ④ guāi ⑤ juéde ⑥ guójiā
9. ① duǎnxìn ② xuéxiào ③ tuījiàn ④ huānyíng
10. ① chūntiān ② xiàtiān ③ qiūtiān ④ dōngtiān

---

6. ① mínzú ② zuǐ ③ suān ④ huálì
7. ① uái ② uò ③ uāng ④ ǐng
8. ① liǎng ② pǐnzhì ③ kuàidì ④ guāi ⑤ juéde ⑥ guójiā

9 ❶ uǎn, ìn   ❷ ué, iào   ❸ uī, iàn   ❹ uān, íng
10 ❶ chūntiān ❷ xiàtiān ❸ qiūtiān ❹ dōngtiān
11 ❶ ruò   ❷ diǎn

녹음 대본

12 ❶ yǔnxǔ   ❷ qiā   ❸ jìngzi   ❹ hūnyīn

12 ❶ yǔnxǔ   ❷ qiā   ❸ jìngzi   ❹ hūnyīn

DAY 06 중국어의 성조 변화 1

녹음 대본

1 ❶ huǒchē   ❷ cǎoméi   ❸ kě'ài   ❹ nǐmen
2 ❶ lǎoshī   ❷ yǔfǎ   ❸ yǎnjìng ❹ lǚxíng
3 ❶ yǔfǎ xǔduō hěn hǎo   ❷ shuǐguǒ měitiān dǎkāi
   ❸ kělè wǎnfàn jiějie   ❹ hǎokàn jiǎnféi mǎlù
4 ❶ yǐzi   ❷ hǎokàn   ❸ yǔyán   ❹ běnzi
   ❺ jiǎozi   ❻ shuǐguǒ ❼ mǔqīn   ❽ xiǎoxīn

1 ❶ huǒchē   ❷ cǎoméi   ❸ kě'ài   ❹ nǐmen
2 ❶ lǎoshī   ❷ yǔfǎ   ❸ yǎnjìng ❹ lǚxíng
3 ❶ xǔduō   ❷ shuǐguǒ ❸ jiějie   ❹ jiǎnféi
4 ❶ ǐ   ❷ ǎo   ❸ ǔ   ❹ ěn   ❺ iǎo   ❻ uǐ
   ❼ ǔ   ❽ iǎo
5 ❶ huǒchē   ❷ kělè   ❸ cǎoméi   ❹ běnzi
6 ❶ 반3성   ❷ 반3성   ❸ 제2성   ❹ 반3성

녹음 대본

7 ❶ māma   ❷ yéye   ❸ bàba   ❹ jiějie

7 ❶ māma   ❷ yéye   ❸ bàba   ❹ jiějie

8

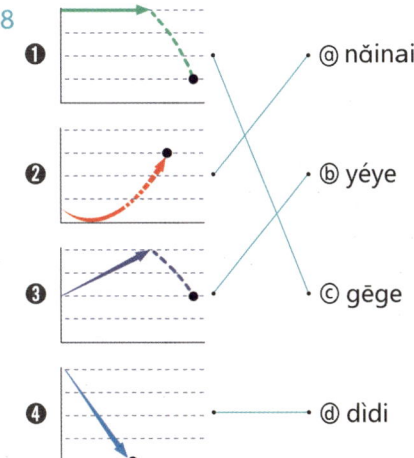

❶ · · ⓐ nǎinai
❷ · · ⓑ yéye
❸ · · ⓒ gēge
❹ · · ⓓ dìdi

녹음 대본

9 ❶ xǔduō ❷ lǐfà ❸ huǒchē ❹ yǒudiǎnr
10 ❶ dōngxi ❷ nuǎnhuo ❸ kuàizi ❹ péngyou
11 ❶ gǎnmào ❷ lǚxíng ❸ shǒubiǎo ❹ xǔduō
12 ❶ kě'ài ❷ nǎinai ❸ shuǐguǒ ❹ wǎnfàn

9 ❶ xǔduō ❷ lǐfà ❸ huǒchē ❹ yǒudiǎnr
10 ❶ dōngxi ❷ nuǎnhuo ❸ kuàizi ❹ péngyou
11 ❶ ǎn, ào ❷ ǚ, íng ❸ ǒu, iǎo ❹ ǔ, uō
12 ❶ kě'ài ❷ nǎinai ❸ shuǐguǒ ❹ wǎnfàn

DAY 07 중국어의 성조 변화 2

녹음 대본

1 ❶ bú qù   ❷ búcuò   ❸ yì běn   ❹ yì qún
2 ❶ bù lěng ❷ bù tián ❸ bú è   ❹ búdàn
  ❺ yì tiān ❻ yí kuài ❼ yì qún   ❽ yí ge
3 ❶ bù kū bù duō bù lěng   ❷ bú màn bù lái bù tián
  ❸ yìzhí yì píng yídìng   ❹ yì qún yìqǐ yì tái
4 ❶ bù tīng ❷ bú là   ❸ yì wǎn ❹ yí kuài
5 ❶ bú kàn ❷ bù hē   ❸ yídìng ❹ yìzhí

1 ❶ bú qù   ❷ búcuò   ❸ yì běn   ❹ yì qún
2 ❶ ù   ❷ ù   ❸ ú   ❹ ú
   ❺ ì   ❻ í   ❼ ì   ❽ í
3 ❶ bù lěng   ❷ bú màn   ❸ yídìng   ❹ yìqǐ
4 ❶ bù tīng   ❷ bú là   ❸ yì wǎn   ❹ yí kuài
5 ❶ bú ·   ·ⓐ hē
   ❷ bù ·   ·ⓑ kàn
   ❸ yí ·   ·ⓒ zhí
   ❹ yì ·   ·ⓓ dìng
6 ❶ bù   ❷ bú   ❸ yí   ❹ yì

녹음 대본

7 ❶ bù máng   ❷ bú là   ❸ yíyàng   ❹ yìqǐ
8 ❶ bù xué   ❷ bú màn   ❸ yì bēi   ❹ yí jiàn
9 ❶ bù lěng   ❷ bú kàn   ❸ yìbān   ❹ yí jiàn

7 ❶ bù máng   ❷ bú là   ❸ yíyàng   ❹ yìqǐ
8 ❶ bù xué   ❷ bú màn   ❸ yì bēi   ❹ yí jiàn
9 ❶ bù lěng   ❷ bú kàn   ❸ yìbān   ❹ yí jiàn
10 ❶ bù chī   ❷ bú là   ❸ yìzhí   ❹ yíyàng   ❺ yí ge

녹음 대본

11 ❶ búcuò   ❷ bù hǎo   ❸ yì píng   ❹ yì bēi
12 ❶ Bù hē shuǐ. ❷ Bú kàn shū. ❸ yí jiàn yīfu ❹ yì duǒ huā

11 ❶ búcuò   ❷ bù hǎo   ❸ yì píng   ❹ yì bēi
12 ❶ Bù hē shuǐ. ❷ Bú kàn shū. ❸ yí jiàn yīfu ❹ yì duǒ huā

DAY 08 중국어의 인사

녹음 대본

1. ❶ hǎo   ❷ nǐmen
2. ❶ Nǐ hǎo!   ❷ Báibái!   ❸ Nǐmen hǎo!   ❹ Míngtiān jiàn!

1. xiè le   ~~hǎo~~   kèqi   ~~nǐmen~~   shìr
    ❶ hǎo   ❷ nǐmen
2. ❶ Nǐ hǎo!   ❷ Báibái!   ❸ Nǐmen hǎo!   ❹ Míngtiān jiàn!
3. ❶ Nǐ hǎo! — ⓐ 안녕!
   ❷ Báibái! — ⓑ 내일 봐!
   ❸ Nǐmen hǎo! — ⓒ 바이바이!(잘 가!)
   ❹ Míngtiān jiàn! — ⓓ 얘들아, 안녕!
4. ❶ 好 hǎo   ❷ 明天 Míngtiān   ❸ 拜 Bái   ❹ 你们 Nǐmen
5. ❶ jiàn   ❷ yìsi   ❸ kèqi

녹음 대본

6. ❶ Duìbuqǐ!   ❷ Méi guānxi!   ❸ Xiè le!   ❹ Xiǎoyìsi!
7. ❶ A: Nǐ hǎo!   B: Nǐmen hǎo!   ❷ A: Xièxie!   B: Bú kèqi!

6. ❶ Duìbuqǐ!   ❷ Méi guānxi!   ❸ Xiè le!   ❹ Xiǎoyìsi!
7. ❶ X   ❷ O
8. ❶ Xiè le!   ❷ Xiǎoyìsi!   ❸ Bú kèqi!   ❹ Xièxie!

녹음 대본

9. ❶ Duìbuqǐ!   ❷ Méi guānxi!   ❸ Méi shìr!   ❹ Bù hǎoyìsi!

9. ❶ Duìbuqǐ!   ❷ Méi guānxi!   ❸ Méi shìr!   ❹ Bù hǎoyìsi!
10. ❶ 괜찮아!   ❷ 천만에!(천만에요!)   ❸ 별것 아니야!   ❹ 미안해!

녹음 대본

11. ❶ Duìbuqǐ!   ❷ Báibái!   ❸ Méi shìr!   ❹ Xiǎoyìsi!

11. ❶ Duìbuqǐ!   ❷ Báibái!   ❸ Méi shìr!   ❹ Xiǎoyìsi!

진짜학습지

중국어
진짜학습지

초·중급편
1

중국어 진짜학습지 초·중급편 1

개정 1쇄 발행 2023년 7월 14일
개정 2쇄 발행 2024년 2월 15일

지은이 시원스쿨어학연구소
펴낸곳 (주)에스제이더블유인터내셔널
펴낸이 양홍걸 이시원

홈페이지 daily.siwonschool.com
주소 서울시 영등포구 영신로 166 시원스쿨
교재 구입 문의 02)2014-8151
고객센터 02)6409-0878

ISBN 979-11-6150-729-3 13720
Number 1-410201-16161807-06

이 책은 저작권법에 따라 보호받는 저작물이므로 무단복제와 무단전재를 금합니다. 이 책 내용의 전부 또는 일부를 이용하려면 반드시 저작권자와 ㈜에스제이더블유인터내셔널의 서면 동의를 받아야 합니다.

학습 구성

오늘의 문법

<오늘의 문법>은 복잡하고 어려운 설명 대신 누구나 쉽게 이해할 수 있도록 문법을 체계적으로 정리하였습니다. 음성 강의와 함께 학습하면 보다 쉽게 내용을 이해할 수 있어 학습 효과를 극대화 할 수 있습니다.

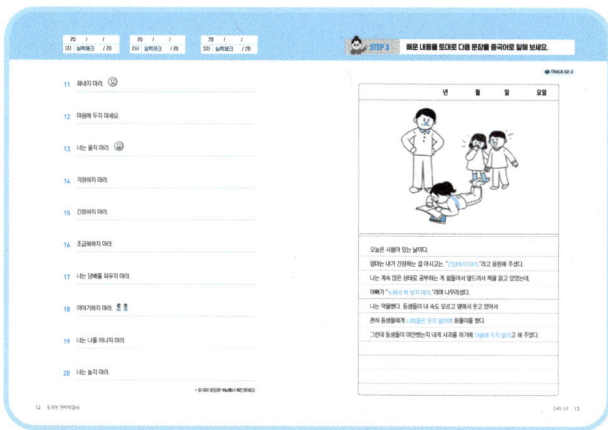

오늘의 문장

<오늘의 문장>은 DAY 학습이 끝날 때마다 일기 또는 회화 형식을 통해 배웠던 문장을 복습해 봄으로써 자신의 진짜 중국어 실력을 점검할 수 있습니다.

무료 콘텐츠 구성

- ✓ 음성 강의
- ✓ 원어민 MP3 음원

음성 강의 및 원어민 MP3 음원을 들으며 중국어 연습을 할 수 있습니다.
시원스쿨 진짜학습지 홈페이지(daily.siwonschool.com) 접속 > 학습지원 >
공부 자료실에서 MP3 파일을 다운로드 받으실 수 있습니다.

학습 목차

DAY 01	A 또는, 혹은(或者) B / 아무래도 ~하는 것이 좋다(还是……吧)	06
DAY 02	금지 표현 别와 不要	10
DAY 03	전치사 给, 对, 为	14
DAY 04	동작의 임박을 나타내는 표현	18
DAY 05	동작의 정도를 나타내는 정도보어	22
DAY 06	동사 觉得와 以为	26
DAY 07	추측을 나타내는 조동사 会와 应该	30
DAY 08	지속된 시간의 양	34

DAY 09	경과된 시간의 양	38
DAY 10	부사 已经과 刚才	42
DAY 11	동작의 결과 1	46
DAY 12	동작의 결과 2	50
DAY 13	비교문 比와 有	54
DAY 14	비교문 跟……一样 / 최상급 最	58
DAY 15	동작의 방향	62
	정답	66

DAY 01

A 또는, 혹은(或者) B /
아무래도 ~하는 것이 좋다
(还是……吧)

STEP1 해당 문법을 확인해 보세요.

문법 음성 강의 01

❶ A 或者 B : A 또는, 혹은 B

두 가지 선택 사항에 대해 어떠한지를 나타내는 표현입니다.

这个或者那个都行。 이것 또는 저것 다 된다.
Zhège huòzhě nàge dōu xíng.

今天或者明天都行。 오늘 또는 내일 다 된다.
Jīntiān huòzhě míngtiān dōu xíng.

❷ 还是……吧 : 아무래도 ~하는 것이 좋다

여러 가지 선택 사항 중 가장 좋다고 생각되는 바를 나타냅니다.

还是买这个吧。 아무래도 이것을 사는 것이 좋겠다.
Háishi mǎi zhège ba.

还是明天去吧。 아무래도 내일 가는 것이 좋겠다.
Háishi míngtiān qù ba.

STEP 2 우리말을 보고 중국어로 말해 보세요.

TRACK 01-1

1 현금 또는 카드 결제 다 된다.

2 4월 말 또는 5월 중순 다 된다.

3 네가 가거나 또는 내가 가거나 다 된다.

4 아침에는 빵을 먹거나 과일을 먹는다.

5 나는 베이징 또는 시안에 간다.

6 나는 매일 오후 달리기를 하거나 또는 축구를 한다.

7 네가 오전에 오거나 또는 오후에 오거나 다 상관없다.

8 내일 비가 오거나 또는 눈이 오거나 다 상관없다.

9 지하철을 타고 가거나 또는 자전거를 타고 가거나 다 된다.

10 나는 보통 아침이나 또는 저녁에 운동을 하러 간다.

	20 / /	20 / /	20 / /
	1차 실력체크 / 20	2차 실력체크 / 20	3차 실력체크 / 20

11 아무래도 내일 다시 연락하는 것이 좋겠다.

12 아무래도 가족과 상의를 좀 하는 것이 좋겠다.

13 아무래도 반품하는 것이 좋겠다.

14 아무래도 엘리베이터를 타는 것이 좋겠다.

15 아무래도 지하철을 타고 가는 것이 좋겠다.

16 아무래도 아이스크림을 먹는 것이 좋겠다.

17 아무래도 중국어를 공부하는 것이 좋겠다.

18 아무래도 저녁에 가는 것이 좋겠다.

19 아무래도 그에게 전화해 보는 것이 좋겠다.

20 아무래도 내일 출발하는 것이 좋겠다.

* 중국어 문장은 66p에서 확인하세요.

STEP 3   배운 내용을 토대로 다음 문장을 중국어로 말해 보세요.

🔊 TRACK 01-2

| 년 | 월 | 일 | 요일 |

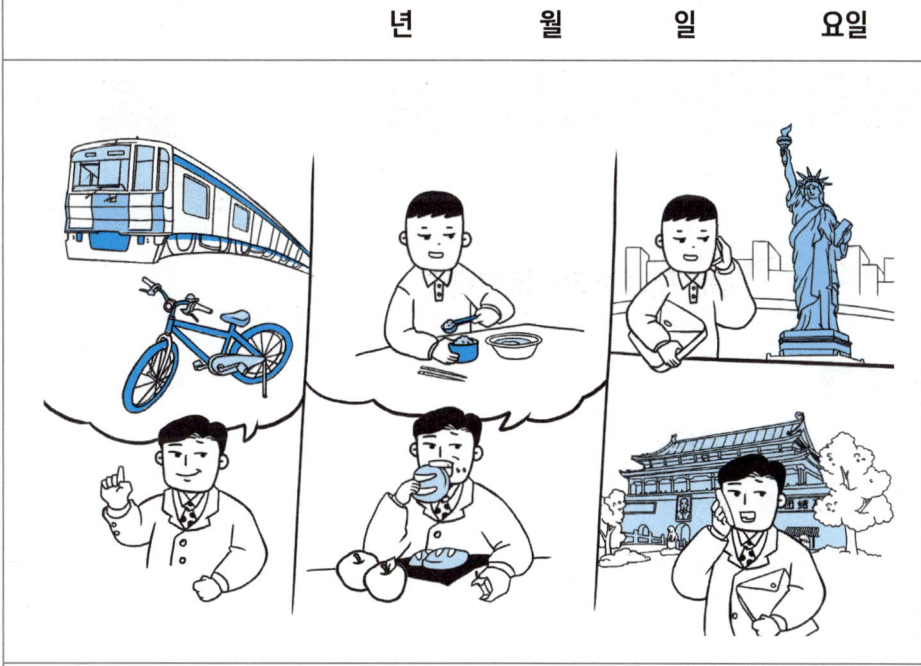

우리 회사는 집에서 가까운 편이다.

지하철을 타고 가거나 또는 자전거를 타고 가거나 다 된다.

오후부터는 비가 온다니까 퇴근할 때는 아무래도 지하철을 타고 가는 것이 좋겠다.

나는 보통 아침에는 빵을 먹거나 과일을 먹는다. 이상하게 밥은 먹고 싶지 않다.

그런데 내 옆자리 동료인 김 대리는 아침마다 뜨거운 국에 밥을 먹는다고 한다.

나와 김 대리는 영업직이라 출장이 많다. 중국어를 잘 하는 나는 베이징 또는 시안에 가고, 김 대리는 영어를 잘 해서 미국 또는 캐나다에 간다.

김 대리는 비행 시간이 너무 길다며, 아무래도 중국어를 공부하는 것이 좋겠다고 한다. 내일 비가 오거나 또는 눈이 오거나 다 상관없다. 어차피 나는 출장이니까.

금지 표현 别와 不要

STEP1 해당 문법을 확인해 보세요.

문법

别 : ~하지 마라

동사 앞에 别를 붙여 어떠한 동작이나 행위의 금지를 나타냅니다.

别担心。 걱정하지 마라.
Bié dānxīn.

别玩儿。 놀지 마라.
Bié wánr.

不要 : ~하지 마라

동사 앞에 不要를 붙여 어떠한 동작이나 행위의 금지를 나타냅니다.

不要喝。 마시지 마라.
Búyào hē.

不要说。 말하지 마라.
Búyào shuō.

STEP 2 우리말을 보고 중국어로 말해 보세요.

🔊 TRACK 02-1

1 고수를 넣지 마세요.

2 밥을 먹지 마라.

3 물을 마시지 마라.

4 지각하지 마라.

5 누워서 책을 보지 마라.

6 너는 휴대 전화를 가지고 놀지 마라.

7 너희들은 나를 기다리지 마라.

8 너희들은 웃지 마라.

9 노래하지 마라.

10 춤추지 마라.

	20 / /		20 / /		20 / /
	1차 실력체크 / 20		2차 실력체크 / 20		3차 실력체크 / 20

11 화내지 마라.

12 마음에 두지 마세요.

13 너는 울지 마라.

14 걱정하지 마라.

15 긴장하지 마라.

16 조급해하지 마라.

17 너는 담배를 피우지 마라.

18 이야기하지 마라.

19 너는 나를 떠나지 마라.

20 너는 놀지 마라.

* 중국어 문장은 66p에서 확인하세요.

STEP 3 배운 내용을 토대로 다음 문장을 중국어로 말해 보세요.

🔊 TRACK 02-2

| 년 | 월 | 일 | 요일 |

오늘은 시험이 있는 날이다.

엄마는 내가 긴장하는 걸 아시고는, "긴장하지 마라."라고 응원해 주셨다.

나는 계속 앉은 상태로 공부하는 게 힘들어서 엎드려서 책을 읽고 있었는데,

아빠가 "누워서 책 보지 마라."라며 나무라셨다.

나는 억울했다. 동생들이 내 속도 모르고 옆에서 웃고 있어서

괜히 동생들에게 너희들은 웃지 말라며 화풀이를 했다.

그런데 동생들이 미안했는지 내게 사과를 하기에 마음에 두지 말라고 해 주었다.

DAY 02

전치사 给, 对, 为

STEP 1 해당 문법을 확인해 보세요.

문법

음성 강의 03

给 + 대상 : ~에게

你给他打电话。 네가 그에게 전화를 해 봐.
Nǐ gěi tā dǎ diànhuà.

对 + 대상 : ~에 대해

运动对身体很好。 운동은 건강에 좋다.
Yùndòng duì shēntǐ hěn hǎo.

为 + 대상 : ~을(를) 위하여

我为你加油。 나는 너를 위해 응원할게.
Wǒ wèi nǐ jiāyóu.

*개사는 단독으로 쓰이지 않고 반드시 명사 혹은 인칭대사 등의 목적어와 함께 사용합니다.

STEP 2 우리말을 보고 중국어로 말해 보세요.

TRACK 03-1

1 네가 그에게 전화를 해 봐.

2 내가 그에게 전화할게.

3 내가 너에게 문자 메시지 보낼게.

4 내가 너에게 편지를 쓸게.

5 내가 너에게 소개를 할게.

6 그는 나한테 잘해준다.

7 그는 나한테 친절하다.

8 나는 중국 문화에 흥미를 느낀다.

9 우리는 그녀를 위해 선물을 산다.

10 나는 여러분들을 위해 많은 사은품을 준비했다.

	20 / /		20 / /		20 / /
1차	실력체크 / 20	2차	실력체크 / 20	3차	실력체크 / 20

11 운동은 건강에 좋다.

12 저에게 추천 좀 해 주세요.

13 물을 많이 마시면 피부에 좋다.

14 나는 그에게 실망했다.

15 그녀는 친구에 대해 화가 났다.

16 그는 나에 대해 화가 났다.

17 그는 너에게 사과하려고 한다.

18 우리는 너를 위해 응원할게.

19 우리 우정을 위하여, 건배!

20 이것은 내가 너에게 주는 선물이다.

*중국어 문장은 67p에서 확인하세요.

STEP 3 배운 내용을 토대로 회화를 완성해 보세요.

TRACK 03-2

A 나는 그에게 실망했다.

B 그는 너에게 사과하려고 한다.

A 네가 그에게 전화를 해 봐.

B 내가 그에게 전화할게.

DAY 04

동작의 임박을 나타내는 표현

STEP1 | 해당 문법을 확인해 보세요.

문법

🔊 음성 강의 04

就要……了 : 곧 ~하려고 하다

상황이 곧 발생함을 (임박한 상황임을) 나타냅니다.

我就要结婚了。 나는 곧 결혼하려고 한다.
Wǒ jiùyào jiéhūn le.

快要……了 : 곧 ~하려고 하다

상황이 곧 발생함을 (임박한 상황임을) 나타냅니다.

我快要毕业了。 나는 곧 졸업하려고 한다.
Wǒ kuàiyào bìyè le.

구체적인 시간 + 就要……了

就要……了 앞에는 시간 명사가 올 수 있지만, 快要……了 앞에는 올 수 없습니다.

我明年就要毕业了。(O) 나는 내년에 곧 졸업하려고 한다.
Wǒ míngnián jiùyào bìyè le.

我明年快要毕业了。(X)

STEP 2　우리말을 보고 중국어로 말해 보세요.

🔊 TRACK 04-1

1　밖에 곧 비가 내리려고 한다.

2　곧 여름 방학이다.

3　우리는 다음 주에 곧 시험을 보려고 한다.

4　나는 2시에 곧 시험을 보려고 한다.

5　내일 곧 등교하려고 한다.

6　내 누나(언니)는 다음 달에 곧 결혼하려고 한다.

7　다음 주에 나의 딸은 곧 시집을 가려고 한다.

8　그는 곧 밥을 먹으려고 해.

9　이 식당은 곧 문을 닫으려고 해.

10　곧 노동절이네.

20 / /	20 / /	20 / /
1차 실력체크 / 20	2차 실력체크 / 20	3차 실력체크 / 20

11 은행이 곧 문을 닫으려고 한다.

12 나는 곧 퇴근하려고 한다.

13 나는 배고파서 곧 죽을 것 같다.

14 나는 내년에 곧 졸업하려고 한다.

15 나는 다음 주에 곧 귀국하려고 한다.

16 올림픽이 팔월에 곧 시작하려고 한다.

17 그는 곧 떠나려 해.

18 비행기가 곧 이륙하려고 한다.

19 내일 그들은 곧 출장을 가려고 해.

20 기차가 곧 오려고 한다.

* 중국어 문장은 67p에서 확인하세요.

STEP 3 배운 내용을 토대로 회화를 완성해 보세요.

🔊 TRACK 04-2

A 우리는 다음 주에 곧 시험을 보려고 한다.

B 나는 2시에 곧 시험을 보려고 한다.

A 곧 여름 방학이다.

B 우리 누나는 다음 달에 곧 결혼하려고 한다.

동작의 정도를 나타내는 정도보어

他(吃饭)吃得很多。
그는 밥을 많이 먹는다.

STEP 1 | 해당 문법을 확인해 보세요.

문법   🔊 음성 강의 05

(동사 + 목적어) + 동사 + 得 + 정도보어

동작의 정도를 나타냅니다.

표현

他(吃饭)吃得很少。 그는 밥을 적게 먹는다.
Tā (chīfàn) chī de hěn shǎo.

STEP 2   우리말을 보고 중국어로 말해 보세요.

TRACK 05-1

1. 그는 아주 재미있게 말한다.

2. 그는 말하는 게 매우 유창해.

3. 너는 참 잘 찍었다.

4. 너는 사진을 정말 잘 찍는다.

5. 너는 중국어를 참 잘한다.

6. 그는 숙제를 참 잘했다.

7. 너는 오늘 너무 적게 입었다.

8. 너는 옷을 참 이쁘게 입었다.

9. 그는 참 빠르게 큰다.

10. 나는 아주 잘 지냈다.

| 20 / / | 20 / / | 20 / / |
| 1차 실력체크 / 20 | 2차 실력체크 / 20 | 3차 실력체크 / 20 |

11 너는 노래를 아주 잘한다. 🎵
....

12 그녀는 춤을 아주 잘 춘다.
....

13 그는 먹는 게 아주 느리다.
....

14 너는 글씨를 아주 잘 쓴다.
....

15 이번에는 시험을 잘 못 봤다.
....

16 그는 피아노를 잘 친다.
....

17 네 딸은 귀엽게 생겼다.
....

18 그녀는 생긴 게 정말 예쁘다.
....

19 시간이 참 빨리 지나간다.
....

20 나는 뛰는 게 매우 빠르다. 🏃
....

* 중국어 문장은 67p에서 확인하세요.

 **STEP 3** 배운 내용을 토대로 회화를 완성해 보세요.

🔊 TRACK 05-2

A 어때?

B1 너는 참 잘 찍었다.

B2 너는 사진을 정말 잘 찍는다.

A 어때?

B1 너는 오늘 너무 적게 입었다.

B2 너는 옷을 참 이쁘게 입었다.

동사 觉得와 以为

STEP1 해당 문법을 확인해 보세요.

문법

🔊 음성 강의 06

觉得 : ~라고 생각한다

주관적인 느낌과 관점을 나타냅니다.

我觉得麻辣烫很好吃。 나는 마라탕이 맛있다고 생각한다.
Wǒ juéde málàtàng hěn hǎochī.

我觉得她很可爱。 나는 그녀가 귀엽다고 생각한다.
Wǒ juéde tā hěn kě'ài.

以为 : ~인 줄 알았다

사실과 다른 판단을 내리거나 오해할 때 많이 사용합니다.

我以为今天星期三。 나는 오늘이 수요일인 줄 알았다.
Wǒ yǐwéi jīntiān xīngqīsān.

我以为汉语很难。 나는 중국어가 어려운 줄 알았다.
Wǒ yǐwéi Hànyǔ hěn nán.

 **STEP 2** 우리말을 보고 중국어로 말해 보세요.

TRACK 06-1

1 나는 중국어가 어려운 줄 알았다.

2 내가 느끼기에 중국어는 어렵지 않다.

3 나는 인터넷 쇼핑이 편리하다고 생각한다.

4 나는 편리하다고 생각하지 않는다.

5 그는 내가 외국에 가는 줄 알았다.

6 나는 재밌다고 느끼지 않는다.

7 네가 생각하기에 재미없니?

8 나는 신기하다고 생각한다.

9 나는 아주 로맨틱하다고 생각한다.

10 우리 모두가 생각하기에 그는 좋은 사람인 것 같다.

20 / /	20 / /	20 / /
1차 실력체크 / 20	2차 실력체크 / 20	3차 실력체크 / 20

11 나는 네가 중국인인 줄 알았다.

12 나는 그녀가 중국인인 줄 알았다.

13 나는 오늘 수업이 없는 줄 알았다.

14 나는 너도 아는 줄 알았다.

15 우리는 그가 결혼하는 줄 알았다.

16 나는 여전히 꿈꾸는 줄 알았다.

17 나는 오늘이 일요일인 줄 알았다.

18 나는 즐겁다고 느끼지 않는다.

19 너는 어떻게 생각하니?

20 나는 창피하다고 생각하지 않는다.

* 중국어 문장은 68p에서 확인하세요.

STEP 3　배운 내용을 토대로 다음 문장을 중국어로 말해 보세요.

🔊 TRACK 06-2

년　　　월　　　일　　　요일

나는 옷을 사고 싶어서, 인터넷 쇼핑을 하기로 했다.

나는 인터넷 쇼핑이 편리하다고 생각한다.

그런데 우리 오빠는 인터넷 쇼핑은 머리가 아파서 못하겠다고 한다.

오빠의 생각이 나는 신기하다고 생각한다.

나는 새 옷을 입고 부랴부랴 수업을 들으러 갔는데, 교실에 아무도 없었다.

충격에 휩싸여 친구에게 연락했더니, "나는 너도 아는 줄 알았다."라며

답장이 왔다. 나는 전혀 몰랐는데, 억울해서 길거리에서 울었다.

하지만 나는 창피하다고 생각하지 않았다.

DAY 06　29

DAY 07

추측을 나타내는 조동사 会와 应该

STEP 1 | 해당 문법을 확인해 보세요.

> 문법

🔊 음성 강의 07

会 : ~할 것이다

조동사 会는 어떤 일이 일어날 수 있는 가능성을 나타냅니다.
문장 끝에 的를 붙여 더 강한 추측을 표현할 수 있습니다.

你**会**喜欢**的**。 너는 좋아할 것이다.
Nǐ huì xǐhuan de.

明天**会**下雨**的**。 내일은 비가 올 것이다.
Míngtiān huì xiàyǔ de.

应该 : 아마 ~할 것이다

마땅히 그럴 것이라고 확신하는 의미를 나타냅니다.

他**应该**知道。 그는 아마 알 것이다.
Tā yīnggāi zhīdao.

30 중국어 진짜학습지

STEP 2 우리말을 보고 중국어로 말해 보세요.

TRACK 07-1

1 내일 비가 내릴 거야.

2 아마 별일 없을 것이다.

3 너는 푹 쉬면 곧 좋아질 것이다.

4 너는 약을 좀 먹으면 곧 좋아질 것이다.

5 우리는 지각하지 않을까?

6 우리는 아마 늦지 않을 것이다.

7 너는 혼날 것이다.

8 크리스마스이브 그날에 눈이 올까?

9 아마 그렇겠죠?

10 그녀는 아마 갔을 것이다.

20 / /	20 / /	20 / /
1차 실력체크 / 20	2차 실력체크 / 20	3차 실력체크 / 20

11 아마 내일 시험을 볼 것이다.

12 너도 마음에 들어 할 것이다.

13 그는 아마 다 보았을 것이다.

14 그녀는 아마 집에 없을 것이다.

15 한국 팀이 꼭 이길 것이다.

16 너희들 모두 성공할 것이다.

17 그는 오지 못할 것이다.

18 그럴 리가?

19 그는 아마 모를 것이다.

20 나는 너를 그리워 할 것이다.

* 중국어 문장은 68p에서 확인하세요.

STEP 3　배운 내용을 토대로 회화를 완성해 보세요.

🔊 TRACK 07-2

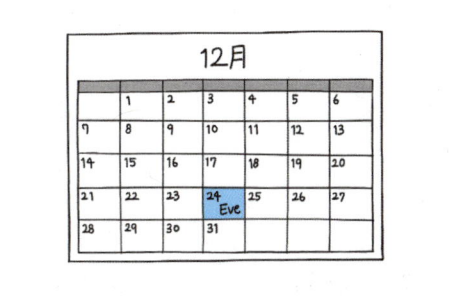

Ⓐ 크리스마스이브 그날에 눈이 올까?

Ⓑ 그럴 리가?

Ⓐ 우리는 지각할까?

Ⓑ 우리는 아마 늦지 않을 것이다.

지속된 시간의 양

STEP 1 해당 문법을 확인해 보세요.

문법

🔊 음성 강의 08

시각과 시량보어의 차이

동사 뒤에 쓰여 동작, 상태가 지속되거나 경과한 시간의 양을 보충하는 것을 '시량보어'라고 합니다.

你几点睡觉？ 너는 몇 시에 잠을 자니?(시각)
Nǐ jǐ diǎn shuìjiào?

你睡几个小时？ 너는 몇 시간을 자니?(시량보어)
Nǐ shuì jǐ ge xiǎoshí?

동사 + 목적어 + 동사 + 시량보어
동사 + 시량보어 + 的 + 목적어

我坐飞机坐两个小时。 나는 2시간 동안 비행기를 탄다.
Wǒ zuò fēijī zuò liǎng ge xiǎoshí.

我坐两个小时的飞机。 나는 2시간 동안 비행기를 탄다.
Wǒ zuò liǎng ge xiǎoshí de fēijī.

동사 + 목적어(인칭대명사) + 시량보어

你等我五分钟。 너는 나를 5분 동안 기다려 줘.
Nǐ děng wǒ wǔ fēnzhōng.

STEP 2   우리말을 보고 중국어로 말해 보세요.

TRACK 08-1

1. 너는 며칠 동안 가니?

2. 나는 2박 3일 동안 간다.

3. 너는 유럽에 얼마 동안 가니?

4. 나는 이틀 동안 기차를 탔다.

5. 이거 몇 분 동안 데워야 하니?

6. 이거 2분 동안만 데우면 된다.

7. 너는 매일 몇 시간을 자니?

8. 나는 매일 7시간 잔다.

9. 나는 집에서 이 주간 있었다.

10. 그녀는 3년 동안 다이어트 약을 먹었다.

	20 / /	20 / /	20 / /
	1차 실력체크 / 20	2차 실력체크 / 20	3차 실력체크 / 20

11 너는 중국어를 배운 지 얼마나 되었니?

12 나는 배운 지 한 달 되었다.

13 나는 2년 동안 시험을 준비했다.

14 나는 세 시간 동안 수업을 들었다.

15 그는 20년 동안 코끼리를 연구했다.

16 그는 2개월 동안 일을 했다.

17 그는 30분 동안 전화를 했다.

18 너는 나를 얼마 동안 기다렸니?

19 나는 너를 30분 동안 기다렸다.

20 그는 나와 30분 동안 같이 있어 줬다.

* 중국어 문장은 69p에서 확인하세요.

STEP 3 배운 내용을 토대로 다음 문장을 중국어로 말해 보세요.

🔊 TRACK 08-2

| 년 | 월 | 일 | 요일 |

오늘 나는 중국어 강의를 듣기 시작했다.

나는 세 시간 동안 수업을 들었는데, 머리가 아파 왔다.

주위 친구들도 중국어를 배운다고 했던 것이 기억나서, 친구를 만나

"너는 중국어를 배운 지 얼마나 되었니?"라고 물으니,

"나는 배운 지 한 달 되었어."라고 했다.

그래서 나는 그 친구와 함께 공부를 해야겠다고 다짐했다.

그는 나와 30분 동안 같이 있어 줬다.

참 고마운 친구다.

DAY 08   37

경과된 시간의 양

我结婚五年了。

나는 결혼한 지 5년 되었다.

STEP1 | 해당 문법을 확인해 보세요.

문법   음성 강의 09

동작 + 시량보어

동작 뒤에 시량보어를 붙여서
동작이 경과된 시간의 양을 표현할 수 있습니다.

표현

我毕业两年了。 나는 졸업한 지 2년 되었다.
Wǒ bìyè liǎng nián le.

STEP 2 우리말을 보고 중국어로 말해 보세요.

TRACK 09-1

1 너는 고등학교 졸업한 지 얼마나 되었니?

2 나는 졸업한 지 2년 되었다.

3 네 언니는 칭화대학교에 붙은 지 얼마나 되었니?

4 그녀는 칭화대학교에 붙은 지 3년이 되었다.

5 나는 고등학교 졸업한 지 며칠 안 되었다.

6 너희들은 알고 지낸 지 얼마나 되었니?

7 우리는 알고 지낸 지 10년 되었다.

8 우리는 알고 지낸 지 오래되었다.

9 너희는 결혼한 지 얼마나 되었니?

10 우리는 결혼한 지 5년 되었다.

20 / /	20 / /	20 / /
1차 실력체크 / 20	2차 실력체크 / 20	3차 실력체크 / 20

11 너는 부산에 온 지 얼마나 되었니?

12 나는 부산에 온 지 3년 되었다.

13 친구는 한국에 온 지 보름 되었다.

14 그는 베이징에 도착한 지 5개월이 되었다.

15 여동생은 집을 떠난 지 얼마나 되었니?

16 여동생은 집을 떠난 지 5일이 되었다.

17 아빠는 귀국한 지 일주일이 되었다.

18 너는 얼마나 오랫동안 머리를 자르지 않았니?

19 나는 두 달 동안 머리를 자르지 않았다.

20 너는 얼마나 오랫동안 방 청소를 하지 않았니?

* 중국어 문장은 69p에서 확인하세요.

STEP 3 배운 내용을 토대로 회화를 완성해 보세요.

TRACK 09-2

A 너희들 알고 지낸 지 얼마나 되었니?

B 우리는 알고 지낸 지 오래됐어.

A 너는 고등학교 졸업한 지 얼마나 되었니?

B 나는 고등학교 졸업한 지 며칠 안 됐어.

C 네 언니는 칭화대학교에 붙은 지 얼마나 되었니?

A 그녀는 칭화대학교에 붙은 지 3년 됐어.

부사 已经과 刚才

> **STEP 1** 해당 문법을 확인해 보세요.

문법

🔊 음성 강의 10

已经 : 이미, 벌써

已经은 과거에 동작이 이미 발생했거나 변화가 생겼음을 나타냅니다.

他已经回国了。 그는 이미 귀국했다.
Tā yǐjīng huíguó le.

飞机已经起飞了。 비행기는 이미 이륙했다.
Fēijī yǐjīng qǐfēi le.

刚才 : 방금

刚才는 주어 앞이나 뒤에 붙여 방금 발생한 일임을 나타냅니다.

你刚才做什么了？ 너는 방금 무엇을 했니?
Nǐ gāngcái zuò shénme le?

刚才你做什么了？ 방금 너는 무엇을 했니?
Gāngcái nǐ zuò shénme le?

你刚才说什么了？ 너는 방금 뭐라고 말했니?
Nǐ gāngcái shuō shénme le?

刚才你说什么了？ 방금 너는 뭐라고 말했니?
Gāngcái nǐ shuō shénme le?

STEP 2 우리말을 보고 중국어로 말해 보세요.

TRACK 10-1

1   그들은 이미 헤어졌다.

2   그들은 이미 화해했다.

3   나는 이미 결정했다.

4   회의는 이미 끝났다.

5   그는 이미 귀국했다.

6   비행기는 이미 이륙했다.

7   너는 방금 어디 갔었니?

8   나는 방금 방을 정리했다.

9   너는 방금 뭐라고 말했니?

10 너는 방금 무엇을 했니?

	20 / /		20 / /		20 / /
1차	실력체크 / 20	2차	실력체크 / 20	3차	실력체크 / 20

11 나는 방금 휴대 전화를 찾고 있었다.

12 방금 어떻게 된 거니?

13 방금 안내 방송을 했다.

14 너는 방금 무엇을 생각하고 있었니?

15 나는 방금 저녁밥을 생각하고 있었다.

16 나는 이미 돈을 지불했다.

17 나는 이미 30살이 되었다.

18 경기는 이미 시작했다.

19 날이 이미 어두워졌다.

20 방금 누가 왔니?

* 중국어 문장은 70p에서 확인하세요.

STEP 3   배운 내용을 토대로 다음 문장을 중국어로 말해 보세요.

🔊 TRACK 10-2

년   월   일   요일

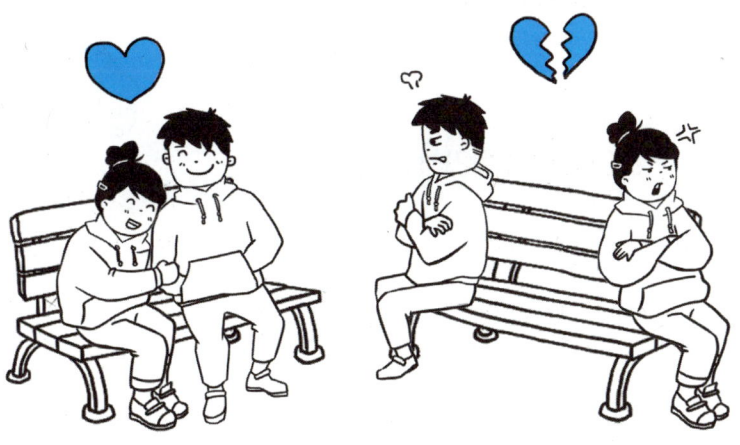

나의 친구는 남자 친구가 있다. 남자 친구와 싸우고 나에게 하소연하기에,

나는 그만 만나라고 했지만, 다음날 그들은 이미 화해했다.

또 어느 날에는 나에게 남자 친구의 험담을 하기에 그러지 말고 잘 지내보라고

했지만, 그들은 이미 헤어졌다.

결국 내 조언이 소용이 없는 것 같아서, 나는 친구가 남자 친구 이야기를 할 때면,

"너는 방금 뭐라고 말했니?"하며 못 들은 척한다. 그러면 친구가 집요하게

너는 방금 무엇을 했냐며 따지는 바람에 난감했다.

동작의 결과 1

STEP1 | 해당 문법을 확인해 보세요.

문법

동사 뒤에 쓰여 동작의 결과를 설명하는 것을 '결과보어'라고 합니다.

동사 + 完 : 다 ~했다

동사 + 完은 동작이 완성되었음을 나타냅니다.

我吃完了。 나는 다 먹었다.
Wǒ chī wán le.

동사 + 好 : 잘 ~했다

동사 + 好는 동작이 완성되었거나, 만족스러운 정도에 이르렀음을 나타냅니다.

我吃好了。 나는 잘 먹었다.
Wǒ chī hǎo le.

동사 + 光 : 하나도 남김없이 다 ~하다

동사 + 光은 하나도 남김없이 동작이 완성되었음을 나타냅니다.

我吃光了。 나는 하나도 남김없이 다 먹었다.
Wǒ chī guāng le.

STEP 2   우리말을 보고 중국어로 말해 보세요.

🔊 TRACK 11-1

1   나는 다 먹었다.

2   나는 잘 먹었다.

3   나는 배부르게 먹었다.

4   나는 하나도 남김없이 다 먹었다.

5   나는 밥을 다 먹었다.

6   엄마는 저녁밥을 다 했다.

7   남동생이 배부르게 먹지 않았다.

8   너는 준비 잘 했니?

9   너는 자전거는 잘 고쳤니?

10   노트북 다 (잘) 고쳤다.

20 / /	20 / /	20 / /
1차 실력체크 / 20	2차 실력체크 / 20	3차 실력체크 / 20

11 나는 이미 잘 처리했다.

12 너는 이 컴퓨터 다 썼니?

13 너는 숙제 다 했니?

14 나는 아직 다 못했다.

15 나는 삼국지를 다 읽었다.

16 나는 아직 다 보지 못했다.

17 돈을 하나도 남김없이 다 써 버렸다.

18 치약을 하나도 남김없이 다 써 버렸다.

19 그는 나의 커피를 싹 다 마셔 버렸다.

20 그 만화책은 이미 싹 다 팔렸다.

* 중국어 문장은 70p에서 확인하세요.

 **STEP 3** 배운 내용을 토대로 회화를 완성해 보세요.

🔊 TRACK 11-2

A 너는 밥을 먹었니?

B 나는 밥을 다 먹었다.

A 엄마는 저녁밥을 다 했다.

너는 안 먹을 거니?

B 나는 배부르게 먹었다.

남동생이 배부르게 먹지 않았다.

동작의 결과 2

STEP1 해당 문법을 확인해 보세요.

문법   음성 강의 12

동사 + 到

동사 + 到는 목적을 달성했거나 결과가 있음을 나타냅니다.

我找到了。 나는 찾았다.
Wǒ zhǎo dào le.

동사 + 见

동사 + 见은 어떤 대상이 지각, 감지되었음을 나타냅니다.

我看见了。 나는 봤다.
Wǒ kàn jiàn le.

동사 + 懂

동사 + 懂은 동작의 결과가 이해되었음을 나타냅니다.

我听懂了。 나는 알아들었다.
Wǒ tīng dǒng le.

동사 + 错

동사 + 错는 동작을 한 결과가 잘못되었음을 나타냅니다.

我打错了。 나는 잘못 걸었다.
Wǒ dǎ cuò le.

 **STEP 2**　　우리말을 보고 중국어로 말해 보세요.

TRACK 12-1

1 너는 이메일을 받았니?

2 나는 일을 찾았다.

3 나는 기차표를 샀다.

4 나는 선생님과 연락이 되었다.

5 경찰이 도둑을 잡았다.

6 나는 정말 생각지도 못했다.

7 너는 선생님을 봤니?

8 나는 못 봤다.

9 나는 그의 목소리를 들었다.

10 나는 선생님을 우연히 만났다.

20 / /	20 / /	20 / /
1차 실력체크 / 20	2차 실력체크 / 20	3차 실력체크 / 20

11 나는 어제 그를 꿈에서 만났다.

12 나는 벨소리를 듣지 못했다.

13 너는 알아들었니?

14 나는 못 알아들었다.

15 나는 선생님의 말을 알아들었다.

16 너는 영어 잡지를 보고 이해할 수 있니?

17 나는 기차 시간을 잘못 봤다.

18 그는 전화를 잘못 걸었다.

19 그녀는 시간을 잘못 봤다.

20 나는 그의 이름을 잘못 썼다.

*중국어 문장은 71p에서 확인하세요.

STEP 3 배운 내용을 토대로 다음 문장을 중국어로 말해 보세요.

🔊 TRACK 12-2

| 년 | 월 | 일 | 요일 |

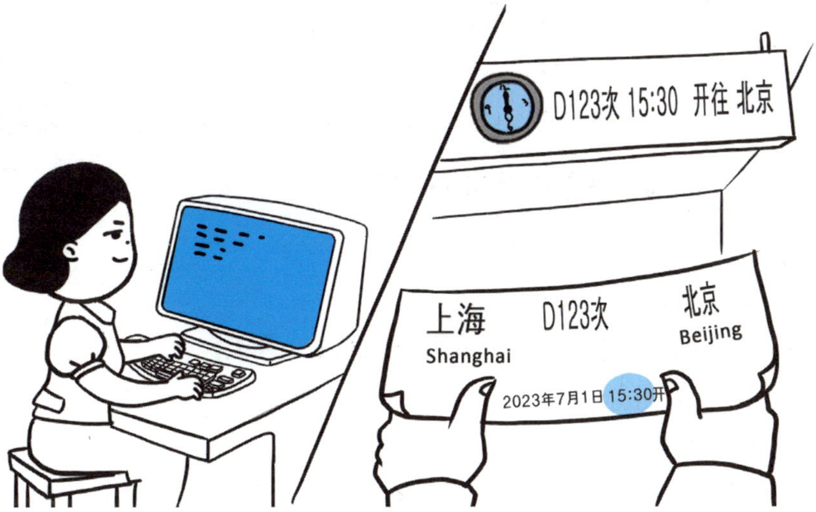

오랜 취업 준비 끝에, 나는 일을 찾았다.

합격할 거라고 나는 정말 생각지도 못했다. 고향에 가기 위해,

나는 기차표를 사고 기차를 타려고 승강장에 갔는데,

기차가 없어서 기차표를 다시 확인하니, 나는 기차 시간을 잘못 봤다.

그때 어딘가에서 시끄러운 노래가 들리기 시작했다.

순간 눈을 떠 보니 모든 게 다 꿈이었다.

비교문 比와 有

> **STEP1** 해당 문법을 확인해 보세요.

문법

🔊 음성 강의 13

A + 比 + B + 형용사 : A가 B보다 ~하다

比를 사용해서 두 사물의 성질이나 특징을 비교하는 비교문을 만들 수 있습니다.
比 앞에 不를 붙여 비교문의 부정을 나타냅니다.

明天比今天冷。 내일은 오늘보다 춥다.
Míngtiān bǐ jīntiān lěng.

明天不比今天冷。 내일은 오늘보다 춥지 않다.
Míngtiān bù bǐ jīntiān lěng.

A + 有 + B + 형용사 : A가 B만큼 ~하다

有가 비교문에 쓰이면, 일정한 정도에 도달했음을 나타냅니다.
주로 의문문과 부정문에 쓰입니다. 有 앞에 没를 붙여 비교문의 부정을 나타냅니다.

他有你大吗？ 그는 너만큼 나이가 많니?
Tā yǒu nǐ dà ma?

他没有我大。 그는 나만큼 나이가 많지 않다.
Tā méiyǒu wǒ dà.

STEP 2　우리말을 보고 중국어로 말해 보세요.

🔊 TRACK 13-1

1　오늘 날씨는 어제보다 춥다.

2　내일은 오늘보다 더 덥다.

3　버스가 택시보다 훨씬 싸다.

4　지하철이 버스보다 조금 더 빠르다.

5　그는 나보다 세 살 많다.

6　그는 너만큼 이렇게 키가 크니?

7　그는 너만큼 나이가 많니?

8　그는 나만큼 나이가 많지 않다.

9　그는 나보다 나이가 많지 않다.

10　그는 예전보다 살이 5킬로가 빠졌다.

DAY 13　55

20 / /	20 / /	20 / /
1차 실력체크 / 20	2차 실력체크 / 20	3차 실력체크 / 20

11 아들은 딸보다 똑똑하지 않다.

12 딸이 엄마만큼 저렇게 예쁘니?

13 네 휴대 전화는 내 휴대 전화보다 훨씬 좋다.

14 새 휴대 전화는 예전 휴대 전화보다 좋지 않다.

15 그곳은 이곳만큼 이렇게 싸니?

16 회원가가 정가보다 조금 싸다.

17 시장의 채소가 마트보다 신선하다.

18 볶음밥은 덮밥만큼 저렇게 맛있니?

19 이 집이 저 집보다 훨씬 잘한다.

20 그 옷은 이 옷만큼 이렇게 예쁘지 않다.

* 중국어 문장은 72p에서 확인하세요.

STEP 3 배운 내용을 토대로 회화를 완성해 보세요.

🔊 TRACK 13-2

- **A** 그는 너만큼 나이가 많니?

- **B** 그는 나만큼 나이가 많지 않다.

- **A** 그는 너보다 이렇게 키가 크니?

- **B** 그는 나보다 키가 크지 않다.

- **A** 그는 너만큼 저렇게 똑똑하니?

- **B** 그는 나만큼 똑똑하지 않다.

비교문 跟……一样 / 최상급 最

STEP1 | 해당 문법을 확인해 보세요.

문법 🔊 음성 강의 14

A + 跟 + B + 一样 : A는 B와 같다

두 사물을 비교한 결과가 같음을 나타냅니다.

他的爱好跟我一样。 그의 취미는 나와 같다.
Tā de àihào gēn wǒ yíyàng.

A + 跟 + B + 不一样 : A는 B와 같지 않다

一样 앞에 不를 붙여 부정을 나타냅니다.

他的爱好跟我不一样。 그의 취미는 나와 다르다.
Tā de àihào gēn wǒ bù yíyàng.

最 : 제일, 최고

형용사나 심리를 나타내는 동사 앞에 最를 붙여 최상급을 나타냅니다.

我觉得火锅最好吃。 나는 훠궈가 제일 맛있다고 생각한다.
Wǒ juéde huǒguō zuì hǎochī.

我最喜欢火锅。 나는 훠궈가 제일 좋다.
Wǒ zuì xǐhuan huǒguō.

58 중국어 진짜학습지

STEP 2   우리말을 보고 중국어로 말해 보세요.

🔊 TRACK 14-1

1   그는 나와 입맛이 같다.

2   나는 룸메이트와 전공이 같다.

3   나는 남편과 취미가 같다.

4   나는 그와 키가 똑같이 크다.

5   수박은 농구공과 똑같이 크다.

6   나의 오토바이는 자동차와 같이 빠르다.

7   번체자는 간체자와 다르다.

8   너의 답은 나와 다르다.

9   그의 생각은 나의 생각과 다르다.

10   색깔이 실물과 다르다.

20 / /	20 / /	20 / /
1차 실력체크 / 20	2차 실력체크 / 20	3차 실력체크 / 20

11 이것은 내가 본 것과 다르다.

12 지금의 학생은 예전의 학생과 다르다.

13 제일 최고다!

14 너는 어떤 말들이 제일 싫니?

15 너는 무엇을 먹는 것이 제일 좋니?

16 그는 피자 먹는 것을 제일 좋아한다.

17 그녀는 흰색을 가장 좋아한다.

18 할머니께서 만들어 주신 음식이 제일 맛있다.

19 이것은 올해 제일 유행하는 음악이다.

20 너는 어느 옷이 가장 이쁘다고 생각하니?

* 중국어 문장은 72p에서 확인하세요.

 **STEP 3** 배운 내용을 토대로 다음 문장을 중국어로 말해 보세요.

🔊 TRACK 14-2

| 년 | 월 | 일 | 요일 |

나는 결혼한 지 한 달 됐다. 결혼을 결심한 이유 중 하나는,

그는 나와 입맛이 같기 때문이다.

그는 피자 먹는 것을 제일 좋아하는데, 나도 피자를 제일 좋아한다.

매일 피자를 먹자고 해도, 남편은 좋다고 해 준다.

또 다른 이유는, 나는 남편과 취미가 같기 때문이다.

남편과 나는 취향도 같아서, "너는 어느 옷이 가장 예쁘다고 생각하니?"

라고 물으면, 항상 내가 고른 것이 가장 예쁘다고 한다.

DAY 15

동작의 방향

STEP1 | 해당 문법을 확인해 보세요.

문법

🔊 음성 강의 15

동사 + 来 / 去

동사 뒤에서 동작의 방향을 보충 설명하는 것을 '방향보어'라고 합니다.
동작이 말하는 사람을 향해 진행되면 来, 반대 방향으로 진행되면 去를 씁니다.

동사 + 来	동사 + 去
上来 shànglai	上去 shàngqu
下来 xiàlai	下去 xiàqu
进来 jìnlai	进去 jìnqu
出来 chūlai	出去 chūqu
回来 huílai	回去 huíqu
过来 guòlai	过去 guòqu
起来 qǐlai	

STEP 2 우리말을 보고 중국어로 말해 보세요.

TRACK 15-1

1 그는 아직 올라오지 않았다.

2 그는 뛰어서 위층으로 올라왔다.

3 너는 무대 위로 걸어 올라와.

4 엘리베이터가 고장이 났어, 걸어 올라가자.

5 조심해, 빨리 내려와.

6 나는 아래로 떨어질 것 같다.

7 우리 빨리 내려가자.

8 벚꽃이 떨어져 내려왔다.

9 그가 교실로 걸어 들어왔다.

10 너희들은 빨리 들어가.

20 / /	20 / /	20 / /
1차 실력체크 / 20	2차 실력체크 / 20	3차 실력체크 / 20

11 빨리 꺼내 봐.

12 나는 눈물이 다 나왔다.

13 그는 혼자 방에서 걸어 나갔다.

14 그 책은 이미 빌려 갔다.

15 그는 이미 집으로 돌아갔다.

16 언니, 오빠, 이리 와요, 이리 와요.

17 엄마는 방금 뛰어갔다.

18 학생들이 일어섰다.

19 아이가 울기 시작했다.

20 나는 비밀번호가 기억이 나지 않는다.

* 중국어 문장은 72p에서 확인하세요.

 **STEP 3** 배운 내용을 토대로 회화를 완성해 보세요.

🔊 TRACK 15-2

Ⓐ 우리 빨리 내려가자.

Ⓑ 조심해, 빨리 내려와.

Ⓒ 나는 아래로 떨어질 것 같아.

　 나는 눈물이 다 나왔어.

정답

DAY 01 – STEP 2

1 现金或者刷卡都行。
2 4月底或者5月中旬都行。
3 你去或者我去都行。
4 早上吃面包或者水果。
5 我去北京或者西安。
6 我每天下午都去跑步或者踢足球。
7 你上午来或者下午来都没关系。
8 明天下雨或者下雪都没关系。
9 坐地铁去或者骑自行车去都行。
10 我一般早上或者晚上去健身。
11 还是明天再联系吧。
12 还是跟家人商量商量吧。
13 还是退货吧。
14 还是坐电梯吧。
15 还是坐地铁去吧。
16 还是吃冰淇淋吧。
17 还是学习汉语吧。
18 还是晚上去吧。
19 还是给他打电话吧。
20 还是明天出发吧。

DAY 02 – STEP 2

1 请不要放香菜。
2 别吃饭。
3 不要喝水。
4 别迟到。
5 别躺着看书。
6 你不要玩儿手机。
7 你们别等我。
8 你们不要笑。
9 不要唱歌。
10 别跳舞。
11 不要生气。
12 不要在意。
13 你不要哭。
14 别担心。
15 别紧张。
16 别着急。
17 你不要吸烟。
18 别说话。
19 你不要离开我。
20 你别玩。

DAY 01 – STEP 3

- 坐地铁去或者骑自行车去都行。
- 还是坐地铁去吧。
- 早上吃面包或者水果。
- 我去北京或者西安。
- 还是学习汉语吧。
- 明天下雨或者下雪都没关系。

DAY 02 – STEP 3

- 别紧张。
- 别躺着看书。
- 你们不要笑。
- 不要在意。

DAY 03 – STEP 2

1 你给他打电话吧。
2 我给他打电话。
3 我给你发短信。
4 我给你写信。
5 我给你介绍。
6 他对我很好。
7 他对我很亲切。
8 我对中国文化很感兴趣。
9 我们为她买礼物。
10 我为大家准备了很多礼品。
11 运动对身体很好。
12 请给我推荐一下。
13 多喝水对皮肤好。
14 我对他失望了。
15 她对朋友很生气。
16 他对我很生气。
17 他要给你道歉。
18 我们为你加油。
19 为我们的友谊，干杯！
20 这是我给你的礼物。

DAY 03 – STEP 3

1 A: 我对他失望了。
　B: 他要给你道歉。
　A: 你给他打电话。
　B: 我给他打电话。

DAY 04 – STEP 2

1 外面快要下雨了。
2 暑假快要到了。
3 我们下个星期就要考试了。
4 我两点就要考试了。
5 明天就要上学了。
6 我姐姐下个月就要结婚了。
7 下周我的女儿就要嫁人了。
8 他就要吃饭了。
9 这家餐厅快要关门了。
10 劳动节就要到了。
11 银行快要关门了。
12 我就要下班了。
13 我快要饿死了。
14 我明年就要毕业了。
15 我下周就要回国了。
16 奥运会八月就要开始了。
17 他快要走了。
18 飞机快要起飞了。
19 明天他们就要出差了。
20 火车快要来了。

DAY 04 – STEP 3

1 A: 我们下个星期就要考试了。
　B: 我两点就要考试了。
　A: 暑假快要到了。
　B: 我姐姐下个月就要结婚了。

DAY 05 – STEP 2

1 他说得很有意思。
2 他说得很流利。
3 你照得真好看。
4 你照片拍得真好。
5 你汉语说得真不错。

6 他作业做得很好。
7 你今天穿得太少了。
8 你衣服穿得真漂亮。
9 他长得很快。
10 我过得很好。
11 你唱得很好听。
12 她跳舞跳得很好。
13 他吃得太慢。
14 你的字写得真好。
15 这次考得不怎么样。
16 他弹钢琴弹得不错。
17 你女儿长得很可爱。
18 她长得很漂亮。
19 时间过得真快。
20 我跑得很快。

DAY 05 – STEP 3

1 A: 怎么样？
 B1: 你照得真好看。
 B2: 你照片拍得真好。

2 A: 怎么样？
 B1: 你今天穿得太少了。
 B2: 你衣服穿得真漂亮。

DAY 06 – STEP 2

1 我以为汉语很难。
2 我觉得汉语不难。
3 我觉得网购很方便。
4 我不觉得方便。
5 他以为我去外国。
6 我不觉得有意思。

7 你觉得很无聊吗？
8 我觉得很神奇。
9 我觉得好浪漫。
10 我们都觉得他是好人。
11 我以为你是中国人。
12 我以为她是中国人。
13 我以为今天没有课。
14 我以为你也知道。
15 我们以为他结婚。
16 我还以为在做梦呢。
17 我以为今天是星期天。
18 我不觉得快乐。
19 你觉得怎么样？
20 我不觉得丢脸。

DAY 06 – STEP 3

- 我觉得网购很方便。
- 我觉得很神奇。
- 我以为你也知道。
- 我不觉得丢脸。

DAY 07 – STEP 2

1 明天会下雨的。
2 应该没事。
3 你好好儿休息就会好的。
4 你吃点儿药就会好的。
5 我们会不会迟到？
6 我们应该来得及。
7 你会批评的。
8 平安夜那天会不会下雪？
9 应该是吧？

10 她应该走了。
11 应该明天考试。
12 你也会喜欢的。
13 他应该看完了。
14 她应该不在家。
15 韩国队一定会赢。
16 你们都会成功的。
17 他不会来的。
18 不会吧？
19 他应该不知道。
20 我会想你的。

DAY 07 – STEP 3

1 A: 平安夜那天会不会下雪？
   B: 不会吧？
2 A: 我们会不会迟到？
   B: 我们应该来得及。

DAY 08 – STEP 2

1 你去几天？
2 我去三天两夜。
3 你去欧洲多长时间？
4 我坐了两天火车。
5 这个要热几分钟？
6 这个热两分钟就行。
7 你每天睡几个小时觉？
8 我每天睡七个小时觉。
9 我在家呆了两个星期。
10 她吃了三年减肥药。
11 你学汉语学了多长时间了？
12 我学了一个月了。
13 我准备了两年考试。

14 我上了三个小时的课。
15 他研究了二十年大象。
16 他工作了两个月。
17 他打了三十分钟电话。
18 你等了我多长时间了？
19 我等了你半个小时了。
20 他陪了我三十分钟。

DAY 08 – STEP 3

- 我上了三个小时的课。
- 你学汉语学了多长时间了？
- 我学了一个月了。
- 他陪了我三十分钟。

DAY 09 – STEP 2

1 你高中毕业多久了？
2 我毕业两年了。
3 你姐姐考上清华大学多久了？
4 她考上清华大学三年了。
5 我高中毕业没几天。
6 你们认识多长时间了？
7 我们认识十年了。
8 我们认识很长时间了。
9 你们结婚多长时间了？
10 我们结婚五年了。
11 你来釜山多长时间了？
12 我来釜山三年了。
13 朋友来韩国半个月了。
14 他到北京五个月了。
15 妹妹离开家多长时间了？
16 妹妹离开家五天了。
17 爸爸回国一个星期了。

18 你多久没剪头发了？
19 我两个月没剪头发了。
20 你多久没打扫房间了？

DAY 09 – STEP 3

1　A: 你们认识多长时间了？
　　B: 我们认识很长时间了。
　　A: 你高中毕业多久了？
　　B: 我高中毕业没几天。
　　C: 你姐姐考上清华大学多久了？
　　A: 她考上清华大学三年了。

DAY 10 – STEP 2

1　他们已经分手了。
2　他们已经和好了。
3　我已经决定了。
4　会议已经结束了。
5　他已经回国了。
6　飞机已经起飞了。
7　你刚才去哪儿了？
8　我刚才收拾房间了。
9　你刚才说什么了？
10　你刚才做什么了？
11　我刚才找手机了。
12　刚才怎么了？
13　刚才广播通知了。
14　你刚才想什么呢？
15　我刚才想晚饭呢。
16　我已经付款了。
17　我已经三十岁了。
18　比赛已经开始了。
19　天已经黑了。

20　刚才谁来了？

DAY 10 – STEP 3

• 他们已经和好了。
• 他们已经分手了。
• 你刚才说什么了？
• 你刚才做什么了？

DAY 11 – STEP 2

1　我吃完了。
2　我吃好了。
3　我吃饱了。
4　我吃光了。
5　我吃完饭了。
6　妈妈做好晚饭了。
7　弟弟没吃饱饭。
8　你准备好了吗？
9　你自行车修好了吗？
10　笔记本电脑修好了。
11　我已经办好了。
12　你用完这台电脑了吗？
13　你作业做完了吗？
14　我还没做完。
15　我读完三国志了。
16　我还没看完。
17　钱都花光了。
18　牙膏用光了。
19　他喝光了我的咖啡。
20　那本漫画书已经卖光了。

DAY 11 – STEP 3

1　A: 你吃饭了吗？

B: 我吃完了。
A: 妈妈做好晚饭了。
　 你不吃吗?
B: 我吃饱了。
　 弟弟没吃饱饭。

DAY 12 - STEP 2

1　你收到邮件了吗?
2　我找到工作了。
3　我买到火车票了。
4　我联系到老师了。
5　警察抓到小偷了。
6　我真没想到。
7　你看见老师了吗?
8　我没看见。
9　我听见了他的声音。
10　我碰见老师了。
11　我昨天梦见他了。
12　我没听见铃声。
13　你听懂了没有?
14　我没听懂。
15　我听懂老师的话了。
16　你能看懂英语杂志吗?
17　我看错火车时间了。
18　他打错电话了。
19　她看错时间了。
20　我写错了他的名字。

DAY 12 - STEP 3

• 我找到工作了。
• 我真没想到。
• 我买到火车票了。

• 我看错火车时间了。

DAY 13 - STEP 2

1　今天天气比昨天冷。
2　明天比今天更热。
3　公交车比出租车更便宜。
4　地铁比公交车快一点儿。
5　他比我大三岁。
6　他有你这么高吗?
7　他有你大吗?
8　他没有我大。
9　他不比我大。
10　他比以前瘦了十斤。
11　儿子不比女儿聪明。
12　女儿有妈妈那么漂亮吗?
13　你的手机比我的手机好得多。
14　新的手机不比以前的手机好。
15　那里有这里这么便宜吗?
16　会员价比原价便宜一点儿。
17　市场的菜比超市的更新鲜。
18　炒饭有盖饭那么好吃吗?
19　这家比那家做得更好。
20　那件衣服没有这件这么好看。

DAY 13 - STEP 3

1　A: 他有你大吗?
　　B: 他没有我大。
　　A: 他比你高吗?
　　B: 他不比我高。
　　A: 他有你那么聪明吗?
　　B: 他没有我聪明。

DAY 14 – STEP 2

1 他跟我口味一样。
2 我跟同屋的专业一样。
3 我跟丈夫的爱好一样。
4 我跟他一样高。
5 西瓜跟篮球一样大。
6 我的摩托车跟汽车一样快。
7 繁体字跟简体字不一样。
8 你的答案跟我的不一样。
9 他的想法跟我的不一样。
10 颜色跟实物不一样。
11 这个跟我看的不一样。
12 现在的学生跟以前的学生不一样。
13 最棒！
14 你最讨厌哪些话？
15 你最喜欢吃什么？
16 他最喜欢吃比萨饼。
17 她最喜欢白色。
18 奶奶做的菜最好吃。
19 这是今年最流行的音乐。
20 你觉得哪件衣服最漂亮？

DAY 14 – STEP 3

- 他跟我口味一样。
- 他最喜欢吃比萨饼。
- 我跟丈夫的爱好一样。
- 你觉得哪件衣服最漂亮？

DAY 15 – STEP 2

1 他还没上来。
2 他跑上楼来。
3 你走上舞台来。
4 电梯坏了，走上去吧。
5 小心，快下来。
6 我会掉下去的。
7 咱们快下去吧。
8 樱花落下来了。
9 他走进教室来了。
10 你们快点儿进去。
11 快拿出来吧。
12 我眼泪都流出来了。
13 他自己走出房间去了。
14 那本书借出去了。
15 他已经回家去了。
16 美女、帅哥，过来过来。
17 妈妈刚才跑过去了。
18 学生们站起来了。
19 孩子哭起来了。
20 我想不起来密码。

DAY 15 – STEP 3

1 **A:** 咱们快下去吧。
   B: 小心，快下来。
   C: 我会掉下去的。
   我眼泪都流出来了。

중국어
진짜학습지

초·중급편
2

중국어 진짜학습지 초·중급편 2

개정 1쇄 발행 2023년 7월 14일
개정 2쇄 발행 2024년 2월 15일

지은이 시원스쿨어학연구소
펴낸곳 (주)에스제이더블유인터내셔널
펴낸이 양홍걸 이시원

홈페이지 daily.siwonschool.com
주소 서울시 영등포구 영신로 166 시원스쿨
교재 구입 문의 02)2014-8151
고객센터 02)6409-0878

ISBN 979-11-6150-729-3 13720
Number 1-410201-16161807-06

이 책은 저작권법에 따라 보호받는 저작물이므로 무단복제와 무단전재를 금합니다. 이 책 내용의 전부 또는 일부를 이용하려면 반드시 저작권자와 ㈜에스제이더블유인터내셔널의 서면 동의를 받아야 합니다.

학습 구성

오늘의 문법

<오늘의 문법>은 복잡하고 어려운 설명 대신 누구나 쉽게 이해할 수 있도록 문법을 체계적으로 정리하였습니다. 음성 강의와 함께 학습하면 보다 쉽게 내용을 이해할 수 있어 학습 효과를 극대화할 수 있습니다.

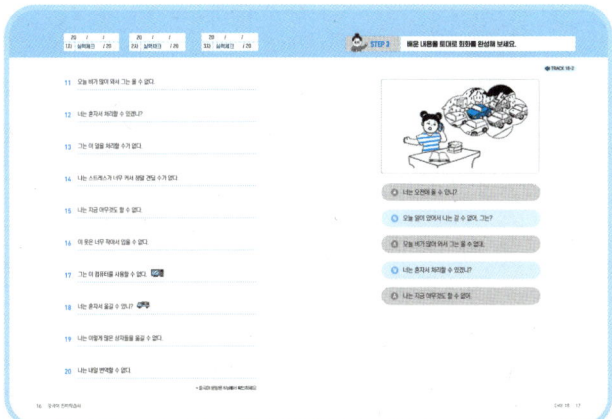

오늘의 문장

<오늘의 문장>은 DAY 학습이 끝날 때마다 일기 또는 회화 형식을 통해 배웠던 문장을 복습해 봄으로써 자신의 진짜 중국어 실력을 점검할 수 있습니다.

무료 콘텐츠 구성

- ✓ 음성 강의
- ✓ 원어민 MP3 음원

음성 강의 및 원어민 MP3 음원을 들으며 중국어 연습을 할 수 있습니다.
시원스쿨 진짜학습지 홈페이지(daily.siwonschool.com) 접속 > 학습지원 > 공부 자료실에서 MP3 파일을 다운로드 받으실 수 있습니다.

학습 목차

DAY 16	불특정한 것을 나타내는 표현	06
DAY 17	동작의 가능성	10
DAY 18	得了와 不了를 활용한 가능 표현	14
DAY 19	겸어문 让, 叫, 请	18
DAY 20	把자문 1	22
DAY 21	把자문 2	26
DAY 22	被자문	30
DAY 23	일반부사(白, 决不, 肯定, 一定)	34

DAY 24	빈도부사 (又, 再, 常常, 经常, 偶尔)	38
DAY 25	어기부사 (干脆, 尽管, 到底, 反正, 幸亏)	42
DAY 26	반어문	46
DAY 27	연동문	50
DAY 28	이중 목적어를 동반하는 동사	54
DAY 29	병렬, 인과, 선택, 전환관계의 접속사	58
DAY 30	접층, 가설, 조건, 선후관계의 접속사	62
정답		66

불특정한 것을 나타내는 표현

STEP1 | 해당 문법을 확인해 보세요.

문법

🔊 음성 강의 16

什么 : 아무것

의문대사 什么는 '아무것'이라는 불특정한 것을 나타냅니다.

吃什么？ 무엇을 먹니?　　　吃什么都行。 아무것이나 먹어도 된다.
Chī shénme?　　　　　　　Chī shénme dōu xíng.

哪儿 : 아무 데

의문대사 哪儿은 '아무 데'라는 불특정한 장소를 나타냅니다.

去哪儿？ 어디 가니?　　　去哪儿都行。 아무 데나 가도 된다.
Qù nǎr?　　　　　　　　Qù nǎr dōu xíng.

谁 : 아무

의문대사 谁는 '아무'라는 불특정한 사람을 나타냅니다.

谁知道？ 누가 아니?　　　谁也不知道。 아무도 모른다.
Shéi zhīdao?　　　　　　Shéi yě bù zhīdào.

什么时候 : 아무 때

의문대사 什么时候는 '아무 때'라는 불특정한 시간을 나타냅니다.

什么时候出发？ 언제 출발하니?
Shénme shíhou chūfā?

什么时候出发都行。 아무 때나 출발해도 된다.
Shénme shíhou chūfā dōu xíng.

 **STEP 2** 우리말을 보고 중국어로 말해 보세요.

TRACK 16-1

1 나는 아무것이나 먹어도 된다.

2 나는 아무것도 사지 않았다.

3 저 마트는 아무것이나 다 있다.

4 나는 오늘 아무것도 먹지 않았다.

5 그는 지금 아무것도 모른다.

6 주말에 아무 데나 가도 다 좋다.

7 아무 데도 가고 싶지 않다.

8 미세먼지가 심하니, 아무 데도 가지마.

9 그녀는 아무 데에서도 환영 받지 못한다.

10 나는 중국에서 아무 데도 가본 적이 없다.

| 20 / / | 20 / / | 20 / / |
| 1차 실력체크 / 20 | 2차 실력체크 / 20 | 3차 실력체크 / 20 |

11 이 물건 아무데나 놓아도 될까요?

12 나는 아무도 만나고 싶지 않다.

13 아무도 그를 좋아하지 않는다.

14 아무도 생각지도 못했다.

15 내일 아무도 지각하면 안 된다.

16 이 업무는 아무나 해도 된다.

17 오늘 아무도 안 오나요?

18 아무도 그가 오는지 안 오는지 모른다.

19 아무 때나 다 된다.

20 나는 아무 때나 너의 집에 가도 괜찮니?

*중국어 문장은 66p에서 확인하세요.

STEP 3 　 배운 내용을 토대로 다음 문장을 중국어로 말해 보세요.

🔊 TRACK 16-2

| 년 | 월 | 일 | 요일 |

오늘은 연차여서 나는 아무도 만나고 싶지 않았는데, 때마침 엄마가

"미세먼지가 심하니, 아무 데도 가지마"라고 하셨다.

침대에서 뒹굴뒹굴하다가 여동생이 배가 고프다고 징징대서,

저 마트에 아무것이나 다 있으니, 먹고 싶은 것을

알아서 사 오라고 여동생에게 시켰다.

휴대 전화를 봤더니, 남자 친구가 저녁에 같이 밥을 먹자고 메시지를 보냈다.

나는 아무 데도 가고 싶지 않아서, 주말에 아무 데나 가도 다 좋으니

오늘 하루만 집에서 쉬고 싶다고 했다.

그래서 남자 친구랑 주말에 영화를 보기로 했다.

DAY 16

동작의 가능성

STEP1 해당 문법을 확인해 보세요.

문법

🔊 음성 강의 17

동사 + 得 / 不 + 결과보어

동사와 결과보어 사이에 得를 넣으면 '~할 수 있다',
不를 넣으면 '~할 수 없다'의 가능보어를 만들 수 있습니다.

我听得懂。 나는 알아들을 수 있다.
Wǒ tīng de dǒng.

我听不懂。 나는 알아들을 수 없다.
Wǒ tīng bu dǒng.

동사 + 得 / 不 + 방향보어

동사와 방향보어 사이에 得를 넣으면 '~할 수 있다',
不를 넣으면 '~할 수 없다'의 가능보어를 만들 수 있습니다.

我回得来。 나는 돌아올 수 있다.
Wǒ huí de lái.

我回不来。 나는 돌아올 수 없다.
Wǒ huí bu lái.

STEP 2 우리말을 보고 중국어로 말해 보세요.

🔊 TRACK 17-1

1 너는 중국어를 알아들을 수 있니?

2 선생님이 말을 너무 빨리 하셔서, 나는 알아들을 수 없다.

3 교실이 너무 시끄러워서, 잘 들리지 않는다.

4 나는 칠판이 보이지 않는다.

5 너는 미국 드라마 알아볼 수 있니?

6 나는 미국 드라마를 알아볼 수 없다.

7 너는 다 먹을 수 있겠니?

8 중국에서 한국 음식을 먹어볼 수가 없다.

9 나는 기차표를 살 수 없다.

10 너는 집을 구할 수 있니?

20 / /	20 / /	20 / /
1차	실력체크 / 20	2차	실력체크 / 20	3차	실력체크 / 20

11 나는 집을 구할 수 없다.
....

12 엄마는 휴대 전화를 찾을 수가 없다.
....

13 이 박스 너는 혼자 들 수 있겠니?
....

14 나는 그들의 이름을 기억할 수 없다.
....

15 나는 대학교에 합격할 수 없다.
....

16 나는 맞힐 수 있다.
....

17 10시 전에 너는 돌아올 수 있니?
....

18 문이 잠겨서, 나는 들어갈 수 없다.
....

19 내일 아침에 너는 일어날 수 있니?
....

20 저녁에 너무 늦게 자서, 아침에 일어날 수 없다.
....

* 중국어 문장은 66p에서 확인하세요.

 **STEP 3** 배운 내용을 토대로 회화를 완성해 보세요.

🔊 TRACK 17-2

A 교실이 너무 시끄러워서, 잘 들리지 않아.

B 너는 중국어를 알아들을 수 있니?

A 나는 중국어를 알아들을 수 있어. 너는?

B 선생님이 말을 너무 빨리 하셔서, 나는 알아들을 수 없어.

得了와 不了를 활용한 가능 표현

我吃不了。
나는 먹을 수 없다.

> **STEP1** | 해당 문법을 확인해 보세요.

문법

🔊 음성 강의 18

동사 + 得了 / 동사 + 不了

得了를 사용하여 어떤 일을 할 수 있음을,
不了를 사용하여 어떤 일을 할 수 없음을 나타냅니다.

표현

你吃得了吗？ 너는 먹을 수 있니?
Nǐ chī de liǎo ma?

你去得了吗？ 너는 갈 수 있니?
Nǐ qù de liǎo ma?

我去不了。 나는 갈 수 없다.
Wǒ qù bu liǎo.

STEP 2   우리말을 보고 중국어로 말해 보세요.

🔊 TRACK 18-1

1   이렇게 많은 음식을 너는 먹을 수 있니?

2   나는 먹을 수 없다.

3   나는 이 밥 한 그릇을 먹을 수 있다.

4   너무 뜨거워서 나는 마실 수 없다.

5   나는 아파서 참을 수 없다.

6   나는 평생 잊을 수 없다.

7   그들은 우리를 이길 수 없다.

8   너는 오전에 올 수 있니?

9   오늘 일이 있어서 나는 갈 수 없다.

10 오늘 비가 와서 갈 수 없게 되었다.

20 / /	20 / /	20 / /
1차 실력체크 / 20	2차 실력체크 / 20	3차 실력체크 / 20

11 오늘 비가 많이 와서 그는 올 수 없다.
....

12 너는 혼자서 처리할 수 있겠니?
....

13 그는 이 일을 처리할 수가 없다.
....

14 나는 스트레스가 너무 커서 정말 견딜 수가 없다.
....

15 나는 지금 아무것도 할 수 없다.
....

16 이 옷은 너무 작아서 입을 수 없다.
....

17 그는 이 컴퓨터를 사용할 수 없다.
....

18 너는 혼자서 옮길 수 있니?
....

19 나는 이렇게 많은 상자들을 옮길 수 없다.
....

20 나는 내일 번역할 수 없다.
....

* 중국어 문장은 67p에서 확인하세요.

 **STEP 3** 배운 내용을 토대로 회화를 완성해 보세요.

TRACK 18-2

A 너는 오전에 올 수 있니?

B 오늘 일이 있어서 나는 갈 수 없어, 그는?

A 오늘 비가 많이 와서 그는 올 수 없대.

B 너는 혼자서 처리할 수 있겠니?

A 나는 지금 아무것도 할 수 없어.

DAY 19

겸어문 让, 叫, 请

STEP1 해당 문법을 확인해 보세요.

문법

🔊 음성 강의 19

앞 동사의 목적어가 뒤 동사의 주어가 되는 문장을 겸어문이라고 합니다.

A + 让 + B + 동작 :
A가 B보고 ~하게 하다 / 시키다

老师让我回答问题。 선생님은 나보고 질문에 답하라고 했다.
Lǎoshī ràng wǒ huídá wèntí.

A + 叫 + B + 동작 :
A가 B보고 ~하게 하다 / 시키다

妈妈叫我打扫房间。 엄마는 나보고 방을 청소하라고 했다.
Māma jiào wǒ dǎsǎo fángjiān.

A + 请 + B + 동작 :
A가 B에게 ~하자고 청하다

让, 叫보다 비교적 공손한 표현입니다.

他请我吃饭。 그가 나에게 밥을 먹자고 청했다.
Tā qǐng wǒ chīfàn.

 **STEP 2** 　　우리말을 보고 중국어로 말해 보세요.

TRACK 19-1

1　나는 그보고 숙제를 하라고 했다.

2　선생님은 학생들에게 교실을 청소하라고 했다.

3　이 이야기는 나를 감동시켰다.

4　오빠는 나보고 다시 생각을 좀 하라고 했다.

5　너는 그보고 나에게 전화하라고 해라.

6　나보고 어떡하라는 거니?

7　제가 늦게 와서, 당신을 오래 기다리게 했습니다.

8　그는 사람을 안심하지 못하게 한다.

9　의사가 나보고 다이어트를 하라고 했다.

10　의사가 나보고 술을 마시지 말라고 했다.

20 / /	20 / /	20 / /
1차 실력체크 / 20	2차 실력체크 / 20	3차 실력체크 / 20

11 아빠가 나보고 게임을 하지 말라고 하셨다.

12 그는 나한테 가서 선생님을 만나라고 했다.

13 나는 남자 친구에게 좀 기다리라고 했다.

14 나는 친구보고 그를 마중 나가라고 했다.

15 그는 나보고 빨리 오라고 했다.

16 아버지는 나에게 매일 운동하라고 하셨다.

17 엄마가 나보고 청소하라고 하셨다.

18 그가 나에게 밥을 먹자고 청했다.

19 누가 그를 오라고 청할 거니?

20 우리는 그에게 노래 한 곡을 청했다.

* 중국어 문장은 67p에서 확인하세요.

STEP 3 배운 내용을 토대로 다음 문장을 중국어로 말해 보세요.

🔊 TRACK 19-2

| 년 | 월 | 일 | 요일 |

오늘 남자 친구가 나를 보려고 중국에서 비행기를 타고 오기로 했다.

남자 친구가 너무 보고 싶어서 바로 공항으로 가려고 했는데,

엄마가 나보고 청소하라고 하셨다. 남자 친구는 비행기에서 내리자마자 전화를 해서

그는 나보고 빨리 오라고 했다. 그런데 나는 청소가 아직 안 끝나서 나 대신 공항에

마중 나갈 사람이 필요했다. 왜냐하면 그는 사람을 안심하지 못하게 하고,

한국어도 못 하기 때문이다. 나는 친구보고 그를 마중 나가라고 했고,

남자 친구에게 조금만 기다려 달라고 했다.

오늘 오전에는 엄청 설레던 하루였는데, 운이 없는 하루가 되고 말았다.

把자문 1

我把手机丢了。
나는 휴대 전화를 잃어버렸다.

STEP1 | 해당 문법을 확인해 보세요.

문법　　　　　　　　　　　　　　　🔊 음성 강의 20

주어 + 把 + 목적어 + 동사 + 기타 성분

把를 사용하여 목적어를 동사 앞에 놓아 그 결과 또는 변화를 강조합니다.

표현

我把这本书看了三遍。 나는 이 책을 세 번 읽었다.
Wǒ bǎ zhè běn shū kàn le sān biàn.

STEP 2 우리말을 보고 중국어로 말해 보세요.

🔊 TRACK 20-1

1 나는 휴대 전화를 잃어버렸다.

2 너는 휴대 전화를 나에게 좀 보여 줘.

3 너는 외투를 가지고 다녀라.

4 너는 방을 좀 치워라.

5 여러분 책을 펼쳐 주세요.

6 그녀는 그 소설을 다 읽었다.

7 누가 그 소설을 다 봤니?

8 너는 너의 책을 꺼내라.

9 너는 너의 소설을 꺼내라.

10 그는 나의 소설을 빌려 갔다.

20 / /	20 / /	20 / /
1차 실력체크 / 20	2차 실력체크 / 20	3차 실력체크 / 20

11 누가 이 책을 다 봤니?

12 나는 이 책을 세 번 봤다.

13 나는 그 책을 다 보지 않았다.

14 나는 그 책을 다 보고 싶다.

15 선생님은 시험을 하루 미루셨다.

16 너는 우산을 가지고 왔니?

17 나는 우산을 안 가져왔어.

18 얘들아, 창문을 좀 열어 놔.

19 그녀는 머리를 짧게 잘랐다.

20 나는 이 소식을 그에게 알렸다.

* 중국어 문장은 67p에서 확인하세요.

 **STEP 3** 배운 내용을 토대로 회화를 완성해 보세요.

🔊 TRACK 20-2

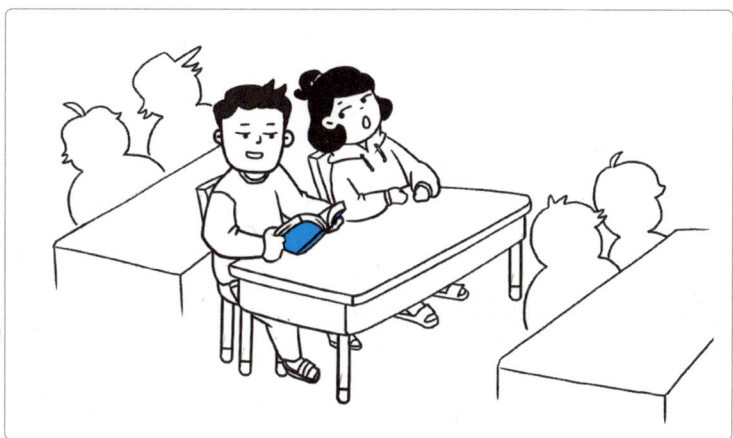

A 누가 그 소설을 다 봤니?

B 그녀는 그 소설을 다 읽었다.

나는 그 책을 다 보고 싶다.

A 너 너의 소설을 꺼내 봐.

B 그는 나의 소설을 빌려 갔어.

把자문 2

> **STEP1** 해당 문법을 확인해 보세요.

문법 🔊 음성 강의 21

주어 + 把 + 목적어 + 동사 + 在 + 장소
'~을 장소에 동사하다'라는 뜻을 나타냅니다.

你把书放在这儿。 너는 책을 여기에 둬.
Nǐ bǎ shū fàng zài zhèr.

주어 + 把 + 목적어 + 동사 + 给 + 대상
'~을 대상에게 동사해 주다'라는 뜻을 나타냅니다.

你把书借给我。 너는 책을 나에게 빌려줘.
Nǐ bǎ shū jiè gěi wǒ.

주어 + 把 + 목적어 + 동사 + 到 + 장소
'~을 장소까지 동사하다'라는 뜻을 나타냅니다.

我把他送到医院了。 나는 그를 병원까지 데려다줬다.
Wǒ bǎ tā sòng dào yīyuàn le.

주어 + 把 + 목적어 + 동사 + 成 + 변화된 것
'~을 ~으로 동사하다'라는 뜻을 나타냅니다.

我把四点听成十点了。 나는 4시를 10시로 들었다.
Wǒ bǎ sì diǎn tīng chéng shí diǎn le.

 **STEP 2** 우리말을 보고 중국어로 말해 보세요.

🔊 TRACK 21-1

1 너는 신분증을 어디에 두었니?

2 나는 책을 여기에 두었다.

3 주소를 여기에 써 주세요.

4 휴대 전화 번호를 여기에 써 주세요.

5 너는 필기한 것을 나에게 빌려줄 수 있니?

6 나는 필기한 것을 내 친구에게 빌려줬다.

7 나의 노트를 나에게 돌려주세요.

8 나는 그를 병원까지 데려다줬다.

9 의자를 저기로 옮겨 주세요.

10 너는 이 문장을 영어로 번역할 수 있니?

20 / /	20 / /	20 / /
1차 실력체크 / 20	2차 실력체크 / 20	3차 실력체크 / 20

11 그녀는 4시를 10시로 들었다.

12 미국 달러를 인민폐로 바꿔 주세요.

13 제 차를 어디에 세울까요?

14 당신의 차를 문 앞에다 세우세요.

15 나는 돈을 그녀에게 돌려줘야 해.

16 나는 친구를 공항까지 데려다주지 않았다.

17 그는 옷을 그곳에 걸어 두었다.

18 그는 컵을 네 쪽으로 가져갔다.

19 너는 이 가방을 나에게 팔 수 있니?

20 나는 숙제를 선생님께 제출했다.

* 중국어 문장은 68p에서 확인하세요.

 **STEP 3** 배운 내용을 토대로 다음 문장을 중국어로 말해 보세요.

🔊 TRACK 21-2

년   월   일   요일

오늘 친구가 아프다고 해서, 나는 그녀를 병원에 데려다줬다.

병원에 도착하자마자 너무 정신이 없었다.

간호사가 보호자를 찾아서 한 걸음에 달려갔는데,

"주소를 여기에 써 주세요.", "휴대 전화 번호를 여기에 써 주세요."라며

다급하게 말했다. 접수를 하고 잠깐 쉬려고 하는데,

갑자기 간호사가 나에게 친구의 신분증을 달라고 해서,

친구에게 "너 신분증을 어디에 두었니?"라고 물어본 뒤 친구의 신분증을 찾아서

간호사에게 주었다. 친구가 얼른 괜찮아져야 할 텐데 걱정이다.

被자문

他被老师批评了。

그는 선생님에게 혼났다.

STEP1 해당 문법을 확인해 보세요.

문법   음성 강의 22

**동작을 당한 사람 + 被 +
동작을 가한 사람 + 행한 동작**

'~에게 ~을 당하다'라는 피동의 의미를 나타냅니다.

표현

兔子被狮子吃掉了。 토끼는 사자에게 잡아 먹혔다.
Tùzi bèi shīzi chī diào le.

STEP 2 우리말을 보고 중국어로 말해 보세요.

TRACK 22-1

1 나는 여자 친구에게 차였다.

2 그는 차에 부딪혔다.

3 지갑을 도둑에게 도둑맞았다.

4 신분증을 그녀에게 도둑맞았다.

5 나의 이어폰도 도둑맞았다.

6 목걸이를 엄마가 빌려가셨다.

7 그는 선생님에게 혼났다.

8 그 가수는 대중에게 비판을 받았다.

9 나는 상사한테 한바탕 지적을 받았다.

10 나는 비에 흠뻑 젖었다.

	20 / /		20 / /		20 / /
1차	실력체크 / 20	2차	실력체크 / 20	3차	실력체크 / 20

11 나의 선글라스가 그에 의해 망가졌다.

12 나의 카드가 그에 의해 잃어버려졌다.

13 그는 엄마에게 혼났다.

14 나는 선생님에게 혼나고 싶지 않다.

15 나는 이미 엄마에게 혼났다.

16 나는 비에 흠뻑 젖는 것을 싫어한다.

17 나는 햇빛에 타는 것을 싫어한다.

18 나는 한국 드라마에 빠졌다.

19 자전거는 여동생이 타고 갔다.

20 우유는 여동생이 다 마셔 버렸다.

* 중국어 문장은 68p에서 확인하세요.

STEP 3 배운 내용을 토대로 회화를 완성해 보세요.

🔊 TRACK 22-2

A 너는 신분증을 어디에 두었니?

B 신분증을 도둑에게 도둑맞았다.

나의 이어폰도 도둑맞았어.

A 나의 카드는 그에 의해 잃어버렸어.

나는 엄마에게 혼나고 싶지 않아.

일반부사
〔白, 决不, 肯定, 一定〕

STEP1 | 해당 문법을 확인해 보세요.

문법　　　　　　　　　　　　　🔊 음성 강의 23

白 : 쓸데없이
白는 동사 앞에서 '쓸데없이/괜히'라는 뜻을 나타냅니다.

我们白等了。 우리는 괜히 기다렸다.
Wǒmen bái děng le.

决不 : 결코 ~하지 않다
决는 동사 앞에서 '결코/절대로'라는 뜻입니다. 일반적으로 不와 함께 쓰여 决不의 형태로 '결코 ~하지 않다'라는 단호한 부정을 표현합니다.

我决不喜欢他。 나는 결코 그를 좋아하지 않아.
Wǒ jué bù xǐhuan tā.

肯定 : 확실히
肯定은 동사 앞에서 '확실히/틀림없이'라는 뜻으로 쓰입니다.

结果肯定会好的。 결과는 확실히 좋을 거야.
Jiéguǒ kěndìng huì hǎo de.

一定 : 반드시
一定은 동사 앞에서 '반드시/꼭'이란 뜻으로 확신을 나타냅니다.

他今天一定会来的。 그는 오늘 반드시 올 거야.
Tā jīntiān yídìng huì lái de.

STEP 2 우리말을 보고 중국어로 말해 보세요.

TRACK 23-1

1　그녀는 돈을 쓸데없이 썼다.

2　나는 오늘 이곳에 괜히 왔다.

3　나는 너에게 옷을 괜히 줬다.

4　우리는 괜히 기다렸다.

5　그는 결코 오지 않을 거야.

6　나는 절대 그의 의견에 동의하지 않아.

7　나는 결코 그를 좋아하지 않아.

8　너는 결코 포기하면 안 돼.

9　이 일은 결코 쉽지 않아.

10　이 문제는 틀림없이 맞아.

| 20 / / | 20 / / | 20 / / |
| 1차 실력체크 / 20 | 2차 실력체크 / 20 | 3차 실력체크 / 20 |

11 우리는 틀림없이 기차를 탈 수 없을 거야.

12 그는 틀림없이 이유가 있을 거야.

13 결과는 확실히 좋을 거야.

14 나는 꼭 시험에서 만점을 받아야 한다.

15 이번 시합에서 우리는 반드시 이길 거야.

16 그는 오늘 반드시 올 거야.

17 당신은 반드시 휴대 전화를 꺼야 합니다.

18 올해 나는 반드시 남자 친구를 사귈 거야.

19 고기를 먹는다고 반드시 살이 찌는 것은 아니야.

20 집세가 낮다고 반드시 좋은 것은 아니야.

* 중국어 문장은 69p에서 확인하세요.

STEP 3 배운 내용을 토대로 회화를 완성해 보세요.

TRACK 23-2

A 나는 오늘 이곳에 괜히 왔어.

B 그는 오늘 반드시 올 거야.

A 그는 결코 오지 않을 거야.

B 그는 틀림없이 이유가 있을 거야.

A 우리는 틀림없이 기차를 탈 수 없을 거야.

우리는 괜히 기다렸어.

DAY 24

빈도부사
(又, 再, 常常, 经常, 偶尔)

STEP 1 | 해당 문법을 확인해 보세요.

문법　　　　　　　　　　　　　　🔊 음성 강의 24

又 : 또
又는 발생했던 일이 또 반복해서 발생할 때 사용합니다.

他又迟到了。 그는 또 지각했다.
Tā yòu chídào le.

再 : 다시
再는 아직 발생되지 않은 일을 반복할 때 사용합니다.

我们明天再说吧。 우리는 내일 다시 말합시다.
Wǒmen míngtiān zài shuō ba.

常常, 经常 : 자주
常常, 经常은 동사 앞에서 '자주'라는 의미를 나타냅니다.

她常常发脾气。 그녀는 자주 성질을 낸다.
Tā chángcháng fā píqì.

我们经常吵架。 우리는 자주 싸운다.
Wǒmen jīngcháng chǎojià.

偶尔 : 가끔
偶尔은 동사 앞에서 가끔 일어나는 일을 표현할 때 사용합니다.

他偶尔来看我。 그는 가끔 나를 보러 온다.
Tā ǒu'ěr lái kàn wǒ.

38　중국어 진짜학습지

 **STEP 2** 우리말을 보고 중국어로 말해 보세요.

🔊 TRACK 24-1

1 그녀는 또 화를 냈다.

2 그들은 또 지각했다.

3 너는 또 왔네.

4 우리는 또 이겼다.

5 나중에 우리 다시 만나자.

6 우리는 내일 다시 말합시다.

7 다음 주에 다시 오세요.

8 나는 그 식당을 다시는 가지 않을 거야.

9 다시 말씀해 주시겠어요?

10 나는 자주 도서관에 간다.

20 / /	20 / /	20 / /
1차 실력체크 / 20	2차 실력체크 / 20	3차 실력체크 / 20

11 그녀는 자주 성질을 낸다.

12 그는 자주 외출하지 않는다.

13 주말에 나는 자주 영화를 본다.

14 나는 자주 존다.

15 우리는 자주 싸운다.

16 나는 드라마를 자주 보지 않는다.

17 그는 운동을 자주 하지 않는다.

18 내 아내는 가끔 아이쇼핑을 하러 간다.

19 그는 가끔 나를 보러 온다.

20 우리는 가끔 같이 친구를 보러 간다.

* 중국어 문장은 69p에서 확인하세요.

STEP 3 배운 내용을 토대로 다음 문장을 중국어로 말해 보세요.

🔊 TRACK 24-2

| 년 | 월 | 일 | 요일 |

오늘은 여자 친구랑 6주년 기념으로 고급 식당에 갔는데,

나는 그 식당에 다시는 가지 않을 거라고 다짐했다.

미리 식당도 예약하고, 다양한 이벤트도 준비했는데

그녀가 또 화를 내는 바람에, 계획이 다 물거품이 되어 버렸기 때문이다.

우리는 자주 싸우지만, 이렇게 기념일에 싸운 것은 처음이다.

나는 아직도 여자 친구가 왜 화가 났는지 모르겠다.

그녀는 "우리 내일 다시 말하자."며 집에 가 버렸다.

내가 뭘 잘못한 걸까?

어기부사(干脆, 尽管, 到底, 反正, 幸亏)

STEP1 | 해당 문법을 확인해 보세요.

문법

🔊 음성 강의 25

干脆 : 차라리
干脆扔掉吧。 차라리 버려라.
Gāncuì rēng diào ba.

尽管 : 얼마든지
今天我请客，尽管吃。 오늘은 내가 살게, 얼마든지 먹어.
Jīntiān wǒ qǐngkè, jǐnguǎn chī.

到底 : 도대체(의문문일 경우)
你到底什么时候到？ 너는 도대체 언제 도착하니?
Nǐ dàodǐ shénme shíhou dào?

反正 : 어쨌든, 아무튼
反正这周我能做完。 어쨌든 이번 주에 나는 다 할 수 있다.
Fǎnzhèng zhè zhōu wǒ néng zuò wán.

幸亏 : 다행히(문장 맨 앞 혹은 동사 앞)
幸亏别人帮助你。 다행히 다른 사람이 너를 도와준다.
Xìngkuī biérén bāngzhù nǐ.

STEP 2 우리말을 보고 중국어로 말해 보세요.

TRACK 25-1

1 우리 차라리 헤어지자.

2 차라리 버려라.

3 나는 차라리 안 가겠다.

4 차라리 너는 하지 마.

5 주저하지 말고 솔직히 말해.

6 얼마든지 믿고 안심해.

7 오늘은 내가 살게, 얼마든지 먹어.

8 무슨 문제가 있으면 얼마든지 나를 찾아와.

9 너는 도움이 필요하면 얼마든지 나를 불러 줘.

10 우리 도대체 어디에서 밥을 먹니?

20 / /	20 / /	20 / /
1차 실력체크 / 20	2차 실력체크 / 20	3차 실력체크 / 20

11 너는 도대체 언제 도착하니?

12 도대체 누가 내 휴대 전화를 훔쳐간 거지?

13 너는 도대체 어떤 생각이 있는 거니?

14 어쨌든 이번 주에 나는 다 할 수 있다.

15 어쨌든 지금 볼 만한 게 뭐 없다.

16 어쨌든 여기에 식당이 많이 있다.

17 다행히 다른 사람이 너를 도와준다.

18 다행히도 손에 돈을 가지고 있어.

19 다행히도 그의 병이 그다지 심각하지 않아.

20 다행히 너는 집에 아직 안 갔다.

* 중국어 문장은 70p에서 확인하세요.

 **STEP 3** 배운 내용을 토대로 회화를 완성해 보세요.

TRACK 25-2

A 차라리 너는 하지 마.

B 어쨌든 이번 주에 나는 다 할 수 있어.

A 너는 도대체 어떤 생각이 있는 거니?

B 얼마든지 믿고 안심해.

A 다행히 다른 사람이 너를 도와준대.

반어문

STEP1 | 해당 문법을 확인해 보세요.

문법

🔊 음성 강의 26

难道……吗? : 설마 ~란 말이야?

중국어의 대표 반어문입니다. 강조하는 내용을 难道와 吗 사이에 넣어 표현합니다.

难道你不知道**吗?** 설마 너는 모른단 말이야?
Nándào nǐ bù zhīdào ma?

不是……吗? : ~가 아니니?

'~가 아니다'라는 뜻의 不是는 吗와 함께 쓰이면 不是……吗? 형태로 반문 표현이 됩니다. 강조하는 내용을 不是와 吗 사이에 넣어 말합니다.

你们**不是**认识**吗?** 당신들은 아는 사이가 아닌가요?
Nǐmen bú shì rènshi ma?

哪儿……啊? : 어디 ~한가?

'어디'라는 뜻의 哪儿은 啊와 함께 쓰이면 哪儿……啊?의 형태로 반어적 의미를 나타냅니다. 강조하는 내용을 哪儿과 啊 사이에 넣어 말합니다.

我**哪儿**有钱**啊?** 내가 어디 돈이 있니?
Wǒ nǎr yǒu qián a?

STEP 2　우리말을 보고 중국어로 말해 보세요.

🔊 TRACK 26-1

1　설마 너는 모른단 말이야?

2　설마 너는 또 지각을 했단 말이야?

3　설마 너는 지금 집에 가겠다는 말이야?

4　설마 그녀가 이미 결혼했단 말이야?

5　설마 너는 집에 안 돌아간다는 거야?

6　설마 그가 거짓말을 했단 말이야?

7　설마 너는 나를 사랑하지 않는단 말이야?

8　당신들은 아는 사이가 아닌가요?

9　당신은 중국 사람이 아닌가요?

10　이것은 네 것 아니야?

20 / /	20 / /	20 / /
1차 실력체크 / 20	2차 실력체크 / 20	3차 실력체크 / 20

11 시합이 끝난 게 아니었어?

12 너는 퇴근한 거 아니야?

13 이것은 무료가 아닌가요?

14 내가 말 다 하지 않았니?

15 내가 어디 돈이 있니?

16 내가 어디 널 속이겠니?

17 그가 어디 안 오겠니?

18 네가 어디 시간이 있니?

19 그녀가 어디가 예쁘니?

20 내가 어딜 너를 사랑하지 않니?

* 중국어 문장은 70p에서 확인하세요.

 **STEP 3** 배운 내용을 토대로 회화를 완성해 보세요.

TRACK 26-2

A 너는 방금 뭐라고 했니?

B 내가 말 다 하지 않았니?

A 설마 너는 나를 사랑하지 않는단 말이야?

B 내가 어딜 너를 사랑하지 않니?

연동문

我坐飞机去大连。
나는 비행기를 타고 대련을 간다.

STEP1   해당 문법을 확인해 보세요.

문법　　　　　　　　　　　　　　　🔊 음성 강의 27

주어 + 동사 1 + 목적어 + 동사 2 + 목적어

연동문은 두 개 이상의 동사가 있는 문장으로, 동작이 발생되는 순서대로 동사를 배열합니다.

표현

他骑自行车去图书馆。　그는 자전거를 타고 도서관을 간다.
Tā qí zìxíngchē qù túshūguǎn.

我去中国学习汉语。　나는 중국을 가서 중국어를 배운다.
Wǒ qù Zhōngguó xuéxí Hànyǔ.

STEP 2 우리말을 보고 중국어로 말해 보세요.

TRACK 27-1

1 그는 자전거를 타고 도서관을 간다.

2 그는 도서관을 가서 책을 빌리려고 한다.

3 나는 중국을 가서 중국어를 배운다.

4 오빠는 자전거를 타고 병원을 갔다.

5 엄마는 슈퍼마켓을 가서 채소를 산다.

6 나는 비행기를 타고 대련을 간다.

7 나는 병원을 가서 진찰을 받아야 한다.

8 너는 은행을 가서 환전을 해라.

9 엄마는 구급차를 타고 병원을 도착했다.

10 우리는 대형 버스를 타고 부산을 간다.

20 / /	20 / /	20 / /
1차 실력체크 / 20	2차 실력체크 / 20	3차 실력체크 / 20

11 나는 은행에 가서 돈을 찾아 컴퓨터를 산다.

12 그녀는 오토바이를 타고 해변을 도착했다.

13 누가 자전거를 타고 병원을 가니?

14 여동생은 자주 자전거를 타고 공원을 간다.

15 나는 중국을 가서 사업을 하려고 한다.

16 나는 오른손을 사용해서 글자를 쓴다.

17 나는 신용카드를 사용해서 돈을 지불한다.

18 엄마는 전기밥솥을 사용해서 밥을 한다.

19 나는 휴대 전화를 사용해서 뉴스를 본다.

20 나는 컴퓨터를 사용해서 물건을 산다.

* 중국어 문장은 71p에서 확인하세요.

STEP 3 배운 내용을 토대로 다음 문장을 중국어로 말해 보세요.

TRACK 27-2

| 년 | 월 | 일 | 요일 |

우리 가족은 자전거 타는 것을 매우 좋아한다.

특히 여동생이랑 오빠가 유난히 자전거를 좋아한다.

여동생은 자주 자전거를 타고 공원을 간다. 오늘도 날씨가 좋아서 친구들하고

공원에 가서 논다고 자전거를 타고 나갔다. 오빠는 감기에 걸려서

자기는 병원을 가서 진찰을 받아야 한다고 했다.

그래서 나는 오빠에게 아프니까 택시를 타라고 했는데, 오빠는 자전거를 타고

병원을 가고 싶다며 자전거를 타고 병원에 갔다. 엄마는 오빠가 걱정이 돼서

병원에 잘 갔는지 나에게 물어봤는데, 내가 오빠는 자전거를 타고 갔다고

하니, "누가 자전거를 타고 병원을 가니?"라고 화를 내셨다.

이중 목적어를 동반하는 동사

STEP1 해당 문법을 확인해 보세요.

문법

给 + 사람 + 명사 : ~에게 ~을 주다

我给你衣服。 내가 너에게 옷을 줄게.
Wǒ gěi nǐ yīfu.

送 + 사람 + 명사 : ~에게 ~을 선물하다

他送我一朵玫瑰。 그가 나에게 장미 한 송이를 선물하다.
Tā sòng wǒ yì duǒ méiguī.

教 + 사람 + 명사 : ~에게 ~을 가르치다

教 뒤에는 가르침을 받는 대상이 옵니다.

请你教我汉语。 나에게 중국어를 가르쳐 주세요.
Qǐng nǐ jiāo wǒ Hànyǔ.

告诉 + 사람 + 명사 : ~에게 ~을 알려주다

他要告诉我一个秘密。 그가 나에게 한 가지 비밀을 알려주려고 한다.
Tā yào gàosu wǒ yí ge mìmì.

STEP 2   우리말을 보고 중국어로 말해 보세요.

TRACK 28-1

1   내가 너에게 옷을 줄게.

2   그는 나에게 선물을 준다.

3   친구가 나에게 (결혼) 축하사탕을 줬다.

4   너는 그녀에게 무엇을 주었니?

5   내가 너에게 그의 전화번호를 줄게.

6   엄마는 나에게 돈을 주지 않는다.

7   그녀는 나에게 답장을 주지 않는다.

8   종업원이 나에게 영수증을 주지 않는다.

9   사장님이 나에게 휴식 시간을 주지 않는다.

10   그는 나에게 장미 한 송이를 선물해 줬다.

20 / /	20 / /	20 / /
1차 실력체크 / 20	2차 실력체크 / 20	3차 실력체크 / 20

11 남자 친구가 나에게 핸드백을 선물했다.

12 아이가 부모님에게 축하 카드를 선물했다.

13 아빠가 너에게 무슨 선물을 했니?

14 나는 여자 친구에게 책 한 권을 선물하려고 한다.

15 나에게 중국어를 가르쳐 주세요.

16 내가 너에게 한 가지 좋은 방법을 가르쳐 줄게.

17 아빠는 아들에게 기술을 가르친다.

18 너는 너의 비밀을 알려 줄 거야, 안 알려 줄 거야?

19 그가 나에게 한 가지 비밀을 알려 주려고 한다.

20 선생님께서는 나에게 이 문제의 답을 알려 주셨다.

* 중국어 문장은 71p에서 확인하세요.

STEP 3   배운 내용을 토대로 다음 문장을 중국어로 말해 보세요.

🔊 TRACK 28-2

| 년 | 월 | 일 | 요일 |

오늘 나의 제일 친한 친구를 오랜만에 만났다.

그가 나에게 한 가지 비밀을 알려준다고 했는데, 계속 뜸을 들여서

욱한 나머지, 친구에게 "너는 너의 비밀을 알려 줄 거야,

안 알려 줄 거야?"라고 했더니, 갑자기 친구가 나에게 (결혼) 축하사탕을 줬다.

나는 너무 놀라서 테이블에 있는 물컵을 쏟았다.

친구는 나에게 침착하라고 했고, 그동안 있었던 일을 나에게 말해 줬다.

친구에게는 남자 친구가 있는데, 그가 자기한테 장미 한 송이를 선물해 주면서

프로포즈도 했다고 말해 줬다. 둘이 정말 잘 살았으면 좋겠다.

병렬, 인과, 선택, 전환관계의 접속사

STEP1 해당 문법을 확인해 보세요.

문법

🔊 음성 강의 29

병렬관계 : 동등한 연결

一边A一边B : A하면서 B하다

我们一边吃零食一边看书。 우리는 간식을 먹으면서 책을 본다.
Wǒmen yìbiān chī língshí yìbiān kàn shū.

인과관계 : 원인과 결과

因为A所以B : A하기 때문에 B하다

因为他嗓子不好，所以不能说话。
Yīnwèi tā sǎngzi bù hǎo, suǒyǐ bù néng shuōhuà.
그는 목이 안 좋기 때문에, 말을 할 수가 없다.

선택관계 : 선택과 집중

不是A就是B : A가 아니면 B이다

他不是在家，就是在学校。 그는 집에 있거나 아니면 학교에 있다.
Tā búshì zài jiā, jiùshì zài xuéxiào.

전환관계 : 의미의 전환

虽然A但是B : 비록 A하지만, 그러나 B하다

虽然汉语很难，但是很有意思。 비록 중국어는 어렵지만, 그러나 재밌다.
Suīrán Hànyǔ hěn nán, dànshì hěn yǒu yìsī.

STEP 2 우리말을 보고 중국어로 말해 보세요.

🔊 TRACK 29-1

1 우리는 술을 마시면서 이야기를 한다.

2 우리는 간식을 먹으면서 책을 본다.

3 그녀는 착하기도 하고 예쁘기도 하다.

4 이 사과는 크기도 하고 빨갛기도 하다.

5 베이징의 공기가 안 좋기 때문에, 내 목이 아프다.

6 그는 목이 안 좋기 때문에, 말을 할 수가 없다.

7 아침에 길이 막혔기 때문에 나는 지각을 했다.

8 시간 관계상 우리 여기까지 얘기하자.

9 이왕 우리 만나게 되었으니 술이나 마시자.

10 기왕 네가 가고 싶지 않은 거라면 가지 마라.

DAY 29   59

20 / /	20 / /	20 / /
1차 실력체크 / 20	2차 실력체크 / 20	3차 실력체크 / 20

11 그는 베이징에 가든가, 아니면 칭다오에 간다.

12 저녁에 아빠는 책을 보거나 아니면 텔레비전을 본다.

13 이것은 안개가 아니라 스모그이다.

14 그는 베이징 사람이 아니라 상하이 사람이다.

15 술집을 찾느니, 차라리 우리 집에 가서 마시는 게 나아.

16 너랑 결혼하느니, 차라리 안 하는 게 낫다.

17 차라리 일찍 출발할지언정 지각하고 싶지 않다.

18 나는 나가서 아르바이트를 할지언정 하루 종일 빈둥거리지 않을 거야.

19 비록 너는 나를 사랑하지만, 나는 너를 사랑하지 않는다.

20 비록 베이징이 매우 번성했지만, 나는 가고 싶지 않다.

* 중국어 문장은 7p에서 확인하세요.

 **STEP 3** 배운 내용을 토대로 회화를 완성해 보세요.

🔊 TRACK 29-2

Ⓐ 비록 베이징이 매우 번성했지만, 나는 가고 싶지 않아.

Ⓑ 왜?

Ⓐ 베이징의 공기가 안 좋기 때문에, 내 목이 아프다.

Ⓑ 기왕 네가 가고 싶지 않은 거라면 가지 마라.

우리 술을 마시면서 이야기를 하자, 어때?

Ⓐ 이왕 우리 만나게 되었으니 술이나 마시자.

Ⓑ 술집을 찾느니, 차라리 우리 집에 가서 마시자.

점층, 가설, 조건, 선후관계의 접속사

> **STEP1** | 해당 문법을 확인해 보세요.

문법

🔊 음성 강의 30

점층관계 : 앞보다 뒤가 더 강함

不但A而且B : A할 뿐만 아니라 게다가 B하다

这个餐厅**不但**好吃，**而且**很有名。 이 식당은 맛있을 뿐만 아니라 아주 유명하다.
Zhège cāntīng búdàn hǎochī, érqiě hěn yǒumíng.

가설관계 : 가정과 가설

要是/如果A就B : 만약 A한다면 바로 B하다

要是/**如果**明天不下雨，我们**就**出去玩儿。
Yàoshi/rúguǒ míngtiān bú xiàyǔ, wǒmen jiù chūqù wánr.
만약에 내일 비가 안 오면, 우리 나가서 놀자.

조건관계 : 조건의 제시

只要A就B : A하기만 하면 바로 B할 수 있다

你**只要**努力，**就**能成功。 너는 열심히만 하면, 성공할 수 있다.
Nǐ zhǐyào nǔlì, jiù néng chénggōng.

선후관계 : 연속으로 일어난 동작이나 일을 차례대로 설명

先A再B : 먼저 A한 다음에 다시 B하다

先问问妈妈**再**说吧。 먼저 엄마한테 물어본 다음에 다시 이야기하자.
Xiān wènwen māma zài shuō ba.

STEP 2   우리말을 보고 중국어로 말해 보세요.

🔊 TRACK 30-1

1 이 식당은 맛있을 뿐만 아니라 아주 유명하다.

2 그는 업무 능력이 뛰어날 뿐만 아니라, 성격도 매우 좋다.

3 아이조차도 철이 들었는데, 이렇게 큰 사람이 아직 철이 안 들었다니.

4 나조차도 중국어를 말할 줄 아는데, 하물며 그는?

5 어머니께서는 편찮으시고, 심지어 말씀도 하실 수 없다.

6 설령 비가 오더라도 나는 가야 한다.

7 너를 제외하고 모두 이번 파티에 참석하고 싶어 한다.

8 나는 바나나를 제외하고 다른 과일들은 모두 즐겨 먹는다.

9 만약 내일 비가 안 오면, 우리 나가서 놀자.

10 만약 내일 비가 안 오면 딱 좋겠다.

11 너는 열심히만 하면, 성공할 수 있다.

12 여러분은 돈을 내야만 비로소 들어갈 수 있어요.

13 오직 내가 일을 찾아야만 엄마는 겨우 안심할 수 있다.

14 오직 선생님의 말씀을 잘 들어야지 그렇지 않으면 후회할 거다.

15 안전벨트를 잘 매야지, 그렇지 않으면 매우 위험하다.

16 비가 오는 것과 상관없이 나는 나가서 놀 거다.

17 먼저 엄마한테 물어본 다음에 다시 이야기하자.

18 먼저 일기예보를 보고 난 후에 다시 얘기하자.

19 나는 문제를 보자마자 바로 답을 알았다.

20 나는 집에 도착하자마자 바로 잤다.

* 중국어 문장은 72p에서 확인하세요.

STEP 3 배운 내용을 토대로 회화를 완성해 보세요.

TRACK 30-2

A 만약 내일 비가 안 오면, 우리 나가서 놀자.

B 내일 비가 오든 안 오든, 나는 나가서 놀 거야.

A 먼저 일기예보를 보고 난 후에 다시 얘기하자.

아이조차도 철이 들었는데 이렇게 큰 애가 아직도 철이 안 들었다니.

B 만약 내일 비가 안 오면 딱 좋겠다.

정답

DAY 16 – STEP 2

1. 我吃什么都行。
2. 我什么都没买。
3. 那个超市什么都有。
4. 我今天什么也没吃。
5. 他现在什么都不知道。
6. 周末去哪儿都行。
7. 哪儿都不想去。
8. 雾霾很严重，哪儿也别去。
9. 她在哪儿都不受欢迎。
10. 我在中国哪儿都没去过。
11. 这个东西放哪儿都行吗？
12. 我谁都不想见。
13. 谁都不喜欢他。
14. 谁也没想到。
15. 明天谁都不能迟到。
16. 这个工作谁做都可以。
17. 今天谁都不来吗？
18. 谁也不知道他来不来。
19. 什么时候都可以。
20. 我什么时候去你家都可以吗？

DAY 17 – STEP 2

1. 你听得懂汉语吗？
2. 老师说得太快，我听不懂。
3. 教室太吵了，听不清楚。
4. 我看不见黑板。
5. 你看得懂美剧吗？
6. 我看不懂美剧。
7. 你能吃得完吗？
8. 在中国吃不到韩国菜。
9. 我买不到火车票。
10. 你找得到房子吗？
11. 我找不到房子。
12. 妈妈找不到手机了。
13. 这个箱子你自己拿得动吗？
14. 我记不住他们的名字。
15. 我考不上大学。
16. 我猜得出来。
17. 10点以前你回得来吗？
18. 门锁着，我进不去。
19. 明天早上你起得来吗？
20. 晚上睡得太晚，早上起不来。

DAY 16 – STEP 3

- 我谁都不想见。
- 雾霾很严重，哪儿也别去。
- 那个超市什么都有。
- 哪儿都不想去。
- 周末去哪儿都行。

DAY 17 – STEP 3

1. A: 教室太吵了，听不清楚。
   B: 你听得懂汉语吗？
   A: 我听得懂汉语，你呢？
   B: 老师说得太快，我听不懂。

DAY 18 - STEP 2

1 这么多菜你吃得了吗？
2 我吃不了。
3 我吃得了这碗米饭。
4 太烫了，我喝不了。
5 我疼得受不了。
6 我一辈子也忘不了。
7 他们赢不了我们。
8 你上午来得了吗？
9 今天有事，我去不了。
10 今天下雨去不了了。
11 今天下大雨，他来不了。
12 你一个人办得了吗？
13 他办不了这件事。
14 我压力太大了，真的受不了。
15 我现在什么都做不了。
16 这件衣服太小了，我穿不了。
17 他用不了这台电脑。
18 你一个人搬得了吗？
19 我搬不了这么多箱子。
20 我明天翻译不了。

DAY 18 - STEP 3

1 A: 你上午来得了吗？
　 B: 今天有事，我去不了。他呢？
　 A: 今天下大雨，他来不了。
　 B: 你一个人办得了吗？
　 A: 我现在什么都做不了。

DAY 19 - STEP 2

1 我让他写作业。
2 老师让学生打扫教室。
3 这个故事让我很感动。
4 哥哥让我再考虑考虑。
5 你让他给我打电话。
6 你让我怎么办？
7 我来晚了，让您久等了。
8 他让人不放心。
9 医生让我减肥。
10 医生不让我喝酒。
11 爸爸不让我玩儿游戏。
12 他叫我去见老师。
13 我叫男朋友等一下。
14 我叫朋友接他。
15 他叫我快来。
16 爸爸叫我每天运动。
17 妈妈叫我打扫卫生。
18 他请我吃饭。
19 谁请他来？
20 我们请他唱一首歌。

DAY 19 - STEP 3

- 妈妈叫我打扫卫生。
- 他叫我快来。
- 他让人不放心。
- 我叫朋友接他。
- 我叫男朋友等一下。

DAY 20 - STEP 2

1 我把手机丢了。
2 你把手机给我看一下。
3 你把外套带着。
4 你把房间收拾收拾。
5 请大家把书打开。

6 她把那本小说读完了。
7 谁把那本小说看完了？
8 你把你的书拿出来。
9 你把你的小说拿出来。
10 他把我的小说借走了。
11 谁把这本书看完了？
12 我把这本书看了三遍。
13 我没把那本书看完。
14 我想把那本书看完。
15 老师把考试推迟了一天。
16 你把雨伞带来了吗？
17 我没把雨伞带来。
18 孩子们，把窗户打开一下。
19 她把头发剪得很短。
20 我把这个消息告诉他了。

DAY 20 – STEP 3

1 A: 谁把那本小说看完了？
　B: 她把那本小说读完了。
　　 我想把那本书看完。
　A: 你把你的小说拿出来。
　B: 他把我的小说借走了。

DAY 21 – STEP 2

1 你把身份证放在哪儿了？
2 我把书放在这儿了。
3 请把地址写在这儿。
4 请把手机号码写在这儿。
5 你能不能把笔记借给我？
6 我把笔记借给我朋友了。
7 请把我的本子还给我。
8 我把他送到医院了。

9 请把椅子搬到那儿。
10 你能把这句话翻译成英文吗？
11 她四点听成十点了。
12 请把美元换成人民币。
13 把我的车停在哪儿？
14 把你的车停在门前。
15 我得把钱还给她。
16 我没把朋友送到机场。
17 他把衣服挂在那儿了。
18 他把杯子带到你那儿了。
19 你能把这个包卖给我吗？
20 我把作业交给老师了。

DAY 21 – STEP 3

- 我把她送到医院了。
- 请把地址写在这儿。
- 请把手机号码写在这儿。
- 你把身份证放在哪儿了？

DAY 22 – STEP 2

1 我被女朋友甩了。
2 他被车撞了。
3 钱包被小偷偷走了。
4 身份证被她偷走了。
5 我的耳机也被偷走了。
6 项链被妈妈借走了。
7 他被老师批评了。
8 那个歌手被大众批评了。
9 我被上司批评了一顿。
10 我被雨淋湿了。
11 我的太阳镜被他弄坏了。
12 我的卡被他弄丢了。

13 他被妈妈批评了。
14 我不想被老师批评。
15 我已经被妈妈批评了。
16 我讨厌被雨淋湿。
17 我讨厌被晒黑。
18 我被韩剧吸引住了。
19 自行车被妹妹骑走了。
20 牛奶被妹妹喝光了。

DAY 22 – STEP 3

1 A: 你把身份证放在哪儿了?
  B: 身份证被小偷偷走了。
     我的耳机也被偷走了。
  A: 我的卡被他弄丢了。
     我不想被妈妈批评。

DAY 23 – STEP 2

1 她白花钱了。
2 我今天白来这里了。
3 我白给你衣服了。
4 我们白等了。
5 他决不会来的。
6 我决不同意他的意见。
7 我决不喜欢他。
8 你决不能放弃。
9 这件事决不容易。
10 这道题肯定对。
11 我们肯定赶不上火车。
12 他肯定有理由。
13 结果肯定会好的。
14 我考试一定要得满分。
15 这次比赛我们一定要赢。

16 他今天一定会来的。
17 你一定要关手机。
18 今年我一定要交男朋友。
19 吃肉不一定长胖。
20 房租低不一定好。

DAY 23 – STEP 3

1 A: 我今天白来这里了。
  B: 他今天一定会来的。
  A: 他决不会来的。
  B: 他肯定有理由。
  A: 我们肯定赶不上火车。
     我们白等了。

DAY 24 – STEP 2

1 她又发脾气了。
2 他们又迟到了。
3 你又来了。
4 我们又赢了。
5 下次我们再见吧。
6 我们明天再说吧。
7 下个星期再来吧。
8 我不再去那个餐厅。
9 请你再说一遍,好吗?
10 我常常去图书馆。
11 她常常发脾气。
12 他不常出门。
13 周末我常常看电影。
14 我经常打瞌睡。
15 我们经常吵架。
16 我不经常看电视剧。
17 他不经常锻炼身体。

18 我老婆偶尔去逛街。
19 他偶尔来看我。
20 我们偶尔一起去见朋友。

DAY 24 – STEP 3

- 我不再去那个餐厅。
- 她又发脾气了。
- 我们经常吵架。
- 我们明天再说吧。

DAY 25 – STEP 2

1 我们干脆分手吧。
2 干脆扔掉吧。
3 我干脆不去了。
4 干脆你别做了。
5 尽管直说。
6 尽管放心。
7 今天我请客，尽管吃。
8 你有什么问题，尽管来找我。
9 你需要帮忙，尽管叫我。
10 我们到底在哪儿吃饭？
11 你到底什么时候到？
12 到底谁偷了我的手机？
13 你到底有什么想法？
14 反正这周我能做完。
15 反正现在没什么好看的。
16 反正这里有很多饭馆。
17 幸亏别人帮助你。
18 幸亏手里有钱。
19 幸亏他的病不太严重。
20 幸亏你还没回家。

DAY 25 – STEP 3

1 A：干脆你别做了。
　 B：反正这周我能做完。
　 A：你到底有什么想法？
　 B：尽管放心。
　 A：幸亏别人帮助你。

DAY 26 – STEP 2

1 难道你不知道吗？
2 难道你又迟到了吗？
3 难道你现在要回家吗？
4 难道她已经结婚了吗？
5 难道你不回家吗？
6 难道他说谎了吗？
7 难道你不爱我了吗？
8 你们不是认识吗？
9 你不是中国人吗？
10 这不是你的吗？
11 比赛不是结束了吗？
12 你不是下班了吗？
13 这个不是免费吗？
14 我不是说完了吗？
15 我哪儿有钱啊？
16 我哪儿骗你啊？
17 他哪儿能不来呢？
18 你哪儿有时间啊？
19 她哪儿漂亮啊？
20 我哪儿不爱你啊？

DAY 26 – STEP 3

1 A：你刚才说什么了？

B: 我不是说完了吗?
A: 难道你不爱我了吗?
B: 我哪儿不爱你啊?

DAY 27 - STEP 2

1 他骑自行车去图书馆。
2 他要去图书馆借书。
3 我去中国学习汉语。
4 哥哥骑自行车去医院了。
5 妈妈去超市买菜。
6 我坐飞机去大连。
7 我要去医院看医生。
8 你去银行换钱吧。
9 妈妈坐救护车到了医院。
10 我们坐大巴去釜山。
11 我去银行取钱买电脑。
12 她骑摩托车到海边了。
13 谁骑自行车去医院?
14 妹妹经常骑自行车去公园。
15 我要去中国做生意。
16 我用右手写字。
17 我用信用卡付钱。
18 妈妈用电饭煲做饭。
19 我用手机看新闻。
20 我用电脑买东西。

DAY 27 - STEP 3

- 妹妹经常骑自行车去公园。
- 我要去医院看医生。
- 哥哥骑自行车去医院了。
- 谁骑自行车去医院?

DAY 28 - STEP 2

1 我给你衣服。
2 他给我礼物。
3 朋友给我喜糖了。
4 你给她什么了?
5 我给你他的电话号码。
6 妈妈不给我钱。
7 她不给我回信。
8 服务员不给我发票。
9 老板不给我休息时间。
10 他送了我一朵玫瑰。
11 男朋友送了我一个手提包。
12 孩子送了父母一张贺卡。
13 爸爸送了你什么礼物?
14 我想送女朋友一本书。
15 请你教我汉语。
16 我教你一个好办法。
17 爸爸教儿子技术。
18 你告不告诉我你的秘密?
19 他要告诉我一个秘密。
20 老师告诉了我这个问题的答案。

DAY 28 - STEP 3

- 他要告诉我一个秘密。
- 你告不告诉我你的秘密?
- 朋友给我喜糖了。
- 他送了我一朵玫瑰。

DAY 29 - STEP 2

1 我们一边喝酒一边聊天。
2 我们一边吃零食一边看书。
3 她又善良又漂亮。

4 这个苹果又大又红。
5 因为北京的空气不好，所以我嗓子疼。
6 因为他嗓子不好，所以不能说话。
7 由于今天路上堵车，因此我迟到了。
8 因为时间的关系，我们就说到这儿吧。
9 既然我们见面了，一起喝杯酒吧。
10 既然你不想去就别去了。
11 他不是去北京，就是去青岛。
12 晚上爸爸不是看书，就是看电视。
13 这不是雾而是雾霾。
14 他不是北京人而是上海人。
15 与其找酒吧，不如去我家喝。
16 与其和你结婚，不如不结婚。
17 宁可早点儿出发，也不想迟到。
18 我宁可出去打工，也不想整天游手好闲。
19 虽然你爱我，但是我不爱你。
20 虽然北京很发达，可是我不想去。

4 连我都会说汉语，何况他呢？
5 妈妈生病了，甚至不能说话。
6 即使下雨我也要去。
7 除了你以外都想参加这次晚会。
8 除了香蕉以外，其他水果我都爱吃。
9 如果明天不下雨，我们就出去玩儿。
10 要是明天不下雨就好了。
11 你只要努力，就能成功。
12 你们只有付钱才能进去。
13 除非我找工作，妈妈才能放心。
14 除非听老师的话，否则你会后悔的。
15 除非系好安全带，否则很危险。
16 不管下不下雨，我都出去玩儿。
17 先问问妈妈再说吧。
18 先看天气预报然后再说吧。
19 我一看问题就知道答案了。
20 我一到家就睡觉了。

DAY 29 – STEP 3

1 A: 虽然北京很发达,可是我不想去。
   B: 为什么？
   A: 因为北京的空气不好，所以我嗓子疼。
   B: 既然你不想去就别去了。
      我们一边喝酒一边聊天吧，怎么样？
   A: 既然我们见面了，一起喝杯酒吧。
   B: 与其找酒吧，不如去我家喝。

DAY 30 – STEP 2

1 这个餐厅不但好吃，而且很有名。
2 他不仅工作能力强，性格也很好。
3 连孩子都懂事，这么大的人还不懂事。

DAY 30 – STEP 3

1 A: 如果明天不下雨，我们就出去玩儿。
   B: 不管下不下雨，我都出去玩儿。
   A: 先看天气预报然后再说吧。
      连孩子都懂事，这么大的人还不懂事。
   B: 要是明天不下雨就好了。